教师教育改革与发展研究丛书

国培计划
演变历程与成效研究

程永华 王姣莉 赵东群 赵红利 著

华中科技大学出版社
http://press.hust.edu.cn
中国·武汉

内容提要

本书力求关注近十年河南省国培计划的演变历程与实施成效。全书主要包括四个部分，即教师培训历程的介绍与国培计划已有研究的回顾、近十年河南省国培计划项目类型演变与执行过程的梳理、河南省国培计划实施成效实证研究结果的分析、河南省多个培训机构实践经验与学员成长案例的展示。同时，本书配以相关内容的数字化资源，以更加全面立体的形式呈现。

本书对河南省国培计划的演变及实施成效进行了较全面系统的阐释，对国培计划经验进行了深度的挖掘，能够为全国的教师培训项目提供一定的借鉴意义，进而促进教师培训质量的有效提升，也能为各级各类学校和单位组织教师培训提供有益的经验和参考。

图书在版编目(CIP)数据

国培计划演变历程与成效研究/程永华等著．—武汉：华中科技大学出版社，2022.9
（教师教育改革与发展研究丛书）
ISBN 978-7-5680-8096-5

Ⅰ．①国… Ⅱ．①程… Ⅲ．①师资培训-研究-河南 Ⅳ．①G451.2

中国版本图书馆 CIP 数据核字(2022)第 220119 号

国培计划演变历程与成效研究 程永华等 著
Guopei Jihua Yanbian Licheng yu Chengxiao Yanjiu

策划编辑：	李承诚　袁文娣
责任编辑：	余晓亮
封面设计：	原色设计
责任校对：	张汇娟
责任监印：	徐　露

出版发行：华中科技大学出版社(中国·武汉)　　电话：(027)81321913
　　　　　武汉市东湖新技术开发区华工科技园　　邮编：430223
录　　排：华中科技大学惠友文印中心
印　　刷：武汉邮科印务有限公司
开　　本：710mm×1000mm　1/16
印　　张：13.25　插页：1
字　　数：269 千字
版　　次：2022 年 9 月第 1 版第 1 次印刷
定　　价：79.90 元

本书若有印装质量问题，请向出版社营销中心调换
全国免费服务热线：400-6679-118　竭诚为您服务
版权所有　侵权必究

前　言

  2010—2021年是国培计划迅速发展的时期，河南省国培计划取得了显著成效，教师培训的数量和质量都得到了有效提升。本书是平顶山学院程永华教授主持的2019年河南省教师教育课程改革研究项目重大招标课题"河南省'国培计划'成效研究与实践"（2019-JSJYZB-004）的重要成果之一，重点关注河南省国培计划的演变历程与成效。

  本书由四大部分组成。第一部分系统介绍了改革开放以来我国教师培训的发展历程，从政策研究、理论研究、实证研究三个方面对国培计划已有研究进行了回顾。第二部分全面梳理了近十年河南省国培计划项目类型的演变及河南省国培计划项目的执行过程。第三部分呈现了河南省国培计划成效调查结果，分析了当前河南省国培计划的成效现状，揭示了当前河南省国培计划项目执行过程中存在的问题、面临的困境及其影响因素，并针对问题提出了具体的改进策略。特别针对当前国培计划发展中存在的突出问题——如何精准遴选国培计划学员、如何科学论证国培计划项目、如何保障培训过程成效、如何建设国培计划管理队伍、如何落实国培计划训后跟踪指导体系五大核心议题，提出以下建议：第一，形成"项目县＋学校＋大数据＋培训机构"多方合力，确保精准遴选学员；第二，加强培训方案的论证，构建开放的教师培训机构体系；第三，围绕学员、政府、培训机构、培训管理团队、培训专家等多方整合，保障培训过程成效；第四，明确培训管理队伍的"资质""身份""待遇"，保障培训管理队伍的稳定与高水平；第五，搭建培训机构、政府、学校和学科专家四位一体的训后协同指导体系，将当前"零散片面的训后指导"转向"持续长期的深度指导"，提高跟踪指导质量。最终，得以搭建"B-G-T-S-L-P-M"系统协作培训体系，即形成以大数据（Big data）为支撑，由政府（Government）、培训机构（Training institution）、学校（School）、学员（Learner）、学科领域专家（Professor）和培训管理团队（Management team）组成的多位一体的培训体系，高效转化培训成果，保障培训实效，促进教师专业发展和教育教学的高质量提升。第四部分介绍了平顶山学院、洛阳师范学院、河南大学、河南师范大学、安阳师范学院、继教网等单位的国培计划实践和经验，并展示了平顶山学院国培计划学员的成长案例和培训感悟。

  本书对国培计划的演变及实施成效进行了全面系统的阐释，对河南省国培计划经验进行了深度的挖掘，能够为河南省乃至全国的教师培训项目提供一定的启发借鉴，进而促进教师培训质量的有效提升，也能为各级各类学校和单位组织教师培训提供有益的经验和参考。

本书第一章由赵东群编写,第二章由程永华、王姣莉编写,第三章由王姣莉、程永华编写,第四章至第六章由程永华、王姣莉、赵东群、赵红利、任玮编写。在此,感谢洛阳师范学院谢聚峰、河南大学赵红亚、河南师范大学李永青、安阳师范学院李武装对国培计划经验和实践所做的资料分享,感谢各位国培计划优秀学员对成长过程和成长感悟的详细描述,他们为本书全面展示河南省国培计划经验做出了重要贡献。

程永华

2022 年 9 月

目 录

第一部分 改革开放以来我国教师培训的演变进程

第一章 改革开放以来我国教师培训的演变历程(1976—2010) …………(2)
第一节 教师培训的恢复与重建期(1976—1985) ………………(2)
第二节 教师培训的改革探索期(1985—1993) …………………(4)
第三节 教师培训体制的初步形成期(1993—2001) ……………(7)
第四节 教师培训体制的发展期(2001年至今) …………………(10)

第二章 近十年"国培计划"发展回顾(2010—2020) ……………………(12)
第一节 "国培计划"的政策研究 …………………………………(13)
第二节 国培计划的理论研究与实证研究 ………………………(16)

第二部分 河南省(2010—2021)"国培计划"发展报告

第三章 河南省(2010—2021)"国培计划"发展情况 ……………………(30)
第一节 河南省组织实施的"国培计划"项目类型 ………………(30)
第二节 河南省"国培计划"省级层面执行过程 …………………(57)

第三部分 河南省"国培计划"成效研究

第四章 "国培计划"成效研究与理论基础 …………………………………(62)
第一节 研究背景与意义 …………………………………………(62)
第二节 理论基础 …………………………………………………(65)
第三节 研究设计 …………………………………………………(71)

第五章 河南省"国培计划"成效现状及其影响因素 ……………………(78)
第一节 河南省"国培计划"成效现状 ……………………………(78)
第二节 河南省"国培计划"面临的困境及影响机制 ……………(92)

第六章 进一步提升河南省"国培计划"成效的建议 ……………………(120)
第一节 搭建"B-G-T-S-L-P-M"系统协作体系,确保提质增效 ……(120)
第二节 预设:精准遴选学员、充分论证方案 ……………………(121)
第三节 过程:多方整合落实,保障过程成效 ……………………(125)

第四节　结果:搭建训后指导体系,高效转化培训成果 …………(131)

第四部分　区域案例报告

第七章　平顶山学院"国培计划"的成效与经验 ……………(136)
第一节　学校概况 ………………………………………(136)
第二节　基本思路 ………………………………………(136)
第三节　主要举措 ………………………………………(137)
第四节　特色与成效 ……………………………………(142)

第八章　洛阳师范学院"国培计划"的成效与经验 …………(146)
第一节　强化统筹管理,狠抓制度建设 ………………(146)
第二节　精雕课程方案,优化专家团队 ………………(146)
第三节　转变管理思路,创新培训模式 ………………(147)
第四节　做实做细服务,加大人文关怀 ………………(147)
第五节　注重学以致用,扩大国培影响 ………………(148)

第九章　河南大学"国培计划"的成效与经验 ………………(149)
第一节　"T-UPW"培养模式助力"国培计划" ………(149)
第二节　结合实际需要设计培训内容 …………………(150)
第三节　跟踪指导机制助推教师持续发展 ……………(150)

第十章　河南师范大学"国培计划"的成效与经验 …………(153)
第一节　组建高水平团队,营造优质国培氛围 ………(153)
第二节　实践探索谋创新,构建特色培训模式 ………(154)
第三节　评价反馈机制重质量,夯实培训成效 ………(154)

第十一章　安阳师范学院"国培计划"的成效与经验 ………(156)
第一节　纵横贯通,培训过程满足学员需求 …………(156)
第二节　结合实际,"四精"理念促进教师发展 ………(157)
第三节　创新方式,动态评价提升国培质量 …………(158)

第十二章　继教网:"课例研磨式主题研修"引领教师工作坊培训新模式——河南省2019年乡村教师工作坊项目纪实 …………(159)
第一节　乡村教师工作坊项目开展背景与问题 ………(159)
第二节　河南省2019年乡村教师工作坊问题解决思路 …(160)
第三节　河南省2019年乡村教师工作坊项目案例创新点 …(161)
第四节　河南省乡村教师工作坊项目思考与展望 ……(163)
第五节　河南省2019年乡村教师工作坊项目应用方式与成效 ………(164)

第十三章 平顶山学院"国培计划"优秀学员成长案例 …………… (166)

 第一节 "国培计划(2019)"非学前教育专业教师专业补偿培训项目优秀学员成长案例 ………………………………………………………… (166)

 第二节 "国培计划(2020)"乡村小学语文骨干教师教学能力提升培训项目优秀学员成长案例 ……………………………………………… (179)

 第三节 "国培计划(2019)"幼师国培家庭教育指导师项目平顶山学院培训班优秀学员成长案例 ………………………………………… (182)

 第四节 "国培计划(2021)"中西部项目县级农村骨干教师能力提升培训学习感悟 ……………………………………………………………… (184)

 第五节 河南省乡村中小学教师专业能力建设项目·青年教师助力(小学数学)个人成长案例 ………………………………………………… (187)

结语 …………………………………………………………………………… (194)

参考文献 ……………………………………………………………………… (199)

第一部分

改革开放以来我国教师培训的演变进程

第一章 改革开放以来我国教师培训的演变历程(1976—2010)

第一节 教师培训的恢复与重建期(1976—1985)

1976年,全国各项事业都开始了恢复与重建。经过拨乱反正,党和政府高度重视教师教育。建设一支政治素质优良、结构合理、相对稳定的教师队伍,不仅直接影响着我国教育事业长足健康的发展,而且关系到社会主义现代化建设的进程和中华民族的前途命运。邓小平同志提出:"一个学校能不能为社会主义建设培养合格人才,培养德智体全面发展、有社会主义觉悟的有文化的劳动者,关键在教师。"[①]教师教育事业在十年动荡后,处于举步维艰的境地,社会面临严重的教师数量不足和质量不高的情况。截至1977年,中国中小学教师的缺口达300万。[②]同时,普遍存在小学文化程度的教师教小学,中学文化程度的教师教中学的现象。为尽快扭转中小学师资队伍素质低的局面,1977年教育部在北京召开全国中小学师资培训座谈会,颁布《教育部关于加强中小学在职教师培训工作的意见》,重建教师培训制度,要求各地采取有力的措施,采用多种形式,尽快切实抓好在职教师的培训工作,提高现有教师的政治、文化、业务水平。重建期我国教师培训工作有以下特点。

一、建立以教育学院、教师进修院校为主的教师培训基地

为了恢复和重建教师在职培训,1978年教育部下发《关于恢复或建立教育学院或教师进修学院报批手续问题的通知》,按照要求,各省、市、自治区都恢复和建立了教育学院、教师进修学校(学院),积极开展本地的教师培训工作。1980年教育部《关于进一步加强中小学在职教师培训工作的意见》指出"教育学院、教师培训院校是培训中小学在职教师的重要基地"。1982年国务院转批《教育部关于加强教育学院建设若干问题的暂行规定的通知》,对教育学院的任务、参训教师、师资队伍建设、办学条件、领导体制、组织机构等一系列问题做出了规定。1983年教育部《关于加强小学在职教师进修工作的意见》再次强调加强培训基地建设,办好教师进修学校。这些文件的出台和政策的推行,使教育学院和教师进修院校成为

---

① 张燕镜.师范教育学[M].福州:福建教育出版社,1995:50.
② 何东昌.中华人民共和国重要教育文献(1976—1990)[M].海口:海南出版社,1988:1649.

当时中小学教师培训的重要基地。数据显示：截至1985年，我国教育学院和教师培训学校共计2100所，在校生93.13万人。各级教师进修学校不仅承担中小学教师的学历补偿培训，还开办各种短期教师培训班，有效提升了中小学教师的素质，为我国教育事业做出了重要贡献。

二、以教材教法过关、学历补偿、普通话为教师培训重要内容

由于"四人帮"反革命集团的干扰和严重破坏，造成师资培养与社会主义教育严重不适应，导致当时有相当一部分的中小学教师在教学工作上存在困难，特别是很难适应改革开放后使用的新编教材，这种情况严重影响了中小学教育质量的提升。因此，1977年《教育部关于加强中小学在职教师培训工作的意见》要求各地需要根据即将下发的新教材和教学大纲的要求，采取多种措施，利用一切可利用的时间，组织教师培训，把现有大多数教师教学水平提高到能够初步适应1978年秋季使用的新编教材的程度。按照要求，各地积极组织中小学教师进行教材教法过关培训，按照"教什么，学什么""缺什么，补什么"的原则进行分类指导培训。截至1983年，中小学教师的教材教法过关培训工作取得巨大的进展，全国约500万中小学教师接受了该培训，基本掌握了新大纲、新教材所要求的知识点，切实提高了中小学教师的教学水平。此后，教师培训的重点逐渐从教材教法过关培训转移到学历补偿培训上来，教师培训从原来强调对所教学科单科知识的掌握，逐步过渡到要求系统学习和掌握与所教学科密切相关的文化基础知识。教育部出台免费的带薪进修、报销进修差旅费等政策，鼓励教师进修，通过各种形式进行学历补偿培训。

由于教师教育工作在十年动荡中遭到严重破坏，在短时间内不能从根本上改变中小学教师队伍学历低下的状况。据统计，截至1980年，仅有约10%的中学教师达到大专水平，约47%的小学教师达到高中或中师程度。而1997年教育部针对当时教师队伍学历水平严重下滑的情况，提出要经过计划培训使初中教师达到师专学历，小学教师达到中师学历水平。为此，教育部进一步采取措施，加强各级教师进修学校的建设，对学历不达标的在职教师进行学历补偿教育，促进教师学历水平的提升。为了加快学历补偿教育的进度，1980年教育部等部门发布《国务院批转教育部关于大力发展高等学校函授教育和夜大学的意见的通知》，1981年又批准一批师范院校承担函授教学，进一步扩大师范院校函授生的招生规模。同时，建立高等教育自学考试制度，在职教师可利用业余时间自学主考高等学校课程，申请参加自学考试，考试合格享受普通高等学校毕业生的同等待遇。然而，据统计，到1982年全国仍然面临严重的中小学教师学历不达标情况。全国800多万中小学教师中，初中教师达到大专程度的约占18%，小学教师达到高中或中师程度的约占55.5%。基于这一状况，1983年《国家教育委员会关于中、小学教师队伍调整整顿和加强管理的意见》提出合格中小学教师质量标准的原则规定，在学

历标准中将同等学历列入标准范围。此后，各级教育行政部门在抓教材教法培训的同时，进一步加强了对教师合格学历的培训，努力使现有文化水平较低的中小学教师达到学历合格标准。鉴于中小学教师学历补偿教育任务繁重，已有的培训机构难以全部承担，教育部决定在部分高校中举办中小学教师本科班和专科班。自此，师范院校、教育学院、教师进修学校通过函授、夜大、脱产进修、自学考试等形成多种学历补偿培训形式。各地坚持"以业余、自学、函授为主"的原则，较好地解决了教师交通不便、工学矛盾、经费紧张的困难问题，使绝大多数教师得到了学历提升的机会，我国中小学教师的学历合格率不断上升。到1985年，我国小学教师的学历合格率从1978年的47.1%上升至60.6%，初中教师的学历合格率由9.8%上升至27.5%，中小学教师素质显著提升。

此外，合格中小学教师质量标准的原则规定，教师应使用普通话进行教学，然而实际教学中部分教师不能讲好普通话。于是1984年《教育部关于加强中、小学教师普通话培训工作的通知》发布，要求各省、地、县各级教育行政部门把推广普通话工作作为师资培训的重点，积极开展中小学教师的普通话培训工作，提高广大教师的普通话水平，力求达到"能够努力使用普通话进行教学"的合格教师标准。

经过这一时期的努力和发展，我国在职教师培训网日益健全和完善，函授、电大、夜大、自学考试、专题讲座、广播讲座、短期培训班、报告会、教研活动等已经越来越成为在职教师培训的重要形式，教师培训取得了令人瞩目的成绩，在一定程度上有效完成了中小学教师能力提高和学历补偿的任务，对基础教育师资队伍建设起到重要作用。

第二节 教师培训的改革探索期(1985—1993)

为改变教师队伍不稳定、业务水平较低的状况，缓解教师素质不高与实施九年义务教育和提高基础教育水平之间的突出矛盾，一方面国家加大经费投入，加强师资培训基地的建设。"七五"期间国家拨款13亿元专项经费补助在职教师培训工作，引进世界银行5千万元贷款装备72所教育学院和师专培训部。到1993年，我国共有教育学院249所，教师进修学校2100所，教师培训的条件得到了极大改善。另一方面，国家不断探索教师培训制度、培训内容和培训方式的改革。

一、改革中小学教师考核合格证书制度，调整在职教师培训规划

1986年国家教育委员会发布《关于加强在职中小学教师培训工作的意见》的通知，调整和制定了中小学在职教师的培训规划，师资培训的重点是使现有不具

备合格学历或不能胜任教学的教师经过培训,绝大多数能够胜任教学工作并取得考核合格证书或合格学历,为新时期的教师培训工作提出了新规划。同年,国家教委颁发《中小学教师考核合格证书试行办法》,将中小学教师考核合格证书分为"教材教法考试合格证书"和"专业合格证书"。取得"教材教法合格证书"的教师,可以在工作两年后申请参加"专业合格证书"的考试。至此,以解决教师学历资格为出发点的中小学教师考核合格证书制度的改革,以规定教师的能力基准和基本资格为切入点,不仅为这一时期的教师培训工作确定了重点,也体现出国家开始确认教师工作的专业性。

二、探索"中央/地方讲师团"的中小学教师培训新途径

1985年《中共中央关于教育体制改革的决定》提出:"要有计划地动员、挑选和组织高等学校的一部分教员和高年级学生、研究机构的一部分研究人员和党政机关的一部分具备条件的干部,参加帮助培训中小学教师的工作。"为贯彻落实此项工作,同年,中央机关干部组成"培训中小学师资讲师团",被称为"中央讲师团",分派到22个省、市、县进修学校或有关师资培训机构,协助当地培训在职中小学教师。与此同时,部分省、市挑选具备条件的机关干部组成"地方讲师团"到师资薄弱地区帮助培训中小学教师。组织讲师团到基层协助培训中小学教师成为20世纪80年代培训中小学教师的新途径。据统计,1985—1988年,中央和地方共派出讲师近5万人,参与培训中小学教师40万人次。

三、开展电视师范教育,创建"三沟通"培训模式

1986年,第六届人大四次会议上提出利用电视卫星开设教育频道,为中小学教师培训服务。1989年,国家教委颁布《电视师范教育管理办法(试行)》,规定卫星电视师范教育的主要任务是:①开展在职中小学教师培训,使未达到中等师范毕业的小学教师、未达到高等师范专科毕业的初中教师,通过系统学习达到国家规定的学历要求;②开展中小学校长岗位培训,提高学校管理水平;③开展中小学教师继续教育,提高教学业务水平。到1990年电视师范学院在籍学员3万人,自学收看4.5万人,参加自学考试以及其他进修机构使用电视师专教育的人数有6.9万人,首届毕业生26430人。电视师范教育为我国中小学教师的学历达标和素质提升做出了重要贡献。

经过多年的教育实践改革,我国在职教师的学历培训工作取得显著成效,中、小学教师的学历合格比例达到51.8%、47.2%,另外有60多万中小学教师取得"专业合格证书",教师业务水平有了明显提高。[①] 1992年国家教委下发《关于加

---

① 苏林,张贵新.中国师范教育十五年[M].长春:东北师范大学出版社,1996:234.

快中学教师学历培训步伐的意见》，正式提出了建立高等师范专科函授、卫星电视教育、自学考试"三沟通"培训初中教师的办学模式。"三沟通"培训模式的建立是加快中学教师学历培训步伐的一项重大举措，它最大限度地将学历不合格教师组织起来，按照分类指导的原则，分期分批进行培训。在不到五年的时间里，中小学教师的学历补偿培训任务基本完成。

四、逐步开始以继续教育为中小学教师培训的重点

随着中小学教师学历补偿培训的逐步完成，我国中小学教师培训的重点逐步转移到继续教育工作上来。1990年国家教委印发的《全国中小学教师继续教育工作座谈会会议纪要》指出："(1)中小学教师继续教育是指对已达到国家规定学历的教师进行以提高思想政治素质和教育教学能力为主要目标的培训。(2)中小学教师继续教育的任务是通过培训，使每个教师在现有基础上得到进一步提高，并培训出一定数量的骨干教师和学科带头人，使其中一部分人逐步成为中小学教育专家，为初步形成一支坚持社会主义方向，品德高尚，结构合理，质量优良，适应需要的中小学教师队伍发挥重要作用。(3)中小学教师继续教育工作的方针和原则是把思想政治教育和师德教育放在首位；面向全体教师，突出骨干教师培训；从实际出发，因地制宜，统筹安排，讲求实效；根据在职教师培训的规律，分类指导、多渠道、多形式、多层次开展培训。(4)中小学教师继续教育包括职务培训、新教师见习培训、骨干教师培训和对部分骨干教师的学历层次提高培训。(5)中小学教师继续教育的培训形式灵活多样，坚持业余、自学、短训为主，充分发挥电化教育，特别是卫星电视教育的作用。(6)各级政府和教育行政部门要加强领导，制定相应的政策法规，在组织管理、经费投入、办学条件、人员编制等方面给予必要保证。"此后，1991年国家教委颁发《关于开展中小学教师继续教育的意见》，1993年印发《关于加强中小学骨干教师培训工作的意见》。上述三个文件的出台，标志着我国中小学教师培训的重点在经过大面积的学历补偿教育后，逐步开始向继续教育转移。1996年我国大部分省、直辖市、自治区的教师培训院校实现了工作重心由学历培训到继续教育的转移。

这一时期，由于党和政府的重视，教师培训质量不断提升，教师队伍的文化、业务素质也得到了不同程度的提高，还涌现出一批优秀和模范教师，全国各地开展的多种对小学骨干教师进行培训的形式(如学校自培、教学研究、老带新以及教师自学自练等)，走出了一条培训小学骨干教师的好路子。但是随着教师教育工作的发展，这一时期的教师培训工作也存在一定的问题，主要表现为教师职前培养与职后培训的不协调。在现行的教师培养体系中，教师职前培养主要由师范院校承担，教师职后培训主要由教育学院、教师进修学校承担。然而，教育学院的培养水平显著低于师范院校，导致出现教师职前培养体系强、职后培养体系弱的不协调状况。教育学院是在广大教师学历水平低、教学水平差的历史背景下产生

的,有其合理性和必要性。但是随着学历补偿任务的完成,在教师学历普遍达标的情况下,在职教师培训的重点也开始从知识的掌握转向教学研究和创新能力的提升。因此,原有的职后教师培训体系就不能有效适应和满足日益增长的教师职后培训需求,甚至出现了低学历的教师培训高学历的师范大学毕业生的局面,培训质量和培训实效不甚理想。

第三节 教师培训体制的初步形成期(1993—2001)

1992年第十四次全国代表大会召开,会议确定了20世纪90年代我国改革开放和现代化建设的任务,明确提出"必须把教育放在优先发展的战略地位"。为实现这一目标,1993年中共中央、国务院印发《中国教育改革和发展纲要》,同年中华人民共和国第八届全国人民代表大会常务委员会第四次会议通过了《中华人民共和国教师法》,这两个文件的颁发为我国20世纪90年代至21世纪初的教育改革与发展描绘了新蓝图。在贯彻落实两项文件的基础上,教育部(国家教委于1998年更名为教育部)提出《面向21世纪的教育振兴行动计划》,该计划在教师教育方面提出实施"跨世纪园丁工程",大力提高教师队伍素质。根据"跨世纪园丁工程"要求,面向21世纪的教师教育改革不仅要继续推进师资培养的开放化进程,而且要把中小学教师的继续教育纳入教师教育体系中。这一时期教师培训制度也得到了进一步的完善和发展。1994年国家教委印发《关于开展小学新教师试用期培训的意见》,开展新教师试用期培训。1995年国家教委颁布《关于开展小学教师基本功训练的意见》,基本功训练成为当时小学教师继续教育的重要内容之一。1996年国务院学位委员会通过《关于设置和试办教育硕士专业学位的报告》,招收具有三年以上一线教学经历的基础教育专任教师和管理人员,培养面向基础教育及其管理工作需要的高层次人才。1999年实施"跨世纪园丁工程",一方面大力提高教师队伍的整体素质,特别是加强师德建设;另一方面重点加强中小学骨干教师队伍建设。为贯彻实施该工程,教育部颁发《中小学教师继续教育规定》《中学教师进修高等师范本科(专科起点)教学计划(试行)》。至此,教师培训体制体系初步形成。

一、调整教师培训机构,建立职前职后一体化教师教育体系

20世纪90年代以来,鉴于以学院为主的教师培训机构长期承担学历补偿的任务,其基础设施、培训功能就承担继续教育任务而言,显得极其薄弱,不能适应高质量中小学教师继续教育的要求。为此,教育部开始致力于调整教师培训机构,整合教育资源,建立职前职后一体化教师教育体系。主要的调整形式有:将教育学院先并入师范专科学校,后升格为本科性质的师范院校;或先并入师范专科学校,后升格为本科性质的综合性院校或职业技术学院;或直接并入师范大学;或

与其他学院直接合并为职业技术院校;或与其他学院直接合并为综合性院校。经过功能的调整和资源的整合,截至2001年,我国教育学院的规模和招生明显缩减,由1993年的249所降至2001年的122所,[①]但其在继续扩大中小学教师继续教育工作中发挥着不可忽视的作用。

二、开设教育硕士专业学位培养中小学教师,积极推动中小学教师继续教育工作

随着科技的进步发展,一次性的师资培训已经不能适应时代发展的需求,为使教师能胜任新时代赋予的重任,必须把教师的培养和培训连续化,并具有终身教育的性质。为了提高我国教师自身素质和科研能力,实现教师终身教育,我国开始实施教育硕士专业学位的培养计划,实现师资队伍整体学历水平的提高,改善教师的学历结构。

为推动中小学教师继续教育工作,1997年国家教委批准了22个省市上报的中小学教师继续教育区域性方案。1998年教育部师范司组织多方力量编写了《中小学教师继续教育课程开设指南》。它对中小学教师继续教育的教学内容和课程体系做出原则性规定,中小学教师教育课程体系由"公共必修与选修课程"和"专业必修与选修课程"组成,"公共必修与选修课程"包括三大类内容:思想政治教育和职业道德修养类、教育理论研究类、现代教育技术类。"专业必修与选修课程"包括五大类内容:教学大纲和教材分析类、教学技能训练类、学科教育理论研究类、教育教学专题研究类、知识更新与扩展类。这也标志着我国中小学教师继续教育教学内容和课程体系的基本确定。1999年教育部正式启动"中小学教师继续教育工程",绝大多数省、市、自治区按照规定,相继制定和出台一系列继续教育的法规和政策措施。各地教育部门从实际出发,采用多种措施推进该工程,在中小学教师岗位培训、计算机培训、骨干教师培训、继续教育课程和教材建设方面都取得了不同程度的进展。如截至2001年,河南省有28.3%的教师参加了岗位培训。通过培训,多数教师接受了终身教育的理念,增强了参加继续教育的积极性,在政治素质、师德修养和现代教育技术方面进步明显。此时,各地开展的中小学教师继续教育因地制宜、各具特点,例如,辽宁省的"研训一体、管训结合",江苏省的培训、教研、教科研、电教四位一体,河南省的"千百万工程"等,积累了很多很好的培训经验。

三、启动中小学骨干教师的国家级培训

为了做好中小学骨干教师的国家级培训工作,2000年下发《教育部关于做好

---

① 梅新林.中国教师教育30年[M].北京:中国社会科学出版社,2008:246-247.

中小学骨干教师国家级培训工作的通知》，明确指出中小学骨干教师培训的指导思想和培训目标是，以邓小平理论为指导，根据基础教育培养以创新精神和实践能力为核心的素质教育的要求，使培训对象在思想政治与职业道德、专业知识与学术水平、教育教学能力与科研能力等方面的综合素质有显著提高，为使培训对象成为高素质、高水平，具有终身学习能力和教育创新能力，在教育教学实践中发挥示范作用的中小学教育专家创造条件。培训内容包括理论与技能、实践与考察、课题研究等部分，采用理论与实践、面授与网上学习、阶段性培训与持续性提高相结合，集中学习与分散研修相结合等方式，实行国家和地方双导师制。骨干教师国家级培训的考核由培训基地和培训对象所在省、自治区、直辖市教育行政部门共同进行。2000年4月中小学骨干教师第一期国家级培训在北京师范大学、华东师范大学、东北师范大学、陕西师范大学、华中师范大学、首都师范大学、西南师范大学、北京市教育学院、人民教育出版社等九个教育部认定的国家培训基地进行。同年8月第二期培训由北京师范大学和首都师范大学联合在北京举办，接收来自全国31个省、市、自治区的600多名中小学骨干教师进行培训。经过三期培训，截至2001年底，由教育部首次举办的万名骨干教师国家级培训集中阶段的培训全部结束，先后38个单位承担了培训任务，参训教师7626名，国家投入了大量人力、物力、财力。通过国家级培训，不仅中小学骨干教师在教育观念、专业知识、科研意识和能力、现代教育技术方面有显著提升，而且建设成了一批具有继续教育特色的课程，探索了许多适应教师有效培训的新模式，为高等师范院校实现教师培养与培训的职前职后一体化改革提供了契机。

  这一时期，我国教师培训工作，特别是中小学教师继续教育工作取得显著成效，初步形成了一个以各级各类师范院校为主体，非师范院校共同参与，多渠道、多规格、多形式培养和培训中小学教师的教师教育体系。教师职业逐步走向专业化，教师学历层次水平不断提高，逐步向以本科和研究生为主的格局转变。此外，随着素质教育的开展和教育改革的推进，在教师培养和培训中，将教师职业道德建设放在了教师队伍建设的突出地位，如在"中小学教师继续教育工程"中，将职业道德教育设为必修课程。

  这一时期的教师培训工作在取得显著成就的同时，也存在一定的问题。突出的问题有以下方面。第一，教师培训经费不足，制约了部分教师特别是农村教师参加培训的动力。在经费投入上，虽然各地都规定中小学教师继续教育培训经费由政府、学校和教师个人共同承担，但并未落实。大部分学校由教师个人承担，由于经费限制导致很多教师对收费的培训望而却步，特别是一些学费昂贵的现代信息技术培训。当培训经费成为教师生活的负担时，教师参加培训的动力就严重不足，也成为制约教师继续接受教育的重要因素。第二，教师培训者能力不足，培训实效不高。我国承担中小学教师继续教育任务的培训者大多来自教育学院、教师进修学校或高等师范院校。教育学院和教师进修学校的教师因为理论水平不高，难以满足培训者需求；高等师范院校的教师往往重理论轻实践，缺乏对基础教育改革和发展现状的全面了解，脱离中小学课堂教学实际，很难结合学科特点开展有针对性的培训，导致培训工作的实效性不强。培训者作为教师培训工作的专业技术人员，是学习者、研究者、行动者、资源开发者、组织管理者，不仅应该具备相应的知识结构和能力素养，还要对培训资源开发、培训模式建构等基本原理有深入研究。然而当时虽然多数培训者学历和学术研究基础都不错，但自身角色意识模糊，更缺乏调查培训需求、构建培训模式、开发培训课程、组织培训活动的能力。尽管各地开展了一些培训，但是由于对受训者的发展目标、成长规律缺乏深入研究，培训效果不尽如人意。因此，建设一支专业化程度较高、稳定的培训者队伍已成为中小学教师继续教育工作中亟待解决的问题。

第四节 教师培训体制的发展期(2001年至今)

进入21世纪，高质量的教育需求日益迫切，教育质量的关键在于教师质量，构建新的教师教育体系成为我国教师改革和发展的一项迫切任务。2001年《国务院关于基础教育改革与发展的决定》提出："完善以现有师范院校为主体，其他高校共同参与，培养、培训相衔接的开放的教师教育体系。"[①]这是我国首次在教育政策文本中使用"教师教育"概念，自此"教师教育"概念取代了注重教师职前培养的"师范教育"概念。"教师教育"把教师的职前培养、入职教育、在职培训作为一个有机的整体，它是可持续发展的终身教育，强调教师专业发展的连续性。为此，这一时期我国教师培训呈现以下态势。

一、我国教师培训制度不断健全并发展

2001年教育部颁发《关于开展基础教育新课程师资培训工作的意见》。2003年颁发《教育部关于实施全国教师教育网络联盟计划的指导意见》，实施"全国教师教育网络联盟计划"，运用远程教育手段，整合优质教师教育资源，高质量、高效益地培训教师。2005年颁发《教育部关于启动中小学教师教育技术能力建设计划的通知》，全国中小学教师完成不低于50学时的教育技术培训。2006年颁发《农村中小学公用经费支出管理暂行办法》，规定教师培训费用按照学校年度公用经费的5%安排，使农村中小学教师培训费用得到了一定保障。同年颁发《全国中小学班主任培训计划》，实施中小学班主任培训。2010年颁发《教育部、财政部关于实施"中小学教师国家级培训计划"的通知》，中央财政安排专项经费5.5亿元，实施"中小学教师国家级培训计划"，简称"国培计划"。2011年颁发《教育部关于大力加强中小学教师培训工作的意见》，提出当前和今后一个时期中小学教师培训

---

① 何东昌.中华人民共和国重要教育文献(1998—2002)[M].海口：海南出版社，2003：890.

工作的总目标是:以实施"国培计划"为抓手,推动各地通过多种有效途径,有目的、有计划地对全体中小学教师进行分类、分层、分岗培训。

二、以"国培计划"为抓手大规模开展教师全员培训

"国培计划"包括"中小学教师示范性培训"和"中西部农村骨干教师培训"两项内容。"中小学教师示范性培训"主要包括中小学骨干教师培训、中小学教师远程培训、班主任教师培训、中小学紧缺薄弱学科教师培训等示范性项目,由中央财政支持实施,每年5000万元。"中西部农村骨干教师培训项目"以农村中小学教师置换脱产研修、农村中小学教师短期集中培训、农村中小学教师远程培训为重点,2010年中央财政拨款5亿元专项资金,支持中西部省份按照"国培计划"总体要求,对农村义务教育骨干教师进行有针对性的专业培训。自2010年实施"国培计划",2010年共计培训中小学教师115万人,其中农村教师110万人,占参训教师总数95.65%。"国培计划——示范性项目"培训教师33.4万人,"国培计划——中西部项目"培训教师81.6万人。"国培计划"自实施以来,充分发挥引领示范作用,成为加强教师队伍建设的有力举措,特别是农村教师队伍素质提升的"及时雨",也形成了一大批优秀的国家级培训资源,"国培计划"的机制、培训模式、资源成果得到广泛的应用。在"国培计划"的引领推动下,各地进一步加大了对教师培训的支持力度,启动省级培训计划,推动新一轮的中小学教师全员培训工作。

延伸阅读1

第二章 近十年"国培计划"发展回顾 (2010—2020)

"国培计划"自2010年正式全面实施至今历经了十多年,这十多年间"国培计划"在理论和实践上都经历了一定调整、磨合和考验。为更好地了解"国培计划"相关研究的现状及进展,我们以中国知网为检索工具,以"主题词"为检索项,以"国培计划"为检索词,检索到十多年来(2006—2020年)相关文献1409篇。通过采用内容分析法对相关文献进行分类、比较、分析,结合实际进行了文献梳理。图2-1为"国培计划"已有研究的发文量和趋势图,图2-2是近些年"国培计划"相关研究主题的初步分布情况,结合这两个数据,以此为基础,我们将从以下几个维度梳理文献。

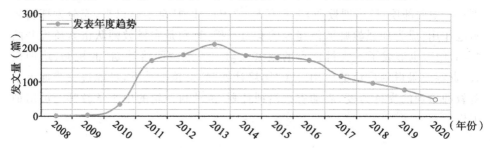

图2-1 "国培计划"(2008—2020年)相关研究年度发文量及趋势图

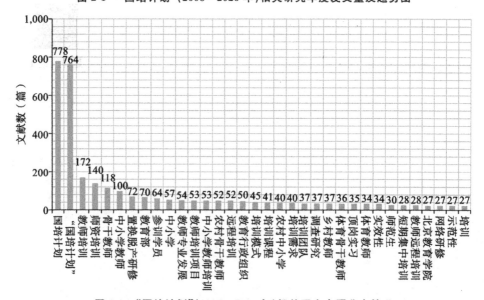

图2-2 "国培计划"(2008—2020年)相关研究主题分布情况

第一节 "国培计划"的政策研究

"国培计划"的实施成效与国家政策的引导是密不可分的,国家政策对各个地区"国培计划"的执行起着重要的引领和规范作用。自2010年"国培计划"正式全面实施至今,国家政策经历了第一周期(2010—2014年)和第二周期(2015—2020年),以后新的周期会有新的政策调整,新的时期也有新的政策倾向。

国培政策目录

一、第一周期(2010—2014年)政策导向

第一周期"国培计划"基本实现了对中西部农村义务教育学校和幼儿园的全覆盖,为广大农村教师创造了宝贵的培训机会,提升了各地教师培训的专业化水平。2010—2014年,教育部等部门相继颁布了一系列"国培计划"的相关文件,以保障和支持教师培训(特别是中西部农村地区),包括《教育部、财政部关于实施"中小学教师国家级培训计划"的通知》《教育部办公厅关于遴选推荐"国培计划"专家库人选的通知》《教育部办公厅关于加强国培计划项目绩效考评工作的意见》《教育部办公厅关于做好国培计划教师培训机构遴选工作的通知》《教育部办公厅关于组织开展"国培计划"培训课程资源征集、遴选、推荐活动的通知》《教育部、财政部关于实施幼儿教师国家级培训计划的通知》《"国培计划"课程标准(试行)》《中小学教师信息技术应用能力培训课程标准(试行)》《教师专业标准(试行)》等。

除此之外,每年国家都会根据调研结果和实施效果颁布相应的指导文件。这些文件的出台对"国培计划"进行了整体的部署,提出了整体的要求;对"国培计划"培训项目的组织管理进行了明确规定,并规范、加强了项目管理工作。同时,还对培训对象、培训机构的遴选、培训课程的建设、高水平培训师资队伍的建设、培训的方式提出了总体要求和详细说明。文件确定将中小学农村教师、幼儿园教师作为主要培训对象;强调以实践课程为主,将职业道德、专业标准解读、义务教育学科课程修订标准、信息技术等作为教师培训的主要课程模块;强调改变以往讲授为主的培训方式,推进"强化基于教学现场,走进真实课堂"的实践性培训,对工作坊、网络培训、校本研修进行重点的指导。这些政策文件要求明确、重点突出、可操作性强、指导性强,并不断地根据调研的实际情况进行调整,为这一时期各地实施"国培计划"提供了全面、清晰的指南。

二、第二周期(2015—2020年)政策导向

2015—2020年,"国培计划"经历了第二周期。从政策上来

延伸阅读2

看,这一周期相较于上一周期,培训的各个要素都根据现实状况做出了调整。第二周期的"国培计划"改革集中在调整实施范围、优化项目设置、创新培训模式、强化基层参与、下移管理重心、遴选培训机构等针对性改革措施的完善上。

(一)调整实施范围,培训对象更加精准

第一,培训突出扶贫攻坚,确保 2020 年前完成对贫困地区乡村教师培训全覆盖。从 2015 年起,"国培计划"的主要对象转变为乡村教师、校长,集中力量支持资源较为短缺的西部地区、农村地区、老少边穷地区,突出了农村教师队伍建设的优先发展战略地位。第二,突出分层分类,遵循教师成长的关键阶段和关键能力,设置项目体系(包括新教师入职培训、青年教师提升培训、骨干教师研修培训),培训对象更加精准(见图 2-3)。

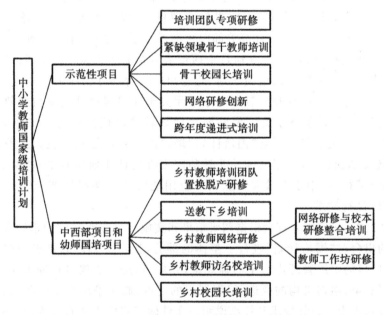

图 2-3 中小学教师国家级培训计划

(二)优化培训设置,突出应用导向

第一,分层分类分科。在遵循教师成长规律的基础上,培训内容相较于上个阶段更要强调分类、分层、分科。将习近平总书记关于教师队伍建设等重要讲话作为培训首要完成的内容,将师德、政策法规、心理健康教育、信息技术应用、儿童保护相关法律教育等作为培训必修课,使培训内容更具有针对性。第二,突出应用导向。强化应用驱动、实践导向、能力本位,开展项目式、任务式、体验式培训,解决教学实践中的实际问题,确保每个教师深度参与"国培计划",培训成果能用、管用、好用。

(三)强化基层参与,创新培训模式与方法

第一,突出模式创新。采取高等学校与项目区县"校地合作"方式,通过"五帮扶",即从培训规划制定、培训体系完善、培训项目实施、校本研修指导、训后跟踪服务等方面进行帮扶;共建"三示范",即乡村教师专业发展示范区、共育乡村教师专业发展示范校与示范团,发挥项目区县的职能作用,以带动区域整体提升,优化区域教师培训生态。第二,培训方式创新。第二周期继续推行网络研修与面授、现场实践相结合的培训方式,精简培训项目;提出将新的移动设备及信息技术运用到培训中,不断改革创新培训模式,提高培训的时效性。第三,组建本土化培训团队。强调建设一批乡村教师本土化培训团队,"重点遴选一线优秀教师教研员,比例不少于60%"[①],让培训教师更了解本地情况,使培训针对性更强。

(四)下移管理重心,突出管理效能

第一,完善五级培训体系。培训分工更加精细,明确了绩效考核的标准,建立"国家、省、市、县、校"合理、责任明确的五级项目管理体系,落实"培训机构、项目区县"的主体责任。第二,严格遴选培训机构。重点遴选具有三年以上"国培计划"实施经验、绩效评估结果为良好以上的单位承担培训任务。另外通过招标机制、末位淘汰机制,进一步严格培训机构的资质要求。第三,加强过程监管。组建"国培计划"专家组开展视导,采取实地调研、推门听课、网络监测、参训教师评估等方式对"国培计划"的实施进行专业指导和评估,做到指导评估全覆盖。第四,完善专项资金使用细则,加强经费保障。进一步出台资金管理办法,要求把培训需求调研、培训方案研制、培训绩效评估、训后跟踪指导纳入培训实施流程,并提供必要的经费保障;建立"国培计划"参与激励机制,将教师参与授课、指导、管理等纳入教学工作量考核范围;安排必要的班级管理费用,充分调动培训班主任参与工作的积极性和主动性。

"国培计划"在不同阶段有不同的任务、不同的分工,根据实际调研结果及时对政策做出更具有针对性的调整,使政策的导向作用更加具体可操作,保障了各地方"国培计划"的具体实施。自2010年"国培计划"实施至今,河南省根据国家相关政策的引导,对省内基本情况充分调研,在此基础上有针对性地制定了不同时期的河南省"国培计划"的相关政策,对全省的国培项目实施过程进行了详细的部署,包括对参训教师的选择标准、培训机构的遴选要求、培训内容的基本要求以及考核的办法都做了详细的规定。

---

① 朱伶俐,张丽,王瑞娥."国培计划"的政策演进与实施路径研究[J].当代继续教育,2018,36(5):4-10,43.

第二节　国培计划的理论研究与实证研究

教师培训是促进教师从资格走向合格、从合格走向卓越的有效途径,是教师提升素质能力的重要环节和不断实现专业成长的根本需要。在各类培训中,全国中小学教师对"国培计划"的知晓率已达100%。对于"国培计划"的效果,有的认为很大,有的认为一般,有的则认为较小。究竟进展怎样、成效如何？下面分别从国培计划的理论研究、培训内容、培训模式、培训管理、实施成效五个方面对其进行详细梳理回顾。

一、关于国培计划的理论研究

回顾文献,不少国培计划相关研究采取的是理性思辨的范式。这种范式的认识论基础是知识来源于理性思辨以及对过去经验的总结。已有研究主要从哲学、管理学、文化学等学科视角探讨了国培计划的相关问题。

首先,从哲学的价值角度理解国培计划的功能。宏观层面,2010年朱旭东教授从国家公共层面、社会层面和教师专业发展层面论述了国培计划的价值,并提出要实现国培计划的价值,必须有一个有效而庞大的教师培训体系作为支撑。[1] 2019年,基于现实和未来需要,由宏观转向微观,朱教授从教师教育最底层层面对国培计划的价值进行了重估,提出了新八大价值追求,强调国培计划在教师教育质量和教师质量提升方面的功能。[2] 还有学者从哲学的知识论视角探讨了国培计划的培训目标及内容,比如如何在培训中发展教师的"实践性知识"[3]、"反思"能力[4]等。

其次,从管理学角度探讨国培计划的培训管理系统。余新等学者从"为什么培训""培训谁""培训达到什么目标""用什么内容培训""谁来培训""如何培训""效果如何"等问题解析如何构建有效教师培训项目。[5] 管嫒辉等结合国培计划内外各要素之间的固有属性和相互关系,进一步梳理彼此之间的相互关系,以推动国培计划有效发展。[6] 有学者借鉴人力资源管理领域的培训评估模型,如柯氏模

---

[1] 朱旭东.论"国培计划"的价值[J].教师教育研究,2010,22(6):3-8,25.
[2] 朱旭东.论"国培计划"的价值重估——以构建区县教师教育新体系为目标[J].云南师范大学学报(哲学社会科学版),2019,51(3):93-99.
[3] 蓝卫红.教师实践性知识视角下的远程培训主题研修专业引领[J].中国电化教育,2012(9):71-75.
[4] 李杰佳."国培计划"背景下反思性教学与教师专业发展探析[J].兰州教育学院学报,2012,28(9):157-159.
[5] 余新.有效教师培训的七个关键环节——以"国培计划——培训者研修项目"培训管理者研修班为例[J].教育研究,2010,31(2):77-83.
[6] 管嫒辉,于勇."国培计划"体系结构各要素间内外相互关系研究[J].中国电化教育,2013(2):48-51.

型等,探讨如何评估国培计划的成效。李瑾瑜等从国培计划作为一个"多类型多层级多因素所构成的一个整体系统"探讨了其对教师培训的十大创新性贡献。①

再次,从文化学角度理解"国培计划"文化的形成及其影响力。李桂荣等人认为国培计划自实施以来已初具国培文化雏形:上下贯通,项目运行的管理文化;面向实践,按需设计的课程文化;开放合作,形式灵活的教学文化;角色认同,自律求实的学习文化。作为一种文化创新,"国培计划"文化须更新旧有教师培训文化,在主管部门、培训机构和参训教师的多方努力下,扩大"国培计划"文化影响的深度和广度,推进"国培计划"文化传播,实现"国培计划"文化繁衍。②

最后,还有一些学者分别从教育学、社会学视角探讨了国培计划对教师专业发展、教育公平等的影响。少数学者从经济学角度思辨性地探讨了国培计划如何在巨大的投入中获得相应收益,即培训投入与产出比例合理、培训效益最大化。

二、关于国培计划的实证研究

在理论思辨的研究逻辑基础上,大量的研究者以个别项目为例,围绕不同区域的不同培训对象,围绕培训各要素展开了丰富的实证研究,进一步补充并丰富了理论研究。我们将着重从培训需求、培训内容、培训模式、培训成效等方面来回顾。

(一)关于"国培计划培训需求"的实证研究

培训需求的分析作为有效推进国培计划开展的一个重要条件,能够为了解参训教师的需求和拟定培训的内容提供现实依据。通过对已有研究的分析,发现学者对于国培计划的培训需求研究的分析主要有以下三个角度。

首先,从教师自身学习需求而言谈培训需求。从教师专业发展需求看,左瑞红、周建华等人发现参训教师以实用性作为主要需求,即通过专业能力的提高来解决工作中的实际问题,相反忽视了专业理念师德和专业知识的内容。从参训动机看,左瑞红发现参训教师期望通过培训提高专业素质,但提高哪些专业素质尚不能明确。这与参训教师自身水平以及对国培计划的了解程度有一定关系。另外,蔡迎旗认为教师参训多是应外部的要求,而不是主动报名的。同时,参训动力不足包括主客观因素,如自身工作繁忙、工作单位的培训支持力度不足等。

其次,从培训组织来看,即集中培训需求,具体包括培训内容、培训方式、培训专家、培训保障条件等。在培训内容上,周建华认为培训内容应侧重理论实践知识的更新和扩展,而蔡迎旗、张虹认为培训内容应具有针对性;从培训方式和培训专家上看,周建华等人认为培训应侧重实践参与,比如观摩学习和案例分析,参训

---

① 李瑾瑜,王建."国培计划"对我国教师培训的创新性贡献[J].教师发展研究,2017,1(2):1-9.
② 李桂荣,韩肖艳.论"国培"文化的范式、根基与繁衍[J].中国教育学刊,2013(11):78-82.

教师对于一线名师和教研员的需求更高;从培训评价上看,周建华认为培训应侧重综合性和反思性;从培训时间安排上看,蔡迎旗、张虹认为培训时间的安排要灵活合理,通过减少工学矛盾来增强参训的积极性。

最后,王建等人围绕培训机构对教师需求的重视程度进行了分析,结果发现,在培训前大多数培训机构对参训教师的参训需求不够重视;部分管理者业务能力不强;培训内容和培训方式不能满足参训教师需求。

综上,需求分析是确保培训质量和培训效果的关键。培训需求作为当前国培计划相关研究的一个重点,已有研究主要从上述三个角度展开,呈现出"参训教师个体需求—依据需求设计培训内容—依据需求确定培训形式、培训管理—培训机构重视需求、完善制度管理"的逻辑。其中也体现出参训人员注重培训的针对性和实用性的现实需求,以及参训教师自身的水平和内在动力不足,对专业理论知识有所忽视的局限性。

(二)关于国培计划培训内容的研究

培训内容的设置是参训教师能否积极参加培训的重要影响因素。[①] 2012 年 5 月教育部办公厅发布《"国培计划"课程标准(试行)》,要求培训内容须结合专业理念与师德、专业知识和专业能力三个维度来设计,各维度下设不同模块,各模块下设不同专题。[②] 模块化培训内容的设置是"国培计划"的重要环节,也是提升培训效果的重要保障。

通过梳理发现,关于培训内容的研究多是基于现实情况的调查,进而发现问题并提出建议策略。其中,张雁以山西省为例提出了分层培训课程模式,强调基于对不同年龄段的骨干教师的培训需求,以及幼儿骨干教师的工作内容和成长规律来设置培训内容,避免培训内容统一化。戴水娇和史小平针对"国培计划"课程设置存在的问题,提出课程内容设置除了考虑学科与项目的特点外,还应当将成人的学习特点及城乡教师的需求考虑在内,以此增强培训内容的针对性。张宛艳通过问卷、访谈调查发现,培训课程和内容须有机地渗透到真实的教学过程中。

由此可见培训内容的设置取决于不同年龄段不同学科城乡参训教师的现实学习需求和成人的学习特点等,基于主题与任务来安排培训课程内容。因此,关于培训内容的实证研究多强调培训内容须具有针对性和实效性,具体表现为:第一,加强以模块设置课程;第二,突出分层分类分课编制课程内容,按需施培;第三,突出培训内容的任务驱动、实践取向和应用导向。整体来说,这一部分的研究成果已较为成熟。

[①] 邱铭.湖南省初中体育教师"学科专业能力提升"项目培训实施效果研究——以吉首大学"国培计划"为例[D].吉首:吉首大学,2020.

[②] 中华人民共和国教育部."国培计划"课程标准(试行)[M].北京:高等教育出版社,2012.

已有关于国培计划的研究除了理论思辨研究,实证主义研究范式对国培计划也有重要贡献。实证主义研究范式采用量化或者质性的研究方法,强调对研究对象做实证和经验的考察,注重研究结果的真实性和可靠性。比如在培训内容方面,不乏理论思辨研究与实证主义研究,主要研究观点如下。

第一,加强以模块设置课程。2012年5月,教育部办公厅发布《"国培计划"课程标准(试行)》,其中明确规定了专业理念与师德、专业知识和专业能力三方面的课程设置,可见专业理念、专业知识和专业能力是我国教师培训的主要内容。学者王定华提出,将党的十九大精神、全国教育大会精神作为教师校长国培的首要内容,设置培训课程专题,贯穿教师校长培训全过程。将师德师风、心理健康、信息技术、留守儿童关爱教育等作为培训的必修内容,专设中华优秀传统文化教育、信息技术应用等培训项目,增强教师的师德修养、法治观念、价值认同和信息化素养。[1]

第二,突出分层分类分科编制课程内容,按需施教。围绕重点解决乡村教师校长在教育教学中的实际问题,分层、分类、分科设置有针对性的培训模块内容,开展教师能力诊断,实施有针对性的培训,增强教师参加培训的获得感。2017年教育部出台的《中小学幼儿园教师培训课程指导标准》包括义务教育语文、数学、化学三门学科,其目的就是确保分层、分类、分科,精细化课程内容,确保按需施教。国内研究者彭睿对参加西南大学2013年"国培计划"的云南省农村幼教调查中发现,有78.1%的幼教认为教育教学改革实践经验是目前急需的培训内容,其中74%的幼教认为是幼儿教育新理念,72.6%的幼教认为是幼儿教育技能,39.7%的幼教认为是幼儿园管理知识,28.8%的幼教认为是幼儿理论知识。[2] 可见,培训内容须按需调整,有针对性调整,才能更好促进教师的专业成长。

第三,突出培训内容的应用导向,强化实践。课堂内容的开展需实行任务驱动教学,突出教师参与,解决教学实践中的实际问题,确保培训类课程学时占总学时的比例原则上不小于50%,跟岗实践课时原则上不小于1/3。启动实施中小学教师信息技术应用能力提升工程2.0,引领带动中小学教师校长将现代信息技术有效运用于教育教学和学校管理。[3]

(三)关于国培计划培训模式的研究

国培计划没有固定模式,符合国家政策、遵循教育规律、取得实效就好。随着理论与实践研究的丰富,培训模式也日渐多元。从所指范畴来讲,有的培训模式强调整个项目的模式,也有只强调培训教学的模式。从参训教师的角色划分,培

---

[1] 王定华.新时代我国中小学教师国培的进展与方略[J].全球教育展望,2020,49(1):54-61.
[2] 彭睿.提高"国培计划"中农村幼教培训的几点建议——以西南大学国培班中云南省幼教短期培训为例[J].学理论,2014(15):274-275.
[3] 王定华.新时代我国中小学教师国培的进展与方略[J].全球教育展望,2020,49(1):54-61.

训模式包括了主题式培训模式、参与式培训模式、行动研究培训模式、工作坊培训模式。也有学者通过综述发现培训模式主要包括体验式培训模式、螺旋上升式培训模式、线上线下互补式培训模式、任务驱动式培训模式等。

通过整理,我们基于"培训要素"这一维度来理解关于培训模式的实证研究(见图2-4)。其一,基于培训内容构建的培训模式,包括"知识—能力—实践—体验"模式(即KCPE模式),"理论研修、影子研修、反思研修、实践研修"的四阶段教师培训模式,APAR教师培训模式(意识唤醒、输入—分析—总结、实践应用和反思提升)。其二,通过培训主体整合来构建的培训模式,比如李玉峰等对以高校、区县教师发展中心、幼儿教师和网络研修平台为基础的"四位一体"培训模式进行了探索与研究。其三,根据培训专家的培训方式和参训教师的学习方式构建的培训模式,比如内江师范学院2015年发展形成的"导—研—行—思"培训模式,吉林省探索出了"名师教学示范课+参训教师实践汇报课+教研员组织主题辩课"的三段式培训模式,福建幼儿师范高等专科学校形成的基于PBL模式的园长培训模式。其四,基于培训技术与手段构建的培训模式,比如线上线下混合式培训模式、网络校本研修整合模式、Moodle平台下国培计划协同培训模式、强调教师自带设备的"BYOD+"培训模式等。其五,综合培训多个要素形成的培训模式,比如"三阶段双情景六步训练法"模式、面向边远贫困地区校长培训的"P4C"模式、"问题—认识—实践—再认识—再实践"五段参与式培训模式、"五模双修"培训框架下形成的"TOP+X"培训模式等。

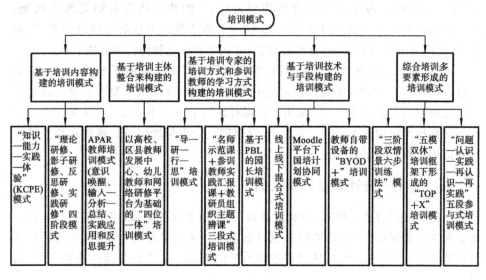

图2-4 国培计划培训模式的梳理

可见,各地国培项目在实施过程中能较好地因地制宜开展,并不断创新培训模式,呈现出百花齐放的格局。不过,虽模式多样,却也有着明显的共性,即都强调培训的引领示范性、合作协同性、尝试探究性、情境性、应用性、实践性、反思性等。因此,务必透过现象看本质,抓住培训模式构建的核心,切忌一味追逐创新而流于形式。

国培初期,"中西部骨干教师项目"采取"集中培训"和"送培到地(市)"的方式组织培训。"高中课改远程项目"形成"课程资源开发—网络技术服务—远程教学辅导—专家参训教师互动"一体化的网络远程培训模式。"知行中国项目"采用骨干教师先期集中研修与大规模远程培训结合,建立教师、学生、家长联系交流的"三人行"网络平台。[①]

随后,湖北省沙洋县创新送培模式,促进乡村教师在引领中实践、在实践中提升、在提升中发展、在发展中聚集成果,从而有效提升课堂执行能力、提高教育教学质量。重庆市铜梁区创新"三研三磨"递进式研课、磨课模式,聚焦乡村教师教学热点、难点问题,以研导磨、以磨促研、研磨结合,实现从理论密室到实践田野的有效过渡,磨出了知识的梯度、教师的热度、课堂的深度,形成了教与学的共振与合力。陕西省渭南市临渭区抓实影子研修,着力能力提升,创新乡村教师培训团队跟岗实践模式,精心遴选50位骨干青年教师参加团队研修,具体组织实施了培训团队跟岗实践,通过创新设计、强化管理、制度跟进、实招推动,培育了一支用得上、干得好的本土化培训团队。长沙师范学院探索出中小学教师知识实践统整的培训模式,还创新实施了湖南省幼儿园青年精英教师培养高端研修项目。[②] 内江师范学院从2012年构建"导—研—行"的教师培训模式,到2015年发展"导—研—行—思"模式,即培训专家的"导",参训教师的"研"和"行",指导参训教师在"导中思""研中思""行中思"。这一培训模式取得了鲜明的成效,参训教师的教学研究能力得到提升,现代教育技术能力也有了长足的进步。

综上所述,各地在培训模式和方式上不断创新的同时,能够较好地结合本土情况"因地制宜"。另外,各地模式虽然各有千秋,但也有非常鲜明的共性,即都表现出了培训模式的引领示范性、合作协同性、尝试探究性、情境性、应用性、实践性、反思性等。也许教师培训对教师的影响,希望是"想改变结果,先改变思维;想改变思维,先改变行为;想改变行为,先改变环境";也许如教师改变模型里所折射出的,教师培训不是简单的"由知到行"模式或"以行促知"模式下的线性改变,而更多的是"知行互动"模式中的复杂改变。因此,需要关注教师的实践性知识,以情境学习理论为理论基础,[③]才能更加有效地促进教师的专业发展与改变。

---

① 教育部师范司.教育部"国培计划(2009)"成效显著[J].中国教师,2010(12):15-16.
② 王定华.新时代我国中小学教师国培的进展与方略[J].全球教育展望,2020,49(1):54-61.
③ 刘梦婷,周钧,韩海英.西方关于教师改变的研究述评[J].当代教育科学,2019(12):79-84.

(四)关于国培计划培训管理的研究

1. 管理体系精细化,管理效度明显提高

国培计划实施初期,朱旭东教授就提出,要注重国培计划方案设计评审的专业逻辑。实施国培计划的重要步骤是组织专家对申报国培计划的项目进行专业评审。同时,需要防止国培计划可能带来的地方政府在教师培训上的责任缺位。① 因此,需要通过完善项目管理机制、健全评审和监管评估机制、探索项目之间的有机结合来完善管理和保证质量。②

随着两个周期国培计划的发展和改善,2018年朱伶俐等人提出目前国培计划的管理更加精细化,包括项目招投标、项目组织领导、项目督促检查、经费管理、总结宣传的管理,越来越具有可操作性。③ 另外,王定华发现在精细化的基础上,全国不同省份也在不断摸索本土化有效的国培管理模式,都取得了一定成效。比如,河南省围绕国培全面深化综合改革,结合本省教师队伍建设实际,优化顶层设计,强化全过程质量管理,建立五级联动、协同创新的工作模式,形成了"规划五级统筹、项目齐抓共管、工作共同推进、成果共建共享"的国培新格局。吉林省以项目区县为核心,有效落实国培重心下移,将项目区县分为A、B两类,增强管理效度,到2019年乡村教师受培覆盖面100%。这样,以支持乡村教师专业发展为重点,充分发挥省级引领的"专业、专注、专管、专责"作用,走出了一条具有鲜明特色的国培之路。新疆维吾尔自治区"双向带动,多方联动"构建乡村教师支持服务体系,通过高校示范带动县域教师专业发展培训基地学校,县域教师专业发展培训基地学校示范带动乡镇片区教研中心,项目县市师训部门、教研部门、电教部门、中小学校幼儿园等多方协同,联合推进国培落地,逐步构建起了县域教师专业发展长效支持体系。④

2. 过程监管全面化,培训质量明显提升

为保障国培计划成效,各主体单位实行顶层设计、过程实施、质量评估全过程监管。在项目设计阶段,国家层面组织专家对示范性国培项目承担机构和方案进行评审,对国培项目进行实施方案现场诊断,提出修改意见并书面反馈。在项目实施阶段,国家层面依托信息化管理系统,加强项目过程监控。在项目结束后,采取参训教师网络匿名评估等方式,分项目对培训绩效进行评估并反馈给有关省份机构。比如,安徽省引入第三方评估机制,由省教育评估中心对国培绩效进行评

---

① 朱旭东.论"国培计划"的价值[J].教师教育研究,2010,22(6):3-8,25.
② 教育部师范司.教育部"国培计划(2009)"成效显著[J].中国教师,2010(12):15-16.
③ 朱伶俐,张丽,王瑞娥."国培计划"的政策演进与实施路径研究[J].当代继续教育,2018,36(5):4-10,43.
④ 王定华.新时代我国中小学教师国培的进展与方略[J].全球教育展望,2020,49(1):54-61.

估,公开评估结果,反馈改进意见。甘肃、内蒙古建立以资深专家为主的培训教学督导组,进驻培训点,全面监督培训方案落实。上海市、福建省实行见习教师规范化培训,实行新入职教师到优质中小学校跟岗学习一年,并与教育硕士学位相衔接的培养机制。山东省适应"互联网+"新形势,进一步完善远程培训模式,加强优质培训资源共建共享。北京师范大学在中华优秀传统文化涵养师德、华东师范大学在信息技术应用能力的国培方面凸显了特色。贵阳幼儿师范高等专科学校一体化设计搭平台,多级联动促实效,建构幼儿教师专业成长机制。

3. 物质支持有保障,培训经费持续增加

物质基础决定上层建筑,经费保障是"国培计划"有效实施的物质基础。如前所述,政策方面将进一步出台资金管理办法,将培训需求调研、培训方案研制、培训绩效评估、训后跟踪指导纳入培训实施流程,并提供必要的经费保障;建立国培计划参与激励机制,将教师参与授课、指导、管理、训后跟踪指导等纳入教学工作量考核范围;安排必要的班级管理费用,充分调动培训班主任参与培训的积极性和主动性。

王定华研究发现,"十三五"期间,中央财政对中小学教师国培计划的支持力度已稳定在每年22亿元,经费投入比启动时增长4倍。截至2019年,中央财政累计投入国培计划专项经费157.84亿元,培训中小学幼儿园教师超过1500万人次,实现了中西部农村640万教师轮训一遍。在国家示范引领下,2018年,全国省级财政性中小学教师培训经费达到19.37亿元,是2010年经费的近2.6倍。东部九省普遍加大投入,中西部23个省份中湖北、湖南、重庆、贵州的省级财政中小学教师培训经费增加超过5000万元,江西、河南、广西、新疆、青海的省级财政中小学教师培训经费增加超过2000万元。浙江、湖南加强经费保障,浙江明确提出教职工工资总额的3%和中小学公用经费的10%用于教师培训,湖南明确农村学校按不低于年度公用经费的8%安排教师培训经费。[①]

可见,管理体系在精细化,质量评估在务实化、全面化,物质基础在不断夯实。那么,如此巨大的人力、物力、财力投入后的成效如何呢?能不能实现预期的教师培训目标呢?能不能促使教师在参训后实际能力得以提升呢?这就涉及后续"国培计划实施成效"方面的研究。

(五)关于"国培计划实施成效"研究

通过文献梳理发现,关于"国培计划实施成效"的研究主要有以下两种研究视角,即从"教师专业发展标准"角度和从"培训评估模型"角度探讨国培计划实施成效。

---

① 王定华.新时代我国中小学教师国培的进展与方略[J].全球教育展望,2020,49(1):54-61.

1. 从"教师专业发展标准"角度探讨国培计划实施成效

梳理已有研究发现,以"教师专业发展标准"角度,许多学者从师德修养和专业理念、专业知识、专业能力三方面阐述国培计划实施的成效。

1)师德修养培训和专业理念培训的效果

教师道德即师德,指教师在教育实践中,形成的较稳定的道德观念、道德行为。国培计划的实施,有助于教师形成高尚的师德修养、科学的专业理念,对于教育实践具有重要的指导作用。一方面,国培计划的实施对参训教师的专业理念、师德修养有一定的积极效果。李海青发现,相当比例的参训教师对职业有强烈的专业追求,能够认识科学的教育理念以及正确的言行对教学的作用。江姣在研究中发现,多数参训教师认为师德和理念知识在实际教学工作中得到显著改善,具有实用性。谭越月、王慧娟发现,参训教师通过培训对于幼儿教师的专业性和独特性有了更好的理解,对其态度行为的改善皆有积极作用。另一方面,也有学者发现国培计划对参训教师的专业理念、师德修养影响甚微。李海青在研究中发现,部分参训教师认为培训对师德修养和专业理念无过多影响。王娜、焦梦婕的研究中也发现,部分参训教师反馈培训所学的专业理念和师德修养知识难以落实至实际工作中。杨阳在研究中发现,部分教师认为培训内容过于"高大上""不接地气",缺乏实用性。因此,在实际的培训中,应尽力平衡"高大上"和"接地气",使参训教师训后真正受益,重点提升其实践性。

2)专业知识培训的效果

专业知识是指对某一方面的知识有透彻的了解与研究,是教师进行教育实践的理论基础。在实际培训中,培训项目的不同,加上参训教师自身的差异,使其在专业知识方面的培训效果各有不同。江姣在研究中发现,参训教师在训后专业知识的提高对工作岗位中的教育教学行为有一定改善。王慧娟在研究中发现,参训教师认为培训有助于专业知识的巩固,提升个人素养。[①] 然而,王娜在研究中发现,将培训理论运用到实践的提升作用一般。王满通过访谈获知部分教师因个人能力有限,难以将培训的专业知识应用得当。李海青认为培训内容不全面会导致专业知识培训效果不佳。综上所述,专业知识在理论上确实提升了教师的个人素养,培训也为教师掌握和丰富专业知识提供了很好的途径。但由于专业知识本身的理论难度以及参训教师自身的能力,在一定程度上限制了对专业知识的应用,这正是目前培训中的一个重要问题。因此,培训的专业知识应以参训教师为主体,充分考虑实际需求,以案例入手培训,增强实用性,真正让专业知识起到落地指导的作用。

3)专业能力培训的效果

专业能力指从事某种职业所需要具备的特殊知识、经验与技能。关于专业能

---

① 王慧娟.幼儿教师"国培计划"短期集中培训效果的调查研究[D].洛阳:洛阳师范学院,2019.

力的培训效果研究不一。李海青在研究中发现，参训教师能够根据培训内容调整自己的教学行为，增强教学的目的性。江姣得出幼儿园教师在训后能够很好地将培训中所学的专业能力运用至实际教学工作中。梅玉琴的研究发现，训后指导对参训校长的专业能力提升有积极影响，能够促使其更好地将理论和实践结合。然而，王慧娟、王娜娜在研究中却发现，参训教师在解决实际问题上效果不显著，培训内容不够全面。综上所述，专业能力培训效果以实际应用作为评价指标，再次突出了培训应具有针对性、实用性。

综观上述文献，我们可以发现，培训效果总体上比较乐观，但仍有一定不足。一些研究者都已对国培计划的成效进行了调查探讨。但大多数研究培训的效果集中于培训期间，即调查参训教师学到了哪些知识。国培计划的真正目的是希望通过培训师德修养和专业理念、专业知识以及专业能力，改善参训教师的教育观念，提升其专业知识和专业能力，使其能够将所学知识运用于实践，更加科学地组织教学活动。目前对于参训教师训后指导的研究还比较少，反映了国培计划长效性有待提高。比如，万中、程敏发现，在培训结束后，幼儿园教师在回到工作岗位后，其工作表现并未有显著改善，培训的内容未对其实际工作带来较大的帮助。[①]研究者赵海利从"浙江省农村中小学教师素质提升工程"的实证分析发现，目前教师培训的成效并不显著，有些参训教师依然"以不变应万变"，其中培训专家水平、培训内容、培训方式以及培训时间安排等是影响教师培训的因素。[②]因此，应根据培训对象的实际需求安排培训内容，重视实践的同时，加强训后指导，以促进并完善国培计划项目的开展，促进教师专业发展，发挥培训效果的最大化作用。

2. 从"培训评估模型"角度探讨国培计划实施成效

对国培计划实施的评估，保证了国培计划实施现状的真实性。通过梳理已有研究，学者常用的评估理论有以下两种。

1）柯氏四级培训评估模型

1959年，美国威斯康星大学的教授唐纳德·L.柯克帕特里克提出柯氏模型，该评估模型包括四个层次的评估：反应层、学习层、行为层和结果层。许多学者运用该评估模型弥补了国培计划疏于训后指导的缺憾。江姣基于柯氏模型行为层，按照柯氏模型行为层的研究方法即问卷调查、访谈法以及360°调查法，再结合文献法，随机抽选了60名参加幼师国培项目（包括幼师国培置换脱产研修、幼师国培转岗教师培训和幼师国培短期集中培训三个项目）的幼儿教师，对他们进行了调查研究，发现培训促进了教师专业发展，并根据行为层分析得出影响培训效果的因素，结果如下：①幼儿园所在地会影响幼儿园教师专业理念与师德以及专业

---

① 万中,程敏.从能力本位教育看幼儿教师培训[J].学前教育研究,2005(2):44-45.
② 赵海利.教师培训项目实施成效及影响因素——基于浙江省"农村中小学教师素质提升工程"的实证分析[J].教育理论与实践,2010,30(29):3-5.

知识的培训效果,但不影响幼儿园教师专业技能的培训。②幼儿园教师的学历对其培训效果有着显著的影响。③园所性质、有无教师资格证、有无编制、教师职称、所学专业、参培次数、教师年龄和教龄以及参训时间和项目类别都不是影响幼儿园教师的培训效果主要因素。① 这是国内少有的"探讨教师在培训结束返回工作情境后教学行为改变"的研究。另外,王娇研究发现,根据该模型评估培训效果显著,但培训时间长短、设施、饮食等客观条件会影响培训效果。② 陈加伟对小学科学骨干教师训后进行评估,了解参训教师训后绩效高低,为国培计划提供反馈信息。③ 马喜对农村小学校长国家级培训实效进行研究,发现该项培训成效显著,但培训中仍存在一定问题,通过对影响因素的分析加强培训实效的改进。④ 综上所述,该模型的应用广泛,由于其系统论的观点,也具有科学性。当然也有不足之处:首先,由于它以受训者作为评估对象,无法避免评估的主观成分;其次,由于个体理解具有差异性,评价结果不易量化;最后,各层次之间难以形成一个有机的整体。

2)CIPP评估模型

1967年,美国学者斯塔弗尔比姆提出CIPP评估模型,其为综合性评估,具体包括情景评估(分析受训对象需求,制定培训目标)、输入评估(根据目标选择借用外部资源)、过程评估(收集信息,为培训人员提供反馈信息)和成果评估(无时间节点,目的是考察是否达到预期目标)。牛猛根据该模型,构成由参训教师自主汇报培训环境、培训资源、学习参与、学习收获的满意度数据,参训教师大多都更新了教育理念、提高了专业能力。但对于培训课程的有效性、实用性评价较低。⑤ 陈加伟研究发现,参训教师对课程设置满意度不高,而绝大多数参训是为了提高教学能力和补充相关知识,另外还有少部分参训教师抱有扩大人际关系、评职称等目的。⑥

3)"预设—过程—结果"评价模型

该模型是李桂荣、韩肖艳两位研究者综合了国培计划的政策定位和上述两种模型的理论依据,考虑评价的便利性和可操作性,最终将国培计划绩效评价模型确立为设计是否有效、过程是否有效和结果是否有效三个评价序列(见图2-5)。

---

① 江姣.幼儿园教师培训效果研究:基于柯氏模型行为层的分析——以重庆某高校幼师国培项目为例[D].重庆:重庆师范大学,2017.

② 王娇.本溪满族自治县小学体育教师培训效果的调查研究——以2017年"学校体育与体育教师培训项目"为例[D].沈阳:沈阳师范大学,2019.

③ 陈加伟."国培计划"小学科学骨干教师训后绩效评价的研究[D].赣州:赣南师范学院,2015.

④ 马喜.农村小学校长国家级培训实效研究——以农村校长助力工程D研修班为例[D].长春:东北师范大学,2018.

⑤ 牛猛.黑龙江中小学体育骨干教师"国培计划"项目实施效果研究——以2015—2017体育教师培训项目为例[D].延边:延边大学,2018.

⑥ 陈加伟."国培计划"小学科学骨干教师训后绩效评价的研究[D].赣州:赣南师范学院,2015.

他们通过调查发现,"国培计划"整体能够很好地体现按需施教、整体满意度较高、在思想和行为方面对参训教师产生了积极影响,但是也存在着明显的问题:第一,根据适切性抽样调查可知,在培训讲师、培训方式、培训管理、培训条件等方面,还存在着较为严重的不能按需施教的现象;第二,根据满意度抽样调查可知,参训教师对国培计划的满意度普遍较高,但就每个方面内部的子项来看,教师结构、培训形式的多样性、生活与学习管理等方面的满意度相对较低;第三,根据影响力抽样调查可知,参训教师自我感觉、培训对其教育能力的影响相对于教育精神和教育知识的影响较弱。①

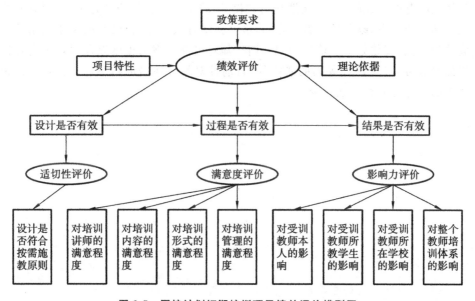

图 2-5 国培计划短期培训项目绩效评价模型图

纵观上述文献,学者多以评估模型在研究培训效果的基础上,进一步探讨影响培训效果的因素,据此来为培训存在的问题提供解决途径。但由于须考量多种因素,故评估难以避免主观成分。因此,应根据实际情况采用合适的评估模型,以反映"国培计划"实施的效果。

总而言之,近十年来国培计划取得的成效是毋庸置疑的,国培计划两个周期的不断完善和大量的研究表明,国培计划实施效果较好,教师专业发展状况得到了较大的改善。回顾这些年我国教师培训的发展,全国各个省份均已展开大规模的培训,许多研究团队也在跟踪调查各类培训项目的实施过程及其成效,但培训低效问题仍伴随着培训项目的进行而存在。研究整体表明:国家对教师培训工作的巨大投入和实际产生的培训效果收益之间仍然存在较大差距,这使教师培训工作陷入尴尬局面。正如 2019 年 11 月 22 日的一篇文章《国家拨钱,老师敷衍,重在

---

① 李桂荣,韩肖艳."国培计划"绩效评价指标体系与抽样研究[J].教育发展研究,2014,33(12):1-6.

录视频发照片的教师国培计划有意义么?》戳中了教师培训的痛点,"培训前激动、培训时感动、培训后不动"。若此类现象和问题持续存在却又得不到解决,培训结果将无法持续满足促进教师专业发展的要求,进而影响教师队伍整体素质的提高。

  此外,成效是基于目标的考量,教师培训的真正目的,是希望通过专业培训改善教学行为。正如朱旭东教授在《论"国培计划"的价值》一文中所说的:"国培计划"最终的价值在于提升教师树立面向全体学生、促进学生全面发展的教育观念,培养教师提高学生服务国家、服务人民的社会责任感,勇于探索的创新精神及善于解决问题的实践能力。[①] 实践能力的提升,源于改善教师的教育观念、提升专业能力和专业知识,改善教师教学行为,最终科学育人。然而,已有的关于国培计划成效的研究,多数集中在培训期间参训教师对培训的满意程度以及对培训内容知识的吸收度,除了江姣等人的研究外,目前针对教师在培训结束后对其行为是否改善的研究和调查少之又少。

[①] 朱旭东.论"国培计划"的价值[J].教师教育研究,2010,22(6):3-8,25.

第二部分

河南省(2010—2021)"国培计划"发展报告

第三章 河南省(2010—2021)"国培计划"发展情况

系统了解河南省"国培计划"的项目类型和执行过程是深化认识河南省"国培计划"成效的前提和基础。通过对已有相关文件、文献的梳理，总结当前河南省"国培计划"的项目类型并构建河南省"国培计划"省级层面执行过程图。

第一节 河南省组织实施的"国培计划"项目类型

河南省"国培计划"是在教育部、财政部统筹规划的基础上，由河南省教育厅、财政厅负责组织实施的"国培计划"项目。自2010年教育部、财政部下达《关于实施"中小学教师国家级培训计划"的通知》以来，"国培计划"不断演进更迭，每年都有相应的"国培计划"政策文件对承担和实施培训的机构进行指导。河南省教育厅、财政厅作为组织实施"国培计划"的重要部门，其组织实施的"国培计划"项目类型决定了其管理过程与管理方法，直接影响着河南省"国培计划"的成效。

在2013年3月20日，教育部办公厅、财政部办公厅下达了三个文件，即《"国培计划"示范性集中培训项目管理办法》《"国培计划"示范性远程培训项目管理办法》《"国培计划"中西部农村中小学骨干教师培训项目和幼儿园教师培训项目管理办法》，明确提出：示范性集中培训项目、示范性远程培训项目由中央财政专项经费支持，教育部、财政部组织实施；中西部项目和幼师国培由教育部、财政部统筹规划，安排专项资金支持和引导，省级教育、财政部门负责组织实施。可见，河南省教育厅、财政厅主要负责组织实施的"国培计划"项目分"中西部项目"和"幼师项目"两大类。需要强调的是，本书重点关注河南省教育厅、财政厅主要负责组织实施的"国培计划"项目。

具体来说，河南省组织实施的"中西部项目"包括置换脱产研修、短期集中培训、送教下乡、远程培训/网络研修等；"幼师国培项目"包括置换脱产研修、短期集中培训和转岗教师培训等。因"国培计划"每年的具体项目类别都会有所更迭，基于2010—2021年"国培计划"相关政策文件，本书专门对河南省11年来组织实施的项目类型做如下梳理。

一、河南省历年组织实施的"国培计划"项目类型

2010年,河南省教育厅主要承担了"国培计划"——中西部农村骨干教师培训项目。① 依据《2010年河南省"国培计划——中西部农村骨干教师培训项目"实施方案》(豫教师〔2010〕138号)等文件,发现当年主要承担的"国培计划"包含了置换脱产、短期集中和远程培训三类(见表3-1)。

表3-1 2010年河南省"国培计划——中西部农村骨干教师培训项目"类型

项目类型		项目模式
中西部项目	农村中小学教师培训项目	农村中小学骨干教师置换脱产研修项目
		农村中小学教师短期集中培训项目
		远程培训

2011年6月公布的"国培计划(2011)"——河南项目主要包括河南省农村中小学教师置换脱产研修、短期集中培训、网络远程培训项目(见表3-2)。其中短期集中项目下设农村中小学主干学科骨干教师培训项目、农村中小学薄弱学科骨干教师培训项目、特殊教育学校骨干教师培训项目、教师培训管理者培训项目4个子项目。远程培训项目下设远程培训辅导教师短期集中培训、学科教师教学能力提高远程培训、教育技术能力(中级)远程培训等3个子项目。② 加上农村中小学骨干教师置换脱产研修项目,一共8个项目。3个月后,即2011年9月23日,根据《教育部 财政部关于实施幼儿教师国家级培训计划的通知》(教师〔2011〕5号)和《关于做好"幼儿教师国家级培训计划"项目申报工作的通知》(教师司〔2011〕36号)精神,结合实际,河南省计划实施农村幼儿骨干教师置换脱产研修、农村幼儿教师短期集中培训和农村幼儿园"转岗教师"培训等3个项目。③ 同年11月,《河南省教育厅 河南省财政厅关于下达"国培计划(2011)"——河南省农村幼儿教师培训项目的通知》④发布,河南省正式开始组织实施"国培计划(2011)"——河南省农村幼儿教师培训项目。

---

① 河南省教育厅.河南省教育厅关于做好2010年"国培计划"评估总结工作的通知[EB/OL].[2022-08-07].http://jyt.henan.gov.cn/2011/01-14/1654186.html.
② 河南省教育厅.河南省教育厅 河南省财政厅关于"国培计划(2011)"——河南项目招标邀标有关事宜的通知[EB/OL].[2022-08-07].http://jyt.henan.gov.cn/2011/06-14/1654228.html.
③ 河南省教育厅.河南省教育厅 河南省财政厅关于"国培计划(2011)"——河南省幼儿教师培训项目招(邀)标有关事宜的通知[EB/OL].[2022-08-07].http://jyt.henan.gov.cn/2011/09-26/1654264.html.
④ 河南省教育厅.河南省教育厅 河南省财政厅关于下达"国培计划(2011)"——河南省农村幼儿教师培训项目的通知[EB/OL].[2022-08-07].http://jyt.henan.gov.cn/2011/12-01/1654280.html.

表 3-2 "国培计划(2011)"——河南项目类型

项目类型	项目模式	子项目名称/培训对象
中西部项目 / 农村中小学教师培训项目	农村中小学骨干教师置换脱产研修项目	置换脱产研修对象为农村义务教育阶段具有良好发展潜力的中青年骨干教师,年龄原则上不超过45岁
	农村中小学教师短期集中培训项目(4个子项目)	①农村中小学主干学科骨干教师培训项目; ②农村中小学薄弱学科骨干教师培训项目; ③特殊教育学校骨干教师培训项目; ④教师培训管理者培训项目
	农村中小学教师远程培训项目(3个子项目)	①农村义务教育阶段学校学科教师教学能力提高远程培训辅导教师培训项目; ②农村义务教育阶段学校学科教师教学能力提高远程培训项目; ③农村骨干教师教育技术能力(中级)培训项目
中西部项目 / 农村幼儿教师培训项目	农村幼儿园骨干教师置换脱产研修项目	参加该项目培训的幼儿教师应具备以下条件:①热爱幼教事业,具有良好的思想品德和职业道德素养;②入职前接受过系统的幼儿师范教育,具有幼儿教师专业资格证书;③具有专科及以上学历或小学高级教师及以上职称;④身心健康,年龄在45周岁以下
	农村幼儿园教师短期集中培训项目	培训对象应具备以下条件:①热爱幼教事业,具有良好的思想品德和职业道德素养;②入职前接受过系统的幼儿师范教育,具有幼儿教师专业资格证书;③具有专科及以上学历或小学高级教师及以上职称;④身心健康,年龄在45周岁以下
	农村幼儿园转岗教师培训项目	培训对象为农村幼儿园新入职的未从事过学前教育工作的"转岗教师"和农村幼儿园新入职的非学前教育专业的高校毕业生

2012年公布的"国培计划(2012)"中西部项目——河南省项目主要包括河南省农村中小学骨干教师置换脱产研修项目、农村中小学教师短期集中培训项目、农村中小学教师远程培训项目、农村幼儿园骨干教师置换脱产研修项目、农村幼儿园教师短期集中培训项目、农村幼儿园转岗教师培训项目(见表3-3)。其中短期集中项目包括农村中小学主干学科骨干教师培训项目、农村中小学薄弱学科骨干教师培训项目、特殊教育学校骨干教师培训项目、骨干班主任培训项目、心理健

康教育骨干教师培训项目5个子项目。另外,"国培计划(2012)"中西部项目——河南省农村中小学教师远程培训项目分为3个子项目,分别是农村义务教育阶段学校学科教师教学能力提高远程培训项目、农村义务教育阶段学校学科教师教学能力提高远程培训辅导教师培训项目、农村骨干教师教育技术能力(中级)远程培训项目。①

表3-3 "国培计划(2012)"中西部项目——河南省项目类型

项目类型	项目模式	子项目名称/培训对象
中西部项目	农村中小学教师培训项目	农村中小学骨干教师置换脱产研修项目	置换脱产研修对象为农村义务教育阶段具有良好发展潜力的中青年骨干教师,年龄原则上不超过45岁
		农村中小学教师短期集中培训项目(5个子项目)	①农村中小学主干学科骨干教师培训项目; ②农村中小学薄弱学科骨干教师培训项目; ③特殊教育学校骨干教师培训项目; ④骨干班主任培训项目; ⑤心理健康教育骨干教师培训项目
		农村中小学教师远程培训项目(3个子项目)	①农村义务教育阶段学校学科教师教学能力提高远程培训项目; ②农村义务教育阶段学校学科教师教学能力提高远程培训辅导教师培训项目; ③农村骨干教师教育技术能力(中级)远程培训项目
	农村幼儿园教师培训项目	农村幼儿园骨干教师置换脱产研修项目	置换脱产研修对象为农村幼儿园具有良好发展潜力的中青年骨干教师,年龄原则上不超过45岁
		农村幼儿园教师短期集中培训项目	本项目培训对象为我省农村公办和民办普惠性幼儿园园长、骨干教师
		农村幼儿园转岗教师培训项目(2个子项目)	①未从事过学前教育工作的转岗教师培训项目; ②非学前教育专业的高校毕业生培训项目

2013年,公布的"国培计划(2013)"——河南省项目主要包括河南省农村中小学教师培训项目的置换脱产研修、短期集中培训、送教(培)到县、远程培训项目;

---

① 河南省教育厅.关于"国培计划(2012)"中西部项目——河南省有关招(邀)标事宜的公告[EB/OL].[2022-08-07].http://jyt.henan.gov.cn/2012/06-05/1654336.html.

河南省农村幼儿园教师培训项目的置换脱产研修、短期集中培训、转岗教师培训、送教(培)到县项目(见表3-4)。① 需要强调的是,根据教育部、财政部关于"国培计划"实施的精神和河南省教师队伍实际,在"国培计划"项目中增设了"送教下乡和送培上门"项目[简称"送教(培)到县"项目],河南省实施时间为2013年11月至12月。②

表3-4 "国培计划(2013)"——河南省项目类型

项目类型		项目模式	子项目名称/培训对象
中西部项目	农村中小学教师培训项目	农村中小学骨干教师置换脱产研修项目	置换脱产研修对象为农村义务教育阶段具有良好发展潜力的中青年骨干教师,年龄原则上不超过45岁
		农村中小学教师短期集中培训项目(11个子项目)	①农村中小学主干学科教师培训项目; ②农村中小学薄弱学科教师培训项目; ③特殊教育学校教师培训项目; ④骨干班主任培训项目; ⑤心理健康教育教师培训项目; ⑥"特岗计划"教师培训项目; ⑦"两区"小学全科教师培训项目; ⑧生命与安全教育教师培训项目; ⑨培训者团队培训项目; ⑩农村中小学校长培训项目; ⑪农村中小学经典诵读教育骨干教师培训项目
		送教(培)到县培训项目	2013年"送教到县"项目涉及义务教育学校各学科及幼儿园教师培训等学科(领域),参训对象为农村初中、小学和幼儿园的一线教师
		农村中小学教师远程培训项目(5个子项目)	①农村义务教育阶段学校学科教师教学能力提高远程培训项目; ②农村骨干教师教学实践专业技能提升网络研修项目; ③农村骨干班主任教师履职能力远程培训项目; ④农村教师教育技术能力远程培训项目; ⑤远程培训辅导教师培训项目

---

① 信阳师范学院教务处.关于转发省教育厅、财政厅《关于"国培计划(2013)"——河南省项目有关招(邀)标事宜的通知》[EB/OL].[2022-08-07]. http://jwc.xynu.edu.cn/info/1020/2013.htm.

② 河南省教育厅.关于增加"国培计划(2013)"——河南省农村中小学送教(培)到县项目任务的通知[EB/OL].[2022-08-07]. http://jyt.henan.gov.cn/2013/11-21/1655323.html.

续表

项目类型	项目模式	子项目名称/培训对象
幼师国培	农村幼儿园骨干教师置换脱产研修项目	置换脱产研修对象为农村幼儿园具有良好发展潜力的中青年骨干教师,年龄原则上不超过45岁
	农村幼儿园教师短期集中培训项目	本项目培训对象为我省农村公办和普惠性民办幼儿园园长、专任教师和从事幼儿园生命与安全教育的教师
	农村幼儿园转岗教师培训项目(2个子项目)	①未从事过学前教育工作的转岗教师培训项目; ②非学前教育专业的高校毕业生培训项目
	送教(培)到县培训项目	2013年"送教到县"项目涉及义务教育学校各学科及幼儿园教师培训等学科(领域),参训对象为农村初中、小学和幼儿园的一线教师

2014年7月25日,河南省教育厅同时下达《关于组织实施"国培计划(2014)"——河南省农村中小学教师培训项目的通知》《关于组织实施"国培计划(2014)"——河南省农村幼儿教师培训项目的通知》。通知表明,"国培计划(2014)"——河南省农村中小学教师培训项目主要包括置换脱产研修项目、短期集中培训项目、远程培训项目。其中短期集中项目下设农村中小学主干学科教师、农村中小学薄弱学科教师、英语教师、特殊教育学校教师、"特岗计划"教师、生命与安全教育教师、寄宿制中小学校班主任、义务教育学校校长、农村中小学经典诵读教育教师、农村小学全科教师、县级教师培训机构培训者、心理健康教育教师持证上岗培训、农村中小学送教到县13个子项目;远程培训项目下设农村中小学网络研修与校本研修整合培训①、农村骨干班主任教师履职能力远程培训、中小学心理健康教育教师远程培训3个子项目;专设中小学教师信息技术应用能力提升远程培训和示范性综合改革项目。②③ "国培计划(2014)"——河南省农村幼儿教师培训项目包括农村幼儿园骨干教师置换脱产研修、农村幼儿园转岗教师培训和农村幼儿园教师短期集中培训3个类型。其中短期集中培训项目下设农村幼儿园专任教师培训、农村幼儿园生命与安全教育教师培训、农村幼儿园园长培训、农村幼儿园教师送培到县4个子项目;农村幼儿园转岗教师培训下设未从事过学前

---

① 国培实施方案河南省2014[EB/OL].[2022-08-07].https://www.docin.com/p-2318597780.html.
② 河南师范大学网络研修训后跟踪指导平台.河南省教育厅 河南省财政厅关于"国培计划(2014)"河南省项目招(邀)标事宜的公告[EB/OL].[2022-08-07].http://hsdwl.yanxiu.com/2014/zcwj_0910/23.html.
③ 河南省教育厅.关于组织实施"国培计划(2014)"——河南省农村中小学教师培训项目的通知[EB/OL].[2022-08-07].http://jyt.henan.gov.cn/2014/07-30/1655751.html.

教育工作的转岗教师和非学前教育专业的高校毕业生2个子项目;专设幼儿园教师信息技术应用能力提升工程(见表3-5)。①

表3-5 "国培计划(2014)"——河南省项目类型

项目类型		项目模式	子项目名称/培训对象
中西部项目	农村中小学教师培训项目	农村中小学骨干教师置换脱产研修项目	置换脱产研修对象为农村义务教育阶段具有良好发展潜力的中青年骨干教师,年龄原则上不超过45岁
		农村中小学教师短期集中培训项目（13个子项目）	①农村中小学主干学科教师; ②农村中小学薄弱学科教师; ③英语教师; ④特殊教育学校教师; ⑤"特岗计划"教师; ⑥生命与安全教育教师; ⑦寄宿制中小学校班主任; ⑧义务教育学校校长; ⑨农村中小学经典诵读教育教师; ⑩农村小学全科教师; ⑪县级教师培训机构培训者; ⑫心理健康教育教师持证上岗培训; ⑬农村中小学送培到县
		农村中小学教师远程培训项目（3个子项目）	①农村中小学网络研修与校本研修整合培训; ②农村骨干班主任教师履职能力远程培训; ③中小学心理健康教育教师远程培训
		中小学教师信息技术应用能力提升远程培训	
	专设	河南省农村中小学教师示范性综合改革项目	①骨干教师能力提升高端研修项目; ②优秀青年教师成长助力研修项目

---

① 关于组织实施"国培计划(2014)"——河南省农村幼儿教师培训项目的通知[EB/OL].[2022-08-07]. https://www.doc88.com/p-77461773477123.html.

续表

项目类型	项目模式	子项目名称/培训对象
幼师国培	农村幼儿园骨干教师置换脱产研修项目	置换脱产研修对象为农村幼儿园具有良好发展潜力的中青年骨干教师，年龄原则上不超过45岁
幼师国培	农村幼儿园教师短期集中培训项目（4个子项目）	①农村幼儿园专任教师培训； ②农村幼儿园生命与安全教育教师培训； ③农村幼儿园园长培训； ④农村幼儿园教师送培到县
幼师国培	农村幼儿园转岗教师培训项目（2个子项目）	①未从事过学前教育工作的转岗教师培训项目； ②非学前教育专业的高校毕业生培训项目
专设	幼儿园教师信息技术应用能力提升工程	

随着国务院办公厅印发《乡村教师支持计划(2015—2020年)》的通知，新一周期的国培改革集中在调整实施范围、优化项目设置、创新培训模式、下移管理重心、强化基层参与、遴选培训机构、加强团队建设等针对性改革完善措施上。① 根据《教育部办公厅、财政部办公厅关于做好2015年中小学幼儿园教师国家级培训计划实施工作的通知》(教师厅〔2015〕2号)、《教育部 财政部关于改革实施中小学幼儿园教师国家级培训计划的通知》(教师〔2015〕10号)和《河南省教育厅 河南省财政厅关于"国培计划(2015)"河南省项目招(邀)标事宜的公告》(教师〔2015〕414号)等文件要求，"国培计划(2015)"——河南省中小学幼儿园教师培训项目主要包括教师培训团队置换脱产研修项目、送教下乡项目、教师网络研修项目、乡村教师访名校项目、乡村校园长培训项目和示范性综合改革项目。其中，教师网络研修项目下设信息技术应用能力提升工程、网络研修与校本研修整合培训、教师工作坊网络研修3个子项目；乡村教师访名校项目下设教学点教师访名校、村小教师访名校、"特岗教师"研修项目、乡村新建公办民办幼儿园教师(含转岗教师)培训、紧缺薄弱学科(领域)教师培训、乡村中小学主干学科教师(含乡村公办民办幼儿园教师)培训、少先队辅导员培训7个子项目；乡村校园长项目下设乡村中小学

---

① 朱伶俐，张丽，王瑞娥."国培计划"的政策演进与实施路径研究[J].当代继续教育,2018,36(5):4-10,43.

校长培训、乡村幼儿园园长培训2个子项目;示范性综合改革项目下设骨干教师能力提升高端研修和优秀青年教师成长助力研修2个子项目(见表3-6)。①

表3-6 "国培计划(2015)"——河南省中小学幼儿园教师培训项目类型

项目	项目模式		子项目名称/培训对象
中西部项目&幼师国培	置换脱产	教师培训团队置换脱产研修	项目县域内具有良好发展潜力、拟承担乡村中小学和幼儿园送教下乡培训和网络研修指导工作的中小学幼儿园骨干教师、教研员以及县级教师培训机构专职培训者。通过研修,全面提升项目县骨干教师教研员的教育教学能力和培训指导能力,打造一支"用得上、干得好"的县级教师培训团队
	送教下乡	送教下乡项目	培训对象为项目县乡村学校(幼儿园)、村小和教学点教师。 通过送教下乡,引导项目县建立完善乡村教师专业发展支持服务体系,解决乡村教师教育教学中存在的实际问题,切实提升乡村教师课堂教学能力
	网络研修	教师网络研修项目(3个子项目)	①信息技术应用能力提升工程; ②网络研修与校本研修整合培训; ③教师工作坊网络研修
	短期集中	乡村教师访名校项目(7个子项目)	①教学点教师访名校; ②村小教师访名校; ③"特岗教师"研修项目; ④乡村新建公办民办幼儿园教师(含转岗教师)培训; ⑤紧缺薄弱学科(领域)教师培训; ⑥乡村中小学主干学科教师(含乡村公办民办幼儿园教师)培训; ⑦少先队辅导员培训
		乡村校园长培训项目(2个子项目)	①乡村中小学校长培训; ②乡村幼儿园园长培训
示范性综合改革		示范性综合改革项目	①骨干教师能力提升高端研修; ②优秀青年教师成长助力研修

---

① 河南省教育厅.关于组织实施"国培计划(2015)"——河南省中小学幼儿园教师培训项目的通知[EB/OL].[2022-08-07]. http://jyt.henan.gov.cn/2015/10-10/1602918.html.

2016年,"国培计划(2016)"——河南省中小学幼儿园教师培训项目主要包括教师培训团队置换脱产研修项目、送教下乡项目、教师网络研修项目、乡村教师访名校项目和乡村校园长培训项目。其中,教师网络研修项目下设信息技术应用能力提升工程、网络研修与校本研修整合培训、教师工作坊网络研修3个子项目;乡村教师访名校项目下设教学点教师访名校、村小教师访名校、"特岗教师"研修项目、乡村新建公办民办幼儿园教师(含转岗教师)培训、紧缺薄弱学科(领域)教师培训、乡村中小学主干学科教师(含乡村公办民办幼儿园教师)培训、少先队辅导员培训7个子项目;乡村校园长项目下设乡村中小学校长培训、乡村幼儿园园长培训2个子项目;示范性项目下设骨干教师能力提升高端研修和优秀青年教师成长助力研修2个子项目(见表3-7)。①

表3-7 "国培计划(2016)"——河南省中小学幼儿园教师培训项目类型

项目	项目模式		子项目名称/培训对象
中西部项目&幼师国培	置换脱产	教师培训团队置换脱产研修	项目县域内具有良好发展潜力、拟承担乡村中小学和幼儿园送教下乡培训和网络研修指导工作的中小学幼儿园骨干教师、教研员以及县级教师培训机构专职培训者。通过研修,全面提升项目县骨干教师教研员的教育教学能力和培训指导能力,打造一支"用得上、干得好"的县级教师培训团队
	送教下乡	送教下乡项目	培训对象为项目县乡村学校(幼儿园)、村小和教学点教师 通过送教下乡,引导项目县建立完善乡村教师专业发展支持服务体系,解决乡村教师教育教学中存在的实际问题,切实提升乡村教师课堂教学能力
	网络研修	教师网络研修项目(3个子项目)	①信息技术应用能力提升工程; ②网络研修与校本研修整合培训; ③教师工作坊网络研修

---

① 河南省教育厅.关于组织实施"国培计划(2016)"——河南省中小学幼儿园教师培训项目的通知[EB/OL].[2022-08-07]. http://jyt.henan.gov.cn/2016/09-01/1603382.html.

续表

项目	项目模式	子项目名称/培训对象
中西部项目 & 幼师国培	短期集中	乡村教师访名校项目（7个子项目）	①教学点教师访名校； ②村小教师访名校； ③"特岗教师"研修项目； ④乡村新建公办民办幼儿园教师(含转岗教师)培训； ⑤紧缺薄弱学科(领域)教师培训； ⑥乡村中小学主干学科教师(含乡村公办民办幼儿园教师)培训； ⑦少先队辅导员培训
		乡村校园长培训项目（2个子项目）	①乡村中小学校长培训； ②乡村幼儿园园长培训
示范性项目	示范性项目	①骨干教师能力提升高端研修； ②优秀青年教师成长助力研修

按照教育部、财政部有关要求,2017年河南省"国培计划"分"中西部项目"和"幼师国培项目"两大类实施,具体培训项目分别按照教师培训团队研修、送教下乡培训、教师网络研修、乡村教师访名校和校园长培训五类设计。[①]"国培计划(2017)"——河南省中小学幼儿园教师培训项目主要包括教师培训团队研修项目、送教下乡项目、教师网络研修项目、乡村教师访名校项目、乡村校园长培训项目和示范性项目。其中,教师网络研修项目下设网络研修与校本研修整合培训、教师工作坊网络研修2个子项目;乡村教师访名校项目下设教学点教师访名校、村小教师访名校、"特岗教师"研修项目、乡村新建公办民办幼儿园教师(含转岗教师)培训、紧缺薄弱学科(领域)教师培训、乡村中小学主干学科教师(含乡村公办民办幼儿园教师)培训、少先队辅导员培训等7个子项目;乡村校园长项目下设乡村中小学校长培训、乡村幼儿园园长培训2个子项目;示范性项目下设骨干教师能力提升高端研修和新入职教师素质能力提升研修2个子项目(见表3-8)。[②]

[①] 河南省教育厅.关于遴选2017年"国培计划"项目承担单位的通告[EB/OL].[2022-08-07]. http://jyt.henan.gov.cn/2017/04-20/1663729.html.

[②] 河南省教育厅.关于组织实施"国培计划(2017)"——河南省中小学幼儿园教师培训项目的通知[EB/OL].[2022-08-07]. http://jyt.henan.gov.cn/2017/08-28/1603957.html.

表3-8 "国培计划(2017)"——河南省中小学幼儿园教师培训项目类型

项目	项目模式		子项目名称/培训对象
中西部项目 & 幼师国培	教师培训团队研修项目		通过对项目县域内中小学幼儿园骨干教师、教研员和县级教师培训机构专职培训者实施跨年度、分阶段、递进式培训,着力提升他们的教育教学能力和培训指导能力,为项目县打造一支"用得上、干得好"和能够发挥示范、引领和辐射作用的教师培训团队
	送教下乡项目		通过送教下乡的方式,对项目县乡镇学校(幼儿园)、村小和教学点教师进行分阶段、递进式的培训,重在推动培训团队深入课堂、现场指导,解决乡村教师教育教学中存在的实际问题,提升乡村教师课堂教学能力,以送教下乡培训带动校本研修
	教师网络研修项目(2个子项目)		①网络研修与校本研修整合培训; ②教师工作坊网络研修
	短期集中	乡村教师访名校项目(7个子项目)	①教学点教师访名校; ②村小教师访名校; ③"特岗教师"研修项目; ④乡村新建公办民办幼儿园教师(含转岗教师)培训; ⑤紧缺薄弱学科(领域)教师培训; ⑥乡村中小学主干学科教师(含乡村公办民办幼儿园教师)培训; ⑦少先队辅导员培训
		乡村校园长培训项目(2个子项目)	①乡村中小学校长培训; ②乡村幼儿园园长培训
	示范性项目		①骨干教师能力提升高端研修; ②新入职教师素质能力提升研修

2018年,为全面贯彻落实《中共中央 国务院关于全面深化新时代教师队伍建设改革的意见》(中发〔2018〕4号)精神,稳步推进乡村教师支持计划,有效助力全省教育脱贫攻坚规划,①按照教育部、财政部有关要求,河南省"国培计划"分"中西部项目"和"幼师国培项目"两大类实施,具体培训项目分别按照教师培训团队研

---

① 河南省教育厅.关于遴选2018年"国培计划"项目承担单位的通告[EB/OL].[2022-08-07]. http://jyt.henan.gov.cn/2018/05-14/1664334.html.

修、送教下乡培训、教师工作坊研修、乡村教师访名校和校园长培训五类设计、组织、实施(见表3-9)。其中,乡村教师访名校项目下设教学点教师访名校、村小教师访名校、"特岗教师"研修项目、乡村新建公办民办幼儿园教师(含转岗教师)培训、紧缺薄弱学科(领域)教师培训、乡村中小学主干学科教师(含乡村公办民办幼儿园教师)培训、少先队辅导员培训、党员教师培训、家庭教育指导师培训等9个子项目;乡村校(园)长项目下设乡村中小学校长培训、乡村幼儿园园长培训2个子项目。①

表3-9 "国培计划(2018)"——河南省中小学幼儿园教师培训项目类型

项目	项目模式	子项目名称/培训对象
中西部项目&幼师国培	教师培训团队研修项目	2018年起,我省将依托该项目试行培育中小学幼儿园教师培训师。项目县负责选送符合条件的培训师培育对象(以县级教师发展中心培训管理者、专兼职教研员和中小学幼儿园业务校园长和骨干教师等为主体)参加教师培训团队研修。通过跨2个年度累计时长共4个月的系统培训,培育认定一批活跃在乡村的教师培训师,打造一支"下得去、用得上、干得好"的培训师队伍
	送教下乡项目	通过送教下乡的方式,对项目县乡镇学校(幼儿园)、村小和教学点教师进行分阶段、递进式的培训,重在推动培训团队深入课堂、现场指导,解决乡村教师教育教学中存在的实际问题,提升乡村教师课堂教学能力,以送教下乡培训带动校本研修
	教师工作坊研修	要建立"个人空间—工作坊—学校社区—区域社区"一体化的县域网络研修社区,采取混合培训模式,通过2~3年,对项目县乡村所有中小学幼儿园教师进行120学时的网络研修专题培训,对项目校校长进行5天的集中培训,对工作坊主进行15天(3~4次)、对全员进行3天(3次)的分阶段、递进式集中培训;要充分利用"人工智能+"和用户画像识别技术,建立丰富的培训课程资源库,支持教师个性化学习,持续调动教师参加网络培训的积极性和主动性,提高网络培训的针对性和有效性,提升校本研修质量,建立校本研修常态化运行机制,推进乡村教师边学习、边实践、边提升

① 河南省教育厅.河南省教育厅关于组织实施"国培计划(2018)"——河南省中小学幼儿园教师培训项目的通知[EB/OL].[2022-08-07]. http://jyt.henan.gov.cn/2018/09-17/1604546.html.

续表

项目	项目模式	子项目名称/培训对象
中西部项目 & 幼师国培	短期集中	乡村教师访名校项目（9个子项目）：①教学点教师访名校；②村小教师访名校；③"特岗计划"教师研修项目；④乡村新建公办民办幼儿园教师（含转岗教师）培训；⑤紧缺薄弱学科（领域）教师培训；⑥乡村中小学主干学科教师（含乡村公办民办幼儿园教师）培训；⑦少先队辅导员培训；⑧党员教师培训；⑨家庭教育指导师培训
		乡村校园长培训项目（2个子项目）：①乡村中小学校长培训；②乡村幼儿园园长培训

2019年，为全面贯彻落实新时代教师队伍建设改革意见和全国、全省教育大会精神，持续以支持53个贫困县乡村教师专业成长为示范和引领，项目设计更加突出扶贫攻坚、分层分类和模式创新，更加强调提质增效新目标、服务大局新站位、教师中心新理念和教师校长成长规律新遵循，通过"国培计划3.0"的实施，切实提升广大教师立德树人能力，培养造就一支高素质专业化创新型教师队伍，实现新时代教师教育的高质量发展，助推基础教育改革发展再上新台阶。按照教育部、财政部有关要求，2019年河南省"国培计划"分"中西部项目"和"幼师国培项目"两大类。其中，"中西部项目"包含乡村中小学教师专业能力建设、中小学教师信息素养培训者研修、乡村中小学校长领导力培训、乡村学校校本研修和紧缺薄弱学科（领域）教师培训5类项目。"幼师国培项目"包含幼儿园教师职业行为准则培训、幼儿园新入职教师规范化培训、非学前教育专业教师专业补偿培训、乡村幼儿园教师保教能力提升培训、幼儿园骨干教师访名校浸润式培训、幼儿园园长法治与安全教育培训、乡村幼儿园园长办园能力提升培训、民办幼儿园园长规范办园培训、家庭教育指导师培育对象培训和送教下乡培训等10类项目（见表3-10）。[1][2]

延伸阅读3

---

[1] 河南省教育厅.河南省教育厅 河南省财政厅关于遴选2019年"国培计划"项目承担单位的通告[EB/OL].[2022-08-07]. http://jyt.henan.gov.cn/2019/05-11/1658368.html.

[2] 河南省教育厅.河南省教育厅关于组织实施"国培计划（2019）"——河南省中小学幼儿园教师培训项目的通知[EB/OL].[2022-08-07]. http://jyt.henan.gov.cn/2019/07-25/1604942.html.

表 3-10 "国培计划(2019)"——河南省中小学幼儿园教师培训项目类型

项目	项目模式	子项目名称/培训对象
中西部项目	乡村中小学教师专业能力建设(4个子项目)	①新教师入职培训； ②青年教师助力培训； ③骨干教师提升培训； ④教师培训者团队研修
	中小学教师信息素养培训者研修(4个子项目)	①学校信息化管理团队研修； ②示范校骨干教师研修； ③未来教育引领团队研修； ④中小学教师信息技术应用能力提升工程2.0示范项目
	乡村中小学校长领导力培训(3个子项目)	①乡村初任校长培训； ②骨干校长提升研修； ③优秀校长深度研修
	乡村学校校本研修(2个子项目)	①教师工作坊混合式培训； ②送教下乡
	紧缺薄弱学科(领域)教师培训(13个子项目)	包含少先队辅导员、党员教师、心理健康、班主任、生命安全教育、经典诵读、小教全科教师、小学科学、综合实践活动、法制教育、特殊教育(聋、培智)、创客教育、太极拳培训等13个子项目
幼师国培项目	幼儿园教师职业行为准则培训	以乡村幼儿园教师为重点,通过为期5天的集中培训,围绕立德树人根本任务,弘扬展示新时代师德楷模典型事迹,剖析幼儿园师德反面典型案例,引导广大幼儿教师以德立身、以德立学、以德施教、以德育德,争做"四有"好教师
	幼儿园新入职教师规范化培训	面向新入职教龄1~3年的公办民办幼儿园教师,采取集中培训、跟岗研修等方式,通过为期10天(跟岗研修不少于5天)的规范化培训,重点提升新入职教师规范化保育能力,引导新教师扣好职业生涯的"第一粒扣子",尽快成长为合格教师
	非学前教育专业教师专业补偿培训	面向幼儿园非学前教育专业背景教师或转岗教师,采取集中面授、跟岗实践等方式,帮助参训教师树立学前教育专业思想,掌握学前教育基本技能和方法,提高科学保教能力

续表

项目	项目模式	子项目名称/培训对象
幼师国培项目	乡村幼儿园教师保教能力提升培训	重点面向贫困县学前教研员、幼儿园园长和骨干教师,采取集中培训方式,通过为期10天的保教能力专项培训,着重提升乡村幼儿园教师观察了解儿童的知识技能,将保育教育融入幼儿一日生活
	幼儿园骨干教师访名校浸润式培训	面向参训机会较少的幼儿园骨干教师,采取全程浸润培训方式,通过为期20天的跟岗实践研修和提高性培训,强化示范观摩、实地考察、情景体验、跟岗研修和训后指导,为参训骨干教师建立学习社区和移动端学习平台,开阔骨干教师的教育视野,提升骨干教师的科学保教能力
	幼儿园园长法治与安全教育培训	面向公办民办幼儿园园长,采取集中面授培训方式,以法制教育和安全教育为重点内容,对公办民办幼儿园园长开展为期5天的专项培训,突出未成年人保护方面的法律培训,强化园长依法办园和安全管理的意识与能力
	乡村幼儿园园长办园能力提升培训	面向集中连片特困地区和国家级贫困县的乡村幼儿园园长,针对其工作中面临的实际问题,围绕园长的三种角色和六大职责,聚焦主题,立足改进,采取集中面授、名园访学的培训方式,开展为期10天的专项能力培训,着重提升乡村幼儿园园长的办学理念和办园能力
	民办幼儿园园长规范办园培训	面向民办幼儿园园长,针对当前民办幼儿园规范办园存在的突出问题,以学前教育政策法规、幼儿园教育五大领域理论与实践、优质幼儿园观摩交流为重点模块,依托本省幼儿园园长培训基地,采取集中培训、名校观摩等方式,开展为期10天的专项培训,帮助民办幼儿园园长更新办学理念,规范办学行为
	家庭教育指导师培育对象培训	面向我省家庭教育指导师培育对象,通过5天的集中专项培训,提升他们从事家庭教育指导、家庭教育咨询、亲子教育咨询、亲职教育(家长培训)等专项能力
	送教下乡培训	对象主要为贫困县乡村幼儿园教师

为全面贯彻国家和河南省新时代教师队伍建设改革意见,深入落实全国、全省教育大会精神,通过精准实施"国培计划",持续完善教师培训体系,按照教育部、财政部有关要求,2020年河南省"国培计划"分"中西部项目"和"幼师国培项

目"两大类。其中,"中西部项目"分乡村中小学教师专业能力建设、中小学教师信息技术应用能力提升工程2.0、乡村中小学校长领导力培训、乡村学校校本研修和紧缺薄弱学科(领域)教师培训5类项目;"幼师国培项目"分幼儿园教师职业行为准则培训、幼儿园新入职教师规范化培训、非学前教育专业教师专业补偿培训、乡村幼儿园教师保教能力提升培训、幼儿园骨干教师访名校浸润式培训、幼儿园园长法治与安全教育培训、乡村幼儿园园长办园能力提升培训、幼儿园教师信息技术应用能力提升工程2.0、家庭教育指导师培育对象培训和送教下乡培训10类项目(见表3-11)。①②

延伸阅读4

表3-11 "国培计划(2020)"——河南省中小学幼儿园教师培训项目类型

项目	项目模式	子项目名称/培训对象
中西部项目	乡村中小学教师专业能力建设(5个子项目)	①新教师入职培训(教龄1~3年教师); ②青年教师助力培训(教龄4~8年教师); ③骨干教师提升培训(教龄8年以上教师); ④教师培训者团队研修(县级教师培训学校教师,市县优秀教研员); ⑤贫困地区一对一精准帮扶培训项目(送教到校)
	中小学教师信息技术应用能力提升工程2.0(3个子项目)	①贫困县教师全员培训项目(全员培训、项目县管理指导团队培训、项目校学校信息化管理团队); ②未来教育引领团队研修(优质中小学校长、学科带头人); ③教师智能教育素养提升培训(优质中小学校长、教师)
	乡村中小学校长领导力培训(3个子项目)	①乡村初任校长培训(任职1~3年); ②骨干校长提升研修(任职3年以上); ③优秀校长深度研修(优秀校长)
	乡村学校校本研修(2个子项目)	①教师工作坊混合式培训项目; ②送教下乡
	紧缺薄弱学科(领域)教师培训(12个子项目)	包含少先队辅导员研修、心理健康、班主任、生命安全教育、国学素养、小教全科教师、小学科学、综合实践活动、法制教育、特殊教育(聋、培智)、创客教育、太极拳培训等12个子项目

---

① 河南师范大学.河南省教育厅 河南省财政厅关于遴选2020年"国培计划"项目承担单位的通告[EB/OL].[2022-08-07].https://www.htu.edu.cn/_upload/article/files/71/42/6003d2524f8aa459a0f772bbc68e/eaed3437-9e74-4dc0-85c5-91dc96aab6de.doc.

② 河南省教育厅.河南省教育厅关于组织实施"国培计划(2020)"——河南省中小学幼儿园教师培训项目的通知[EB/OL].[2022-08-07].http://jyt.henan.gov.cn/2020/08-15/1879079.html.

续表

项目	项目模式	子项目名称/培训对象
幼师国培项目	幼儿园教师职业行为准则培训	乡村幼儿园教师
	幼儿园新入职教师规范化培训	教龄1～3年公办民办幼儿园教师
	非学前教育专业教师专业补偿培训	非学前教育专业毕业生或转岗教师
	乡村幼儿园教师保教能力提升培训	贫困县学前教研员、幼儿园园长和骨干教师
	幼儿园骨干教师访名校浸润式培训	幼儿园骨干教师
	幼儿园园长法治与安全教育培训	公办民办幼儿园园长
	乡村幼儿园园长办园能力提升培训	贫困县幼儿园园长
	幼儿园教师信息技术应用能力提升工程2.0	贫困县幼儿园教师
	家庭教育指导师培育对象培训	家庭教育指导师
	送教下乡培训	贫困县乡村幼儿园教师

以习近平新时代中国特色社会主义思想为指导,深入贯彻全国和全省教育大会精神,全面落实"国培计划"支持重点、示范引领、推动改革新要求,坚持目标导向、问题导向和成果导向,紧紧围绕全省欠发达县区和国家乡村振兴重点帮扶县骨干教师、校园长和培训者专业发展,实行分层分类精准培训,完善教师培训课程体系,创新教师自主选学、智能研修新模式,建立学员选育用评机制,示范引领、辐射带动全体教师发展,建立新时代教师发展支持服务体系,健全教师发展评价标准和机制,全面推进教师培训提质增效,建设高素质专业化创新型教师队伍。2021年河南省"国培计划"设置了农村骨干教师能力提升培训、重点区域领域帮扶培训、市县教师培训团队研修、农村校园长领导力培训和中小学教师信息技术应用能力培训五大类

延伸阅读5

项目(见表 3-12)。①②

表 3-12 "国培计划(2021)"——河南省中小学幼儿园教师培训项目类型

项目	项目模式	子项目名称/培训对象
中西部项目 & 幼师国培项目	农村骨干教师能力提升(3 个子项目)	①省级骨干教师[分学段、分学科(领域),农村教龄 10 年以上、中级及以上职称的省级骨干教师、学科带头人]; ②市级骨干教师[分学段、分学科(领域),农村教龄 8 年以上、获得县级及以上优质课的市级骨干教师或市级骨干教师培育对象]; ③县级骨干教师[分学段、分学科(领域),农村教龄 5 年以上、讲授过校级以上公开课的县级骨干教师或县级骨干教师培育对象]
	重点区域领域帮扶培训(3 个子项目)	①自主选学项目[遴选 6 个积极性高、基础条件良好的市、县、区(2 市 2 县 2 区),每个项目市或县区遴选教师来源相对集中,教师发展意愿强、信息素养高的小学语文、小学数学、初中语文、初中数学、初中英语青年骨干教师]; ②"一对一"精准帮扶学校培训("三山一滩"地区、乡村振兴重点帮扶县的乡村小规模学校、乡镇寄宿制学校、幼儿园); ③送教下乡精准培训[分学科(领域)、分学段遴选农村中小学(幼儿园)教师,优先遴选农村义务教育阶段寄宿制学校和小学教学点教师,组建送教下乡培训班,每班 50 人]
	市县教师培训团队研修(5 个子项目)	①培训管理团队研修(市、县教师培训管理人员); ②师德培训团队研修(各级最美教师、师德标兵、师德先进个人及中小学师德教育专家等); ③培训课程开发团队研修(具有 2 年以上教师培训经历、中级以上职称、市县教师发展机构课程研发团队,承担过教师培训任务的中小学幼儿园骨干教师、教研员等培训业务骨干,分学科、学段组建班级); ④培训讲师团队研修(副高级以上职称、具有教师培训专题讲授经验的教研员、市县教师培训机构专职培训者和中小学幼儿园名师等,分学段、分学科建班); ⑤培训项目设计团队研修(具有中级以上职称、从事教师培训工作 2 年以上的中小学幼儿园骨干教师、校长和教研员以及市县级教师培训机构的专职培训者)

---

① 河南省教师教育网.河南省教育厅 河南省财政厅关于遴选 2021 年"国培计划"项目承担单位的通告[EB/OL].[2022-08-07]. http://www.hateacher.cn/content.html?id=490.

② 河南省教师教育网.河南省教育厅关于组织实施"国培计划(2021)"——河南省中小学幼儿园教师培训项目的通知[EB/OL].[2022-08-07]. http://www.hateacher.cn/content.html?id=499.

续表

项目	项目模式	子项目名称/培训对象
中西部项目 & 幼师国培项目	农村校园长领导力培训(5个子项目)	①优秀校长深度研修(任正职8年以上,初中校长具有高级职称、小学校长具有中级职称或获得市级以上荣誉称号,思想政治素质好,学校管理经验丰富,在当地同类学校中能发挥示范引领辐射作用); ②优秀幼儿园园长深度研修(任正职8年以上、具有中级职称或获得市级以上荣誉称号,思想政治素质好,学校管理经验丰富,在当地同类幼儿园中能发挥示范引领辐射作用); ③骨干校长提升研修(任正职5年以上,具有中级及以上职称的初中、小学校长); ④骨干园长提升研修(任正职5年以上,具有中级及以上职称,办学思想端正、工作进取心强、能发挥骨干带头作用的幼儿园园长); ⑤中小学党组织书记研修(思想政治素质好、党建工作经验丰富、能发挥骨干带头作用的中小学党组织书记)
	中小学教师信息技术应用能力培训(3个子项目)	①学校管理团队信息化领导力提升培训(1200个学校管理团队,每个团队3人,包含校长、教务主任和信息化骨干教师各1人,共计3600人); ②培训团队信息技术应用指导能力提升培训(教龄5年以上、区县信息技术应用能力突出的业务校长、教研员和一线学科骨干教师,每3人组建一个团队,共计3000人); ③学科骨干教师信息化教学创新能力提升培训[已经参加中小学教师信息技术应用能力提升工程2.0项目的学科骨干教师,分学科(领域)、分学段组建班级]

二、置换脱产研修项目

2010—2016年,置换脱产研修项目作为"国培计划"中西部项目和幼师国培项目的一个重点项目在河南省执行。河南省持续组织实施了6年,对河南省教师培训产生了重要影响。但在此期间由于置换脱产持续培训时间长、涉及面广、实施难度大等问题,2017年在教育部办公厅、财政部办公厅《关于做好2017年中小学幼儿园教师国家级培训计划实施工作的通知》中不再设置此项目。具体将从以下三个部分来了解河南省执行的置换脱产研修项目(见表3-13)。

(一)农村中小学骨干教师置换脱产研修项目(2010—2014)

农村中小学骨干教师置换脱产研修项目从2010年到2014年在河南省持续实施了4年,主要面对的是农村义务教育阶段具有良好发展潜力的中青年骨干教师,年龄原则上不超过45岁,采取院校集中研修和优质中小学"影子教师"①实践相结合的培训方式,组织高年级师范生或城镇教师到农村中小学顶岗实习或支教,置换出骨干教师到具备资质的院校进行3个月左右的脱产研修,其中院校须组织教师到优质中小学进行不少于1个月的"影子教师"实践,为农村学校培养一批在深入推进课程改革、实施素质教育和开展教师培训中发挥辐射带头作用的优秀教师。②

(二)农村幼儿园骨干教师置换脱产研修项目(2011—2014)

农村幼儿园骨干教师置换脱产研修项目从2010年到2014年在河南省持续实施了4年,主要是针对农村幼儿园具有良好发展潜力的中青年骨干教师,年龄原则上不超过45岁,采取院校集中研修和优质幼儿园"影子教师"实践相结合的培训方式,组织高年级学前教育专业师范生或城镇幼儿园教师到农村幼儿园顶岗实习或支教,置换出农村幼儿园骨干教师到具备资质的院校进行3个月左右的脱产研修,其中院校须组织教师到优质幼儿园进行不少于1个月的"影子教师"实践,为农村培养一批在促进学前教育发展、开展教师培训中发挥辐射带头作用的优秀教师。③

(三)教师培训团队置换脱产研修(2015—2016)

2015—2016年,河南省组织实施了教师培训团队置换脱产研修项目。教师培训团队置换脱产研修是通过对县级教师培训团队(中小学幼儿园骨干教师、教研员、县级教师培训机构专职培训者)实施跨年度、递进式培训,着力提升他们的教育教学能力和培训指导能力,为项目县打造一支"用得上、干得好"和能够发挥示范、引领和辐射作用的教师培训团队。

该项目以2年为周期,每年安排2个月,共计4个月,主要包括院校集中研修、县级教师发展中心和优质中小学幼儿园"影子教师"跟岗实践、返岗培训实践和总结提升四个环节。其中,跟岗实践时间不少于总学时的1/3,须建立教师工作坊,将网络研修贯穿始终,网络研修不少于80学时。

培训课程安排应遵循教研类与培训类内容并重的原则,充分考虑教师培训者能力结构,着力提升参训教师教研、培训能力,合理配置理论课程与实践课程比例,系统整合网络研修课程,将必修课程与选修课程相结合,培训类课程应占50%以上。集中研修与跟岗实践课程须涵盖送教下乡培训、网络研修和教师工作坊研修的实施方法与技能,返岗培训实践至少完成送教下乡培训、网络研修指导和教师工作坊主持三项任务之一。课程设置中应明确参训教师跟岗实践期间的任务,以任务驱动参训教师跟岗实践和返岗实践。

---

① 影子教师,即参训教师与指导教师如影随形,全方位参与备课、授课、研课等教育教学全过程。
② 豆丁网."国培计划"中西部农村中小学骨干教师培训项目和幼儿园教师培训项目管理办法[EB/OL].[2022-08-07]. http://www.docin.com/p-1419939604.html.
③ 同②。

培训院校应建立高校专家、教研员与一线优秀教师配置合理的培训专家团队,其中省域外专家原则上不少于20%,教研员和一线优秀教师原则上不少于60%。实行首席专家负责制和培训导师制。[①][②]

表3-13 河南省2010—2016年组织实施的置换脱产研修项目

项目	研修目标及任务	研修内容	研修方式	研修时间
农村中小学骨干教师置换脱产研修项目(2010—2014)	通过研修,全面提高参训教师教育教学水平和专业能力,为农村学校培养一批"种子"教师,使他们在深入推进课程改革、实施素质教育、开展教师培训中发挥骨干示范和引领辐射作用,促进教师教育改革	以促进教师专业化发展、培养创新精神和实践能力为核心,围绕教师职业道德、教育政策法规、教育新理念、新知识、新能力等内容,面向素质教育、理论研究、课程改革进行针对性研修	集中研修+影子教师实践模式。集中研修实行小班化教学[③],注重采用专家引领、课题研究、跟岗实践、参与体验、返岗实践等多种培训方式,倡导"双导师制"[④]。承担研修任务的培训机构应选派高年级(学前教育)师范生或城镇教师到农村中小学顶岗实习支教	研修教师完全脱产学习研修,时间为90天(影子教师:培训时间原则上不少于总时间的1/3)
农村幼儿园骨干教师置换脱产研修项目(2011—2014)	通过研修并采取综合式培训,全面提高我省农村幼儿园教师保教水平、职业素养和专业能力,着力培养一批在深入推进幼儿教育教学改革和园本培训以及教研中发挥骨干示范作用。同时,进一步推进师范院校深化课程体系和人才培养模式的改革,为促进学前教育改革发展提供师资保障	研修内容根据国家教育部发布的《"国培计划"课程标准(试行)》及使用指南,设定核心培训课程模块,设置培训课程,贯彻落实《国家中长期教育改革和发展规划纲要(2010—2020)》《3—6岁儿童学习与发展指南》精神。把师德教育放在首位,以观念更新、能力提升为重点,全面提高农村幼儿骨干教师的整体素质		

---

① 洛阳师范学院继续教育学院.关于"国培计划(2015)"河南省项目招(邀)标事宜的公告[EB/OL].[2022-08-07]. https://sites.lynu.edu.cn/jxjyxy/info/1028/2110.htm.

② 许昌学院数学与统计学院.关于遴选2016年国培计划项目承担单位的通告[EB/OL].[2022-08-07]. https://shuxue.xcu.edu.cn/info/1124/3333.htm.

③ 小班化教学,每班不超过50人。

④ 双导师制,即为学员配备高校专家和一线优秀教师进行指导。

续表

项目	研修目标及任务	研修内容	研修方式	研修时间
教师培训团队置换脱产研修（2015—2016）	培训对象为县级教师培训团队（中小学幼儿园骨干教师、教研员、县级教师培训机构专职培训者），打造一支"用得上、干得好"和能够发挥示范、引领和辐射作用的骨干教师队伍、教师培训团队	培训课程遵循教研类与培训类内容并重的原则，合理配置理论课程与实践课程比例。集中研修与跟岗实践课程须涵盖送教下乡培训、网络研修和教师工作坊研修的实施方法与技能	集中＋跟岗＋返岗实践＋网络。集中研修、县级教师发展中心和中小学幼儿园"影子教师"跟岗实践、返岗培训实践和总结提升等四个环节，须建立工作坊，将网络研修贯穿始终，网络研修不少于80学时	以2年为周期，每年安排2个月，共计4个月

三、短期集中培训项目

短期集中培训是指采取集中培训的方式，组织农村义务教育阶段学校骨干教师、农村幼儿园园长和骨干教师到具备资质的院校（机构）进行10～20天的集中培训。十多年来河南省执行的短期集中培训包含的子项目多达几十种，为更好梳理短期集中培训项目类型，可以从三个阶段来看。

（一）短期集中培训项目类型（2010—2014）

2010—2014年（"国培1.0"时期），采取10～20天集中研修的方式组织实施，坚持理论与实践相结合，以学科为基础，以问题为中心，以案例为载体，采取名师授课、专题研讨、案例剖析、观摩考察、交流反思等多种形式实施培训，要特别注重专家的引领指导和学员的参与互动，适当安排学员到优质名校进行观摩实践活动。①② 旨在通过有针对性的短期集中培训，推行主题式培训，着力解决农村教师在教育教学和新课程实施中面临的实际问题，提高教师的教育教学水平，促进其

---

① 河南省教育厅.河南省教育厅 河南省财政厅关于"国培计划（2011）"——河南项目招标邀标有关事宜的通知[EB/OL].[2022-08-07]. http://jyt.henan.gov.cn/2011/06-14/1654228.html.

② 关于"国培计划（2012）"中西部项目——河南省有关招（邀）标事宜的公告[EB/OL].[2022-08-07]. http://oss.henan.gov.cn/sbgt-wztipt/attachment/hnsjyt/UserFiles/File/1338861167327.doc.

专业能力的发展,为农村学校培养一批教育教学的骨干力量。

具体来说,这一阶段短期集中培训主要包含农村中小学主干学科骨干教师培训、农村中小学薄弱学科培训、特殊教育学校骨干教师培训、教师培训管理者培训、骨干班主任培训、心理健康教育骨干教师培训、"特岗计划"教师培训、"两区"小学全科教师培训、农村幼儿园教师短期集中培训等子项目。

1. 农村中小学主干学科骨干教师培训项目

该项目以农村中小学主干学科的骨干教师为培训对象,包括以下学段和学科:小学品德与生活、语文、数学;初中思想品德、语文、数学、化学、物理、地理、生物、历史。

培训内容主要围绕实施素质教育和基础教育课程改革要求,针对农村中小学教师特点和教育教学实际需要,着力提高教师的学科教学和教研能力。

培训重点包括师德和心理健康与教师专业成长、学科教学最新动态与发展趋势、科学有效的课堂教学方法、学科教学中的问题与对策、学科教学设计和主要教学技能的运用等。

2. 农村中小学薄弱学科培训项目

该项目以农村中小学薄弱学科的骨干教师为培训对象,包括以下学段和学科:小学英语、体育、音乐、美术、科学、综合实践;初中英语、体育、音乐、美术、科学、信息技术、综合实践。培训内容主要围绕师德教育、中小学体音美等薄弱学科的专业技能、课程理念、新课程与学习方式的变革、实施策略、课程解读、课程构建、课例分析等内容开展培训,强调理论与实践相结合。通过学习,提高其教学能力和专业水平,促进紧缺薄弱学科进一步发展。

3. 特殊教育学校骨干教师培训项目

根据《国家中长期教育改革发展规划纲要(2010—2020年)》关于"关心和支持特殊教育""加强特殊教育师资队伍建设"的有关精神和要求,设立该子项目。组织全省特殊教育学校的骨干教师(聋哑学校、培智学校语文学科教师)进行为期15天的集中培训。培训主要围绕特殊教育的发展特点、特殊教育师资的职业道德修养、教育教学能力、教育科研能力、特殊教育学校课堂教学改革及有效性教学的研究、对残疾学生的评估及康复训练的技能、对残疾学生进行心理健康教育的方法等内容展开。

4. 农村幼儿园教师短期集中培训项目

四年来该项目的培训对象从关注农村幼儿园骨干教师(2011年),到农村公办和民办普惠性幼儿园园长、骨干教师(2012年),再到农村公办和普惠性民办幼儿园园长、专任教师和从事幼儿园生命与安全教育的教师(2013年),最后到幼儿园园长和专任教师(2014年)。总之,该项目旨在促进幼儿园园长和专任教师更新教育观念,着力解决他们在幼儿教育和管理工作中面临的实际问题,提高幼儿园园长的规划管理能力和幼儿园专任教师的保教技能和园本研修能力。

培训内容强调根据"国培计划"课程标准,紧紧围绕幼儿园园长、教师在幼儿园管理和幼儿教育工作中的重点难点问题,以提升园长管理能力和教师保教技能为中心,以典型案例为载体,科学设计培训课程内容,开展主题式培训,实践性课程原则上不少于课程总量的50%。将师德、幼儿教师专业标准解读、信息技术、生命与安全教育、心理健康教育等内容列入必修课程。

培训形式针对学前教育实践性、操作性强的特点,以"参与式培训"为主,各培训机构将集中面授与网络研修相结合,提升实践性培训效果,通过现场诊断,帮助教师发现问题;通过案例教学、实践观摩和情境体验等方式,帮助教师解决教育教学问题;将返岗实践作为培训的组成部分,不断完善教师训后跟踪指导和管理的有效机制,利用网络研修社区对参训结业后的学员进行不少于3个月的跟踪指导和管理,确保学有所用、学以致用,帮助其发挥示范引领和辐射带动作用。

(二)短期集中培训项目类型(2015—2018)

2015—2018年("国培2.0"时期),这一阶段依据前一个周期实践出现的现象和问题进行改革,根据"乡村教师支持计划"的要求进行调整创新。创造性地设置乡村教师培训团队研修、网络研修、送教下乡、访名校研修以及乡村校园长5类项目,而且打破以往各项目相对独立实施的情况,强调一体化设计项目,整体发力推动乡村教师的专业成长。[①]

2015年开始,短期集中培训主要包括乡村教师访名校项目、乡村校园长培训项目两大类。其中2015—2017年乡村教师访名校项目包含了7个子项目,2018年增至9个子项目;乡村校园长培训在2015—2018年分设了2个子项目。

1. 乡村教师访名校项目

乡村教师访名校项目重在让乡村教师有更多机会参加高水平培训,突出雪中送炭。该项目采取"短期集中研修与网络研修、跟岗实践相结合的方式"进行培训,主要是组织乡村中小学幼儿园骨干教师到高水平院校、教师培训机构和优质中小学幼儿园进行10~20天的集中培训。集中培训可针对不同对象存在的突出问题,采取专题讲座、案例研讨、名校观摩、跟岗实践等方式,提升乡村教师课堂教学能力和专项能力。另外,要将返岗实践作为培训的组成部分,各项目承办机构应完善开展不低于30个学时的训后跟踪指导活动,完善训后跟踪指导制度,利用网络研修社区为学员提供有效指导服务,确保学以致用,有效解决教师面临的实际教学问题。该类项目包括以下子项目:教学点教师访名校、村小教师访名校、

---

① 李瑾瑜."国培"十年:教师培训专业化探索的中国实践与未来发展[J].教师发展研究,2020,4(3):15-26.

"特岗教师"研修项目、乡村新建公办民办幼儿园教师培训、紧缺学科(领域)教师培训、乡村中小学主干学科教师(含乡村公办民办幼儿园教师)培训、少先队辅导员培训等。

2. 乡村校园长培训

乡村校园长培训主要是通过遴选高等学校和城市优质中小学幼儿园,采取集中培训、跟岗实践与网络研修相结合的方式,对乡村中小学校长和幼儿园园长进行为期15天左右的专项培训,主要围绕《义务教育学校校长专业标准》《幼儿园园长专业标准》《中小学校领导人员管理暂行办法》,按照学校规划、文化建设、课程教学、教师专业发展、学校管理及师德教育、信息化领导力等维度,通过"三段式"的项目设计,帮助贫困县校园长开阔教育视野,更新办学理念,提升专业素质和解决实际问题的能力。[1][2]

(三)短期集中培训项目类型(2019—2020)

2019—2020年,从2019年进入"国培3.0"时期,"国培"力求突出服务大局、突出扶贫攻坚、突出分层分类、突出模式创新、突出应用导向、突出管理效能、突出制度保障。[3] 集中培训时长普遍不超过20天,培训形式"集中+工作坊+实践/校本研修"等多种混合,具体表现在根据不同教师群体(校园长、教师、紧缺薄弱学科教师等)设置了培训项目,子项目的安排更加遵循教师的专业成长规律和教师学习规律,更加强调学用结合。比如,乡村中小学教师专业能力建设包含了5个子项目,具体为新教师入职培训(教龄1~3年教师)、青年教师助力培训(教龄4~8年教师)、骨干教师提升培训(教龄8年以上教师)、教师培训者团队研修(县级教师培训学校教师、市县优秀教研员),以及贫困地区一对一精准帮扶培训项目(送教到校)。

四、幼儿园转岗教师培训项目

幼儿园转岗教师培训项目是以全省农村幼儿园未从事过学前教育工作的转岗教师和非学前教育专业的高校毕业生为培训对象,到师范院校、综合大学、幼儿师范专科学校和具备资质条件的教师培训机构进行集中培训,深入优质幼儿园进行实践教学。通过培训,帮助教师树立学前教育专业思想,掌握学前教育基本技

---

[1] 中华人民共和国教育部.教育部 财政部关于改革实施中小学幼儿园教师国家级培训计划的通知[EB/OL].[2022-08-07]. http://www.moe.gov.cn/srcsite/A10/s7034/201509/t20150906_205502.html.

[2] 河南省教育厅.关于遴选2018年"国培计划"项目承担单位的通告[EB/OL].[2022-08-07]. https://jyt.henan.gov.cn/2018/05-14/1664334.html.

[3] 李瑾瑜."国培"十年:教师培训专业化探索的中国实践与未来发展[J].教师发展研究,2020,4(3):15-26.

能和方法，提高保教能力和水平。

自2011年幼师国培项目开始以来，河南省一直执行着此类对象的"国培计划"项目，其中2011—2014年的是"幼儿园转岗教师培训项目"，2015—2018年的转岗教师培训则包含在"乡村新建公办民办幼儿园教师培训"中，2019—2020年则为"非学前教育专业教师专业补偿培训"。

2011—2014年的"幼儿园转岗教师培训项目"培训时间为15天，其中优质幼儿园实践时间原则上要求不低于5天。其目标定位为"应知应会"。具体来讲就是知晓《幼儿园教育指导纲要》，知晓幼儿教育的特点，知晓幼儿的年龄特点，会组织幼儿游戏，会组织教育活动，会组织幼儿的一日生活。课程模块内容有：幼儿园保育与教育的基本知识、幼儿身心发展与学习特点、游戏与玩具、幼儿园各领域教育活动的设计与组织、幼儿发展观察与评价、幼儿园环境创设与使用、幼儿园一日活动的组织与管理、教育资源的开发与利用、家长工作案例分析、班级管理策略等。同时，应建立完善教师训后跟踪指导的有效机制，通过建立相应的网络平台、课程资源库和指导教师团队，对参训结业后的学员进行不少于3个月的跟踪指导，帮助其进一步适应训后的岗位工作。

2015—2018年的"乡村新建公办民办幼儿园教师（含转岗教师）培训"作为"乡村教师访名校"的子项目，通过"集中培训15天，跟岗实践不少于15天"的培训方式，突出强调解决乡村幼儿园教师实际工作中的问题，强调学以致用。

2019—2020年的"非学前教育专业教师专业补偿培训"是指面向幼儿园非学前教育专业背景教师或转岗教师，采取集中面授、跟岗实践等方式，重点围绕贯彻落实《幼儿园工作规程》《幼儿园教育指导纲要》《3～6岁儿童学习与发展指南》，通过为期30天的分阶段、递进式专业补偿培训，帮助参训教师树立学前教育专业思想，掌握学前教育基本技能和方法，提高科学保教能力。

五、送教下乡项目

2010年起，送教下乡仅仅是短期集中培训项目中的一个环节。从2013年开始，根据教育部财政部关于"国培计划"实施的精神和河南省教师队伍实际，在"国培计划"项目中设置"送教下乡和送培上门"项目［简称"送教（培）到县"项目］。① "送教（培）到县"项目的主要目标任务：通过省级及以上一线名师（或省级及以上学科优质课一等奖获得者）送教（培）到县的形式，进一步实现优质教育教学资源共享，使"国培计划"惠及更多的农村中小学和幼儿园教师，从而提高农村教师教育教学技能，为义务教育均衡发展和普及学前教育提供师资保

---

① 河南省教育厅.关于增加"国培计划（2013）"——河南省农村中小学送教（培）到县项目任务的通知[EB/OL].[2022-08-07].https://www.pkulaw.com/lar/533d0a4f3be06cc05932fe79802ce905bdfb.html.

障。"送教到县"项目涉及义务教育学校各学科及幼儿园教师培训等学科(领域),参训对象为农村初中、小学和幼儿园的一线教师。① "送教(培)到县"由培训机构组建以一线名师和教研员为主的专家讲师团队(每个团队由4~6人组成),针对中小学、幼儿园教育教学改革中的实践问题,以提高教师教学能力为中心,突出培训的实践性,以观摩课、点评课、同课异构、专家对话和专家报告等形式开展培训活动。②

送教下乡从2015年开始作为"中西部项目"和"幼师项目"中的一个重点项目在河南省执行。省级统筹,项目区县组织,高等学校、县级教师发展中心、片区研修中心协同承担,以本地教师培训团队为主体,整合全省(区、市)专家资源,分学科组建送培团队,开展送教下乡培训。将送教下乡与校本研修指导并重,以任务驱动为主线,按年度分阶段实施主题式培训,应包括诊断示范、研课磨课、成果展示、总结提升等阶段,切实提升乡村教师课堂教学能力。原则上同一乡镇同一学科每年送教不少于4次,每次不少于2天。县级教师发展中心将送培课程及生成性成果进行再加工,形成培训资源包,支持乡村中小学幼儿园开展校本研修。

六、远程培训/网络研修项目

远程培训/网络研修主要是发挥线上教育优势,通过网络平台为农村义务教育阶段教师提供的培训,将专家指导、名师课堂送到乡村学校;采取网络远程培训和线下研讨实践相结合的混合培训方式,遴选具备资质的院校(机构),对教师进行80学时左右的专项培训,帮助教师解决教育教学中的实际问题,提高教师教育教学水平,培养教师远程学习能力,促进优质资源共享。③

第二节　河南省"国培计划"省级层面执行过程

国培计划是一种制度的创新。"国培计划"与以往其他教师培训工作相比,最大的创新是在管理上采取了项目管理的思路和做法。④

结合国培政策和已有文献,将河南省"国培计划"省级层面执行过程分为三个

---

① 河南省教育厅.关于增加"国培计划(2013)"——河南省农村中小学送教(培)到县项目任务的通知[EB/OL].[2022-08-07]. https://www.pkulaw.com/lar/533d0a4f3be06cc05932fe79802ce905bdfb.html.
② 信阳师范学院教务处.关于转发省教育厅、财政厅《关于"国培计划(2013)"——河南省项目有关招(邀)标事宜的通知》[EB/OL].[2022-08-07]. http://jwc.xynu.edu.cn/info/1020/2013.htm.
③ 南昌师范学院教育培训学院."国培计划"中西部农村中小学骨干教师培训项目和幼儿园教师培训项目管理办法[EB/OL].[2022-08-07]. http://jypx.ncnu.edu.cn/new-show-648.html.
④ 王北生.教师培训模式创新研究:基于"国培计划"的实践探索[M].北京:人民教育出版社,2019.

阶段(见图3-1):培训准备阶段、培训实施阶段、培训总结阶段。在培训准备阶段,第一步,由河南省教育厅根据国家的总体要求,做好项目规划和设计,并提交教育部、财政部审核。第二步,遴选培训机构:①由省"国培计划"项目办公室先在河南省教育厅等网站上发布"关于遴选'国培计划'项目承担单位的通知";②各申报单位有1~2周的时间完成并提交"国培计划"项目申请书;③省教育厅、财政厅组织专家进行评审,并提出修改意见,最终给出遴选结果;④结果报教育部、财政部备案,开始组织实施。第三步,根据省教育厅下达的年度培训名额和培训对象条件,开始遴选学员。培训实施阶段,主要包括实施培训(集中培训或网络研修)和训后跟踪指导两部分。在培训总结阶段,主要由培训机构、评审专家、学员和教育行政部门等多主体围绕项目进行绩效考评,总结并预备下一年度项目实施工作。同时,对完成培训任务的参训学员发放培训合格证书,并及时登记学时学分。

延伸阅读6

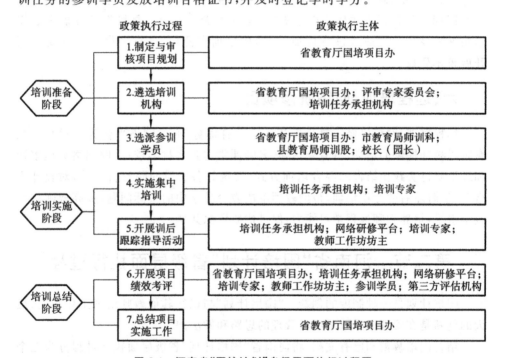

图3-1 河南省"国培计划"省级层面执行过程图

通过梳理河南省"国培计划"省级层面执行过程,可知其与国培计划实施成效研究的预设成效、过程成效、结果成效有着非常紧密的内在联系。即培训准备阶段的实施情况反映了"国培计划"的预设成效,培训实施阶段的实施情况反映了"国培计划"的过程成效,培训总结阶段的实施情况是"国培计划"结果成效的反映(见图3-2)。

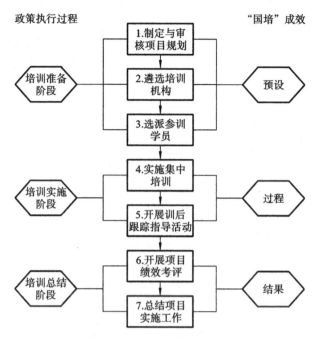

图 3-2 "国培计划"执行过程与实施成效之间的内在联系

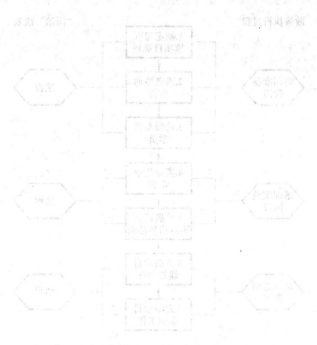

第三部分

河南省"国培计划"成效研究

第四章 "国培计划"成效研究与理论基础

第一节 研究背景与意义

一、研究背景

(一)"教师培训提质增效"是推动我国教育高质量发展的重要举措

教师培训工作是当前及未来很长一段时间我国教育事业高质量发展的重要举措。2018年1月20日《中共中央 国务院关于全面深化新时代教师队伍建设改革的意见》指出,"继续实施教师国培计划"。① 2018年2月,《教育部等五部门关于印发〈教师教育振兴行动计划(2018—2022年)〉的通知》中明确提出"发挥'国培计划'示范引领作用""'国培计划'集中支持中西部乡村教师校长培训"等。② 2018年5月习近平总书记在北大座谈会上指出:"国势之强由于人,人材之成出于学,人才的培养,关键在教师,要建设高素质的教师队伍,要坚持让教育者先受教育。"2018年10月,习近平总书记在全国教育大会中再次强调,在实践中我们的教育改革要"坚持把教师队伍建设作为基础工作"。

2021年"两会"期间,习近平总书记在看望参加全国政协十三届四次会议的医药卫生界教育界委员时再次强调:"教师是教育工作的中坚力量。有高质量的教师,才会有高质量的教育","要加强中西部欠发达地区教师定向培养和精准培训"。李克强总理在回答记者提问时指出,要下决心加大对县乡教师培训的投入,让他们能够在职便利地提升学历。在"十四五"开局之年、全面擘画社会主义现代化国家新蓝图的重要节点,中央领导同志对教师培养培训工作给予了极大关注,凸显了新阶段需要"新国培",新阶段再造"新国培"的必要性和重要性,要把精准培训、高质量作为"国培计划"实施的行动自觉和内在追求。

2021年5月,教育部、财政部联合印发的《关于实施中小学幼儿园教师国家级

---

① 中华人民共和国教育部.中共中央 国务院关于全面深化新时代教师队伍建设改革的意见[EB/OL].[2022-08-07]. http://www.moe.gov.cn/jyb_xwfb/moe_1946/fj_2018/201801/t20180131_326148.html.

② 中华人民共和国教育部.教育部等五部门关于印发《教师教育振兴行动计划(2018—2022年)》的通知[EB/OL].[2022-08-07]. http://www.moe.gov.cn/srcsite/A10/s7034/201803/t20180323_331063.html.

培训计划(2021—2025年)的通知》中表明,"十四五"时期,我国教育进入高质量发展阶段。面对新形势、新任务、新要求,教师能力素质还不能完全适应,因此要重点"推进教师培训提质增效,助力教师队伍高质量发展"。①

(二)"国培计划"直接影响我国"公平优质"教育体系的建立

目前,世界上很多国家和地区出台特殊保障措施,提高农村和贫困地区的教师队伍水平,如美国"密苏里州教育更新区计划"(ERZ,高校参与农村教师培训的范例)、墨西哥"农村及贫困地区教师教育项目"(PARE)、澳大利亚"优先学校计划"(PSP)等。纵观国外的研究发现,进行乡村教师培训是提高处境不利地区教育质量的关键因素。

我国关于乡村教师的培训主要表现在"国培计划"。"国培计划"是国家意志的教师培训计划,其成效对促进乡村教师的专业发展,促进教育资源配置的公平意义重大,直接影响我国"公平优质"的教育体系的建立。

为提高中小学幼儿园教师特别是农村教师队伍的基本素质,2010年,为贯彻落实《国家中长期教育改革和发展规划纲要(2010—2020年)》文件的精神,提高中小学教师特别是农村教师队伍的整体素质,教育部、财政部全面启动实施"中小学教师国家级培训计划"(简称"国培计划")。② 教育是阻断贫困代际循环的重要途径,"教育扶贫"是目前乡村地区学生掌握知识、改变命运的最佳途径和最有效方式,确保处境不利儿童接受有质量的教育是维护教育公平的重要着力点,教师质量决定教育质量。

正如"国培计划"的宗旨是"雪中送炭、示范引领、促进改革","雪中送炭"就是要补短板、强弱项,从区域和群体上落实"精准"。在区域上,继续坚持"中西部强则中国强"的发展战略,重点支持中西部欠发达地区,实现巩固拓展脱贫攻坚成果同乡村振兴有效衔接,助力乡村振兴重点帮扶县教师、校长能力整体提升。在群体上,重点支持农村义务教育学校、幼儿园县级及以上骨干教师、校园长和培训者深度培训,为乡村振兴和中西部欠发达地区农村基础教育改革发展培养领军人才。因此,"国培计划"通过对乡村教师进行在职培训,能够提升教师队伍尤其是乡村教师的质量,进而促进乡村教育事业的高质量发展,确保教育资源配置公平。

(三)"国培计划"成效决定着"国培计划"的可持续发展

"国培计划"成效的研究是检验教师能力是否提升的重要举措,亦是后续"国

---

① 中华人民共和国教育部.实施中小学幼儿园教师精准培训 推动教师队伍高质量发展——教育部教师工作司负责人就《教育部 财政部关于实施中小学幼儿园教师国家级培训计划(2021—2025年)的通知》答记者问[EB/OL].[2022-08-07]. http://www.moe.gov.cn/jyb_xwfb/s271/202105/t20210519_532240.html.

② 朱伶俐,张丽,王瑞娥."国培计划"的政策演进与实施路径研究[J].当代继续教育,2018,36(5):4-10,43.

培计划"继续开展的重要基石。截至2021年,国培计划全面启动十一年,在全国范围内取得了显著成效。十一年来,中央财政累计安排经费180多亿元,支持地方培训中小学幼儿园教师、校园长超过1500万人次,对乡村教师完成超过一轮的全覆盖培训,有力地提高了教师队伍整体素质。正如联合国教科文组织教师教育中心在《"国培计划"蓝皮书(2010—2019)》提及的,"'国培计划'的政府重视程度之高、财政投入力度之强、参训受益人数之多、持续发展时间之长,世界少有"。①"国培计划"实施以来,中央、国务院、教育部、财政部等部门颁布了一系列"国培计划"相关政策文件,国家对教师培训极其重视,划拨专款、配备专门人员、花费大量时间来支持教师继续教育,各类不同的教师培训项目在全国范围内已广泛开展。但在各类项目的实施中,教师在参训后的实际能力提升情况如何?培训机构制定的方案在实施过程中是否符合参训教师需求?培训方案本身是否合理有效?培训后是否达到预期的效果?这些都是目前教师培训中值得深入研究探讨的课题。

因此在"十四五"开局之年,在我国教育进入高质量发展阶段之际,面对新形势、新任务、新要求,在"国培计划"已取得的成绩基础上,本研究进一步从"成效"切入,对河南省过去"国培计划"培训实施的成效进行调查分析,深入探讨河南省在"国培计划"实施中存在的一些问题,总结经验反思问题,找出影响培训质量的因素,提出提升河南省"国培计划"成效的路径和机制,为后续"国培计划"的改革完善提供参考。

(四)"国培计划"是高规格、示范性的教师培训项目

我国于2010年投入大笔经费来实施"国培计划",培训"种子"教师,使他们在推进素质教育和教师培训方面发挥骨干示范作用,这是解决农村教师培训长期得不到保证问题的一种公平分配培训资源的政策。以加强乡村教师队伍建设为出发点和落脚点,根据教师的专业发展阶段、岗位类别、区域类别,构建分层、分类、分科的教师培训体系,实施精准培训,持续提升培训的针对性和有效性。以"国培计划"为引领,许多省份已经实施"省培计划",多借鉴"国培计划"的思路进行项目设计。然而,"国培计划"的执行状况并非完美无缺,依旧存在一些问题。为更好地落实乡村教师计划,加大了国家、省、市、县、学校五级教师培训统筹力度,以推动教师培训供给侧改革,努力优化乡村教师队伍建设,促进教育现代化的实现。

二、研究意义

通过调查当前河南省"国培计划"的培训效果,找出目前教师培训工作中存

---

① 中华人民共和国教育部."国培计划"蓝皮书(2010—2019)摘要[EB/OL].[2022-08-07]. http://www.moe.gov.cn/jyb_xwfb/xw_zt/moe_357/jyzt_2020n/2020_zt16/guopeijihua/guopeilanpishu/202009/t20200907_485968.html.

的问题,以及给出如何解决这些问题的相关策略和建议,是帮助教师培训工作高效开展的关键所在,更是"国培计划"顺利实施的重要前提。因此,本研究意义重大,不仅能够在理论上丰富我国关于教师教育以及教师培训工作的相关研究,而且能够在实践中能够发挥巨大的作用。

在宏观层面,本研究有利于政府了解"国培计划"的整体情况及教师培训的真正效益,合理配置有效的教育资源。为教育部门制定后续"国培计划"方案提供政策参考依据,增强培训的管理效能。在中观层面,它有利于推动"国培计划"的提质增效。通过调查,深入探讨影响国培成效的影响因素,精准分析其中优点、难点、痛点,为河南省各地承担培训项目的单位开展培训工作提供可借鉴的经验,以增强"国培计划"的针对性,提高培训的有效性,更利于培训目标的实现。在微观层面,它有利于教师个体的专业发展。通过调查参训教师在培训前、培训中、培训后的真实体验与状态,梳理乡村教师对于教育理论知识和教育技能的内在需求,进而结合教师专业成长的规律与特点,真正促使国培满足教师的自主学习需要,更好地促进教师个体专业发展。

第二节 理 论 基 础

一、建构主义教师学习理论

1972年5月,联合国教科文组织出版了《学会生存——教育世界的今天和明天》,此后,职后教育、继续教育和终身学习的思想逐渐发展起来。在此背景下,教师的学习和发展需要凸显,越来越多的教师积极主动地根据需要去学习,以促进自身的发展,并满足社会对教师职业的要求。在这种背景下,针对教师教育所存在的问题,国外已经出现了从教师教育到教师学习的研究转向。教师学习是一个涵盖性的术语,它主要针对在职教师而言,既包括学习的内容和领域,又包括学习的途径和方法;既包括学习的过程,又包括学习之后教师专业知识和能力变化的结果,以及观念和态度的转变;并且尤其强调教师自身主动性和能动性的发挥,意识到根据专业发展的需要而进行自我更新,而不是随着年龄的增加自然而然地学习。①

延伸阅读7

(一)教师学习是一个主动学习的过程

教师学习可以分为"主动学习"和"被动学习"。"主动学习"是指教师出于问题解决或自身发展需求而主动进行的理念、知识、技能更新。"被动学习"是指教师不得不参加的学习活动,与教师自身的学习需求和意愿相违背。20世纪

---

① 杨骞,溪海燕.教师学习的应然分析[J].新课程研究(教师教育),2007(10):3-6.

80年代以来,教学所具有的个性化特征受到越来越多的关注。由此,教师教学知识所具有的综合性、情境性、个体性和实践性等特征开始为人们所认识,并日益受到重视。大量关于教师行为研究的结论表明,教师的教学知识主要是在教学实践过程中,教师通过自身的实践或对实践的反思获得的。基于研究者对教师知识特性的认识,教师学习的性质也随之变化。教师学习不再只是对教育专家所传授知识的吸收,而是积极主动地从自身经验和教育教学实践出发去建构具有情境性的个人知识。因此,建构主义教师学习理论认为教师学习是一个主动学习的过程。也就是说,真正的教师学习不是简单地阅读教育报纸杂志,不是单纯地接受培训,而是通过阅读教育报纸杂志对自身的教学知识和技能产生改变,通过培训进行知识的主动更新和实践的反思提升。换言之,凡是教师主动参与并自我更新的过程都是教师学习,如教师通过授课对自身的教学行为进行深度反思。

(二)教师学习是一种高级学习

建构主义学习观认为学习是一种参与到真实情境中去的活动。从建构主义的视角出发,学习可以分为以复述和再现为基本要求的初级学习和以知识在新情境中的迁移和灵活运用为基本要求的高级学习。初级学习通过语言解释和机械训练即可获得,但是高级学习需要个体在不同的情境中,结合自身的经验和需求,运用不同的方法,多角度地认识同样的理论知识。教师的学习显然属于高级学习,具有鲜明的个体思维特征,对于新课程和新学习方式的理解,不同的教师可以结合自身的不同经验,予以不同程度和角度的理解,并最终形成不同的教育观念和教学行为。这一特征在具有一定教学实践的教师培训中表现得尤为明显。因此,教师培训作为一种高级学习,不是单纯的新理论新知识接受,而是在生动鲜活的案例背景下的情境学习,以案例情境搭建专家理论话语体系和教师实践系统之间的桥梁。这就要求教师培训要尽可能地结合学习及教师自身的教育教学实际,创设各种情境,以案例的方式引导教师的学习。

(三)"情境—协作—会话—意义建构"的学习模式[①]

传统的教师教育,无论是职前培养还是职后培训,都将教师的学习视为被动的接受性学习。这种观点虽然没有被言明,但是这种现象普遍隐含在教师教育之中,特别是教师培训中。建构主义学习理论则强调学习是一个建构的过程,是一个学习者依据原有经验,以自己的方式,主动建构心理表征的过程。知识是学习

---

① 朱旭东.教师专业发展理论研究[M].北京:北京师范大学出版社,2011.

者在一定的情境中,借助他人,利用必要的学习资料,通过意义建构获得的。[①] "情境""协作""会话""意义建构"构成了学习的四大要素。建构主义学习理论认为学习者是以自己的方式主动学习的;知识的建构源自个体新旧经验的交互作用;社会协作可以促进意义建构的多元化;创设情境是意义建构的必要前提。这一理论强调"学习的主动性""学习的情境性""学习的交互性",也就是说,教师的学习是以教师为主体主动建构的学习,是根植于与教育教学情境、问题、案例的学习,是教师共同体之间合作交流对话的学习。从建构主义的观点出发,教育教学不能通过学习书本上或专家传递的一成不变的教育理论知识去应对教育实际中千变万化的儿童,因此传统的"学习—应用"的学习模式不能帮助教师有效地解决个体面临的教育问题,无论教师培养还是教师培训都应该针对具体的教育问题来进行,为此在教师学习中应转变传统的学习模式,以建构主义学习的四要素,搭建新的教师学习模式。该模式以学习者为中心,强调尊重教师学习的特点,教师怎么学,教育培训就怎么教。该模式对改进当前教师培训工作具有一定的启发意义。

1. 以真实的情境促进教师的有效学习

所谓的真实情境并不能狭隘地指向模拟真实的教学场景或走进教学现场。首先我们应该明白什么是真情境,真情境涵盖"三真":一是"真问题",指教师在真实的教育教学情境中遇到的或可能出现的问题,以当前教育教学实践中普遍面临的、难以解决的问题为主,涉及教师在教育教学实践中面临的个性化问题;二是"真案例",指教师在教育教学情境中发生的真实教学案例;三是"真体验",指教师通过真体验自主设计教学方案来实践所学的教育理论知识和技能。在教师培训中,由于学习者具有丰富的教学实践案例,存在多样的教育问题和困境,那么以真实的情境为基础的学习更有现实意义,更能促进有效学习的生发,更能改变当前教师培训中存在的"学不能用""学不适用""学不会用""学不善用"等现状。关于如何创设真实的教育情境,培训者可以根据学习主题,选择相应的教学录像、真实的教学案例等,通过分析录像和案例中呈现的典型性和普遍性教育问题,引导学习者发现问题、分析问题、进而建构解决问题的思维和路径。

2. 以合作交流为教师学习的基本途径

建构主义认为,个体对知识的学习和意义的建构受自身经验的影响,不同的成长经历、学习背景、认知结构下成长的教师,对相同的活动会基于自身的主观认知框架建构不同的理解。"独学而无友,则孤陋而寡闻。"从社会建构主义的角度出发,学习是一种交流合作的过程,是知识的社会协商。正如维果茨基提倡的,学习是一种在人与人的交往过程中进行的社会活动。学习的本质是在社会交往中个人主观认知与他人思想观点的对话。教师群体作为一个学习共同体,不同教师

---

① 严华芹.网络环境下教师校本学习研究——基于扬中市外国语学校[D].南京:南京师范大学,2008.

受知识结构、思维方式、认知水平等多种因素影响,在教学内容的处理、教学方法的选择、教学情境的创设上各不相同,每个教师都以自身的经验为基点理解事物。因此,并不存在一个对事物唯一正确的阐释,从这个角度出发,一个好的教师需要超越自己对事物的认知,在社会互动中通过表达自己的意识想法、接受他人的思想观点,形成个性化、多元化的认知。于是,每一位教师的差异就是学习资源,教师培训应该充分发挥和利用教师资源开展教育培训,通过教师之间的合作、交流、对话实现信息共享,制造认知冲突,重构认知结构。当前培训实践中以构建教师学习共同体为提高教师和教育质量的手段,就是对合作交流在教师学习中的认可。需要关注的是信息时代特别是新冠肺炎疫情背景下,在教师培训中建立学习共同体,促进教师之间合作交流的方式是多元的,除了培训课堂上的合作,教研团队的搭建、网络平台也是合作交流的重要方式。

3. 以反思性教学实践促进教师自我发展

反思作为新旧知识沟通的桥梁,可以有效促进学习者经验和知识的整合,以及理论性知识和实践性知识的融合。它作为教师学习的一种手段,在教师学习中有重要作用。当前的教师教育体系中,无论教师的职前培养还是职后培训,普遍存在以学习理论性知识为主,缺乏实践性知识的问题。如何解决这个问题呢?这就需要教师运用理论性知识,对自身的教学实践进行反思,从而探索和形成适用于自己的个性化教学理论和方法,如国内各级各类教育阶段的优秀教师在分享个体专业发展经验时无一不强调反思的作用。我国的新课程改革也要求教师在教学实践中运用各种知识和经验,不断修正原有的目的和方法,以切合情境的变化和具体需要,解决具体的问题。这种对实践的反思能力,正是教师面对课程改革所需要的重要素质。教师需要通过不断的"理论—实践—反思—理论"的学习循环,促进经验和自身认识结构的不断调整更新,实现教师自身专业螺旋式上升发展。基于反思对教师专业发展的重要作用,在教师培训中,可以通过撰写学习自传和日志、同事之间的交流来发展反思能力,也可以运用网络媒介平台来促进反思,亦可以通过教学录像等媒介进行精细化反思。需要注意的是,在教育培训中仅仅提供反思的机会尚不能完全有效保证教师进行深度反思,还需要培训者不断地引导教师进行系统持续的反思,并对其反思结果进行多种形式的反馈。

4. 以自我建构为教师学习的最终目标

情境、合作交流、反思的最终目的是指向学习者对意义的自我建构。由于教师培训的对象是具有一定专业知识储备和教学经验积累的成年学习者,因此,在培训中他们具有较强的主观能动性,对培训内容有主动的需求,对所有要接收的信息有自主的整合能力。在培训前,原有的经验会对培训过程产生投射,所有这些特征使得教师学习带有较强的自我中心倾向。从这个角度来说,对教师的培训应该采取"学习者中心"模式,依据学习者的经验、需求和心理特征来设计培训过程。同时在培训过程中要给作为学习者的教师独立思考和实践的机会,为其自我建构创造条件。

二、教师生涯发展理论

教师生涯发展是指教师的职业素养、能力、成就和职称等随着时间轨迹而发生的变化过程及其相应的心理体验和心理发展历程。[1] 从实践上讲,我国教师队伍数量庞大,且水平参差不齐,需要对不同生涯发展阶段、不同水平的教师进行不同的培养和培训。已有研究发现,当前我国现有教师培训在内容、方式、管理和培训者等诸多方面存在问题,主要原因在于学校对教师培训的需求不清楚,没有针对教师的不同发展阶段设计不同的教师培训内容。[2] 因此,有必要了解教师生涯发展理论,确定教师专业发展阶段,根据不同阶段制定具体的教育培训内容,让培训真正符合教师的需要,促进教师的专业发展。

心理学家福勒根据不同专业发展阶段教师关注内容的不同,将教师的成长过程划分为四个阶段。第一阶段为任教前阶段。这一阶段尚未从教,没有教学经验,只关注自己,对其他教师的执教常持批判态度。第二阶段为关注生存阶段。这一阶段开始执教,教师会关注自己的生存问题,会关注班级的管理、教学的组织以及上级领导的评价,常常会感觉到一定的教学压力和焦虑。第三阶段为关注教学情境阶段。这一阶段教师仍然存在生存关注,但是在此基础上开始关注自己的教学表现,关注教学上的需要、限制及挫折,如能否将教学所需的知识、能力、技巧运用到相关的教学情境中去。对学生学习的关注仍处于缺失状态。第四阶段为关注学生阶段。这一阶段教师逐渐认识到解决复杂教育问题的核心是关注学生,关注学生的学习、生活、社会和情感需求以及如何通过有效的引导使其具有更好的成绩和行为表现。通过关注阶段理论,我们会发现教师的发展经历了一个从关注自身到关注教学再到关注学生的递进历程。

休伯曼依据教师专业能力和表现,以及对专业问题的探索,将教师的生涯划分为五个阶段。第一阶段是生涯进入期,入职 1~3 年。这一时期是教师生存和探索阶段。此阶段教师力求教学生存和教学适应,希望快速掌握胜任教学的知识和技能。第二阶段是稳定期,工作后 4~6 年。这一时期,教师逐渐熟悉教学工作,初步形成了自己的教学风格,能够轻松自如地开展教学工作,开始追求在教学技能方面的提高、创新以及更为复杂的理解学生的方法。第三阶段是实验和转变期,工作后 7~25 年。这一阶段是教师生涯的转变期。一方面,随着知识和阅历的增加,教师开始对自己及学校的各项工作大胆地追求革新,在教学上进行教学实验,关注学生和学校的发展,开始对学校的组织和管理漏洞进行批评和指正,不

---

[1] 申继亮.教师人力资源开发与管理:教师发展之源[M].北京:北京师范大学出版社,2006.
[2] 刘娜.基于教师专业发展阶段的教师培训研究[D].石家庄:河北师范大学,2008.

断地对职业和自我进行挑战;另一方面,单调乏味的教学重复使教师产生职业倦怠,对是否继续执教产生怀疑,开始对自己的职业进行重新评估。第四阶段是平静和保守期,工作后 26~33 年。这一阶段教师工作进入平静期,教师拥有丰富的经验和技巧来应对教学工作,但同时也失去了教学的热情和动力。此阶段教师的工作变得相对保守。第五阶段是职业退出期,工作 34 年以后。教师在这一阶段会有撤退倾向,逐渐退出专业发展生涯。

不同时期不同的学者对教师的生涯进行了研究,并提出了多种教师生涯发展理论。但是很多研究都是一些理论构想,对实践的指导性不强。我国的教师培训要做到分层、分类指导应该在了解教师生涯发展理论的基础上,结合自己的国情和教师特征发展教师生涯理论,进而对我国的教师专业发展和教师培训提供新思路和新方向。各省、直辖市、自治区也应该结合该地区教育实际和教师特点深度挖掘教师生涯发展的周期和关注内容,为区域教师质量的提升和教师培训工作的开展提供支撑。

三、终身教育和终身学习理念

终身教育理念源自成人教育,1919 年英国成人教育委员会发布的《成人教育报告建议书》指出成人的教育具有普遍性和终身性。1965 年保罗·朗格朗在联合国教科文组织的成人教育促进会上指出,教育应该伴随人的一生持续进行,今后的教育应该能够随时为每个人在需要的时刻提供知识和技能的指导与帮助。这次大会后各国把终身教育作为教育发展的重要原则。进入 21 世纪,科技迅速发展、知识爆炸性增长、知识更新速度加快,一次性的职业训练已经不能保证一生受用,谁也不能心存侥幸地认为自己在青年时代已获取足够一生享用的知识宝库。相关研究表明,一生所需知识的 80%~90%要在学校教育后获得。也就是说,21 世纪人们要不断地学习、不断地接受训练才能适应时代发展的需求。因此,以终身教育的思想为指导,构建贯穿教师职业生涯的连贯教育,使每个教师通过既有阶段性又有连续性的培训提高自身的政治思想素质和教育教学能力,成为真正合格的教师十分必要。[①] 我国 20 世纪开展的以短期培训为方法,以"教材教法"和"学历补偿"以及"信息技术提升"等为主要内容的继续教育已经不能适应时代的发展和教育的需求。21 世纪的教师继续教育可以说是永远持续且没有完结篇,教师培训的终身化成为教师教育的必然要求。

终身学习理念是在终身教育的基础上转化而来的,受到学习型社会的理念催化,终身教育主张通过整合人的一生中各个不同阶段所接受的不同形式的教育来实现以学习为核心,以重视人性为目的的学习型社会。与同时涉及"教育"和"学

---

① 曾洁珍.终身教育与教师的继续教育[J].现代教育论丛,1998(3):28.

习"两个概念,由此推动了终身教育向终身学习的转化。[①] 终身学习蕴含以下理论观点。其一,终身学习倡导学习是人的一项基本权利,政府应该为有学习需要的人提供学习的机会和场所。其二,终身学习是一种生活方式和生存责任。终身学习作为 21 世纪的生存概念已经超越了教育话语和学校场域,成为一种生活方式和社会行为,学习是个体自发和主动的行为。其三,终身学习是有目的有意识的学习活动。终身学习源自学习者内在的学习需求,这种需求源自结束常规教育之后,学习者为了应对社会的变化、工作的挑战、生活的改变,有意识地进行某种针对性学习活动。其四,终身学习强调学习者的主动性和教育主体的转移。传统的教育模式视学习者为教育的对象,是接受者,是客体。终身教育则倡导学习是学习者出于主观意愿主动开展的活动,学习者比教育者更重要,是教育的主体。其五,终身学习是个性化的学习。由于每个人的兴趣爱好、社会角色、人生规划各不相同,因此在人生的不同阶段会产生不同的学习需求,终身学习关注学习者的个性化、多样化、分散性的学习需求。终身学习认为教育的资源和场域应该扩展到一切可以利用的教育设施和设备、空间和资源,并注重在非正式的状态下开展学习活动。

以终身学习的理念反观以往的教师培训,发现"被动""脱离教师生活""外在强制""忽视内在需求"等与终身学习主张的"主动""贴近生活""内在需求"等理念相背离。如研究指出,长期以来我国教师的在职进修和专业发展是一种外部强加的负担,在目标和要求的制定、内容安排、项目规划,甚至时间选择、结果评价等方面,教师都没有发言权。教师只能以被管理者、被发展者的身份,按照外界促发者(促进教师专业发展的人员)的要求和部署被动地行事。更为严重的是,有时接受培训的教师还会成为受批评的对象,专家学者以"先进的""超前的"理论与实践"代表者"的身份出现在受训教师面前,慷慨陈词,而接受培训的教师则被看作"落后的""陈旧的"和"无能的"代表,是教育问题的症结所在,是被改造的对象。[②] 基于此,从终身教育和终身学习的理念出发改进今后的教师培训工作十分必要。

第三节 研究设计

一、研究目的

本课题研究的主要目的:其一,通过调查河南省"国培计划"的成效,研究其实施效果现状,探究影响其成效的因素,探索提高其成效的路径;其二,探究教师培训存在的问题和应遵循的原则,为今后"国培计划"深入开展提出可供参考的建

[①] 顾明远,孟繁华.国际教育新理念[M].北京:教育科学出版社,2020.
[②] 李广平,于杨,宫勋.自我导向性学习与教师专业发展[J].外国教育研究,2005(6):42-46.

议。在不断改进培训方案的制定和落实的同时,更好地提升参训教师的能力发展和专业成长,促进"国培计划"培养目标更好地达成。

二、核心概念界定

(一)"国培计划"

"国培计划"全称为"中小学教师国家级培训计划",它是由教育部和财政部于2010年开始全面实施的,尤其以培训农村教师队伍的国家级培训项目为主,其最终目的是充分发挥示范引领、雪中送炭和促进改革的三大作用,推动全国大规模教师培训的开展,促进教师队伍素质全面提高,从而促进基础教育改革的发展。[①] 在此期间国培计划项目也在不断更新完善,2010年开始仅仅包括"中小学教师示范性培训项目"和"中西部农村骨干教师培训项目";2011年增加了"幼儿教师国家级培训计划";2015年"国培计划"进行了综合改革,集中支持中西部乡村教师培训,教育对象更加精准;2019年"国培计划"进入了3.0阶段,呈现出提质增效的特征。

(二)"国培计划"的成效

成效即已产生的好的效果和效益。学者王北生、冯宇红认为"国培计划"实施是否有效取决于是否遵循分层目标实现原则、有效性原则、影响力原则。所谓分层目标实现原则即不同的培训对象有不同的目标要求;有效性原则即有积极的效果和效益,效果是指培训结果与预期目标的吻合度,效益是指培训给教师和学生、学校带来的益处;影响力原则即对参训教师整体素质(知识、能力、精神)、任教学校的教学质量等的影响。[②] 具体而言,学者余新在2009年提出从五个基本环节关注培训的有效性:①开展多维培训需求分析;②明确的培训目标;③针对性的培训课程;④有效的培训方法;⑤培训效果的科学评估。2010年又增加了掌握学员个体学习特征、优化培训师资两个环节,从七个环节探讨了有效教师培训的特征。况红则从培训目标定位、培训内容选取、培训师资遴选、培训方式和手段选择、培训组织管理入手,思考了如何提高"国培计划"的有效性。黄侨明从培训策略、培训内容、培训方式、培训过程、培训结果五方面探索了有效教师培训的表现。可见,"国培计划"的实施成效具体表现在培训需求、培训目标、培训内容、培训方法、培训师资、培训管理、培训结果等方面。

[①] 中华人民共和国教育部.教育部关于印发《2010年中小学教师国家级培训计划——示范性项目实施方案》的通知[EB/OL].[2022-04-27].http://www.doc88.com/p-0897232355115html.
[②] 王北生,冯宇红."国培计划"实施中的现实困境及其突破[J].中国教育学刊,2015(10):88-92.

最终结合上述维度,基于已有理论,依据韩肖艳等人的研究①,本课题认为"国培计划"实施成效包括预设、过程与结果三大方面的成效。"预设"主要是指培训计划是否按需施教、培训目标与需求是否吻合;"过程"包括师资配备、培训内容、培训形式与培训管理等;"结果"是指教师素质的提升效果,包括观念的转变、知识结构的充实、能力的提高及其对周围的影响等。

基于此,本研究将从预设成效(即培训目标达成度)、过程成效(即培训方案满意度)、结果成效(即培训后教师理论转化为实践的运用程度、培训后教师为工作单位创造的效益度)三大方面进行全面调查,突破已有研究仅仅从培训期间学员对知识的吸收程度和对培训过程的满意度这两个维度进行成效研究的限制,能够更全面地反映国培项目的培训成效,提供的措施更具有借鉴意义。

三、研究对象

本研究只关注河南省教育、财政部门负责组织实施的"国培计划"项目的成效,即主要包括中西部农村中小学骨干教师培训项目和幼儿园教师培训。为更好地了解全省"国培计划"的实施成效,结合研究方法,最终选取了河南省不同区域若干所高校及其他培训机构的"国培计划"项目作为研究对象,能够有效地反映河南省不同地区不同单位的"国培计划"实施情况,进而全面了解河南省"国培计划"实施成效。

四、研究方法

(一)文献研究法

通过在中国知网等处查阅有关"国培计划""培训成效"等方面的文献资料,对检索到的期刊论文、硕博士论文等进行系统梳理,为接下来的研究奠定基础。其中以2020年5月27日为第一次检索时间,通过CNKI,以"国培计划"为主题,共检索到1415篇中文文献。根据研究内容初步筛选阅读相关文献206篇,具体包括培训需求41篇、培训模式46篇、实施成效20篇、培训内容45篇、教师专业发展54篇。随后,2021年再补充检索到最新文献135篇。最终,本研究从"国培计划"的政策研究、理论研究、实证研究三个角度对已有研究进行了整理分析,为接下来进一步对"国培计划"实施成效进行研究提供思路和启示。

另外,梳理了关于河南省"国培计划"实施成效的已有文献,综合了河南省不同年份不同区域不同国培项目的实施情况,进而从文献中整体感知河南省国培计划的实施成效。同时查阅了教育部官网、全国中小学教师继续教育网、中华人民

---

① 韩肖艳."国培计划"中小学教师短训项目有效性评价研究——以河南省承担的项目群为例[D].开封:河南大学,2014.

共和国教师工作司网、河南省中小学教师国家级培训网、河南省教师教育网、国培计划公众号等平台补充必要资料信息。

(二)问卷调查法

1.问卷的设计

本研究采取问卷调查的方法,通过编制《河南省"国培计划"成效研究》问卷,对河南省"国培计划"的成效现状进行了分析。鉴于概念界定,研究将从预设成效(即培训目标达成度)、过程成效(即培训方案满意度)、结果成效(即培训后教师理论转化为实践的运用程度、培训后教师为工作单位创造的效益度)三大方面四个维度进行全面调查(问卷具体结构见图4-1)。

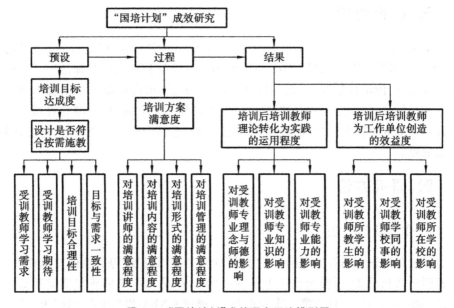

图4-1 "国培计划"成效研究理论模型图

其中一级测评指标中培训目标达成度主要是指国培方案的设计是否真正符合按需施教,具体包括参训教师的学习需求、参训教师的学习期待、培训目标的合理性、目标与需求的一致性等四个二级测评指标,对应问卷题目B1～B4;培训方案满意度主要是指参训教师对培训讲师、培训内容、培训形式、培训管理等的满意程度,对应问卷题目B5～B18,;培训后参训教师理论转化为实践的运用程度主要是指返回岗位后,培训对参训教师专业理念与师德、专业知识、专业能力的影响,对应问卷题目B19～B23;培训后参训教师为工作单位创造的效益度,包括对参训教师所教学生、学校同事、所在学校的影响,对应问卷题目B24～B28。

问卷的编制包含A部分基本信息和B部分河南省国培计划成效调查两大部分,B部分采用五级评分,共计28题项。问卷采用李克特五点量表形式。经过专家论证和预测,该问卷的信效度较好,达到 0.991。

2. 问卷的发放与回收

本研究采取随机抽样的方法,通过问卷星,借助河南省各高校国培管理者,对参与过"国培计划"的教师发放问卷,共计回收有效问卷 1687 份。采用 SPSS 25.0 对数据进行描述性统计分析、t 检验及方差分析。

(三)深度半结构访谈法

为更加全面、真实了解河南省"国培计划"实施成效,本研究通过"目的性抽样"同时对豫东、豫西、豫北、豫南、豫中区域范围内和"国培计划"相关的三类群体(详见表 4-1)进行了访谈。一是对"国培计划"的参训学员进行访谈,进一步了解参训教师在培训前、培训中、培训后的整体感受、培训收获、建议等,从微观层面深入具体了解"国培计划"给参训教师个体带来的改变和影响,弥补问卷调查难以更深入理解参训教师学习需求、行为改变的局限性。二是对"国培计划"的培训专家进行访谈,通过了解培训专家如何确定主讲内容、如何确定参与国培、与学员互动等的过程,从侧面了解"国培计划"在培训内容、培训管理等方面的实施成效。三是对"国培计划"培训单位的领导者(即继续教育学院的相关人员,承办单位的领导等)、组织和管理者(各承办单位的负责国培的工作人员,包括国培班主任)等进行访谈,了解培训单位在培训需求调研、培训内容确定、培训专家遴选、培训管理等方面的具体情况,从而感知国培计划在组织管理方面的成效以及存在的困难与问题。

表 4-1 访谈对象基本信息

访谈对象[①]	"国培"中角色	最近一次国培所在区域及高校	任教学校性质及学科	年龄(岁)	教龄(年)	性别	学历/职称
XY-DYG	参训教师	豫中,2017 年某幼专	城市,幼儿园	26	8	女	大专
XY-YH	参训教师	豫中,2020 年某实验幼儿园	县城,幼儿园(副园长)	32	9	女	本科/中小学二级
XY-FLF	参训教师	豫中,2018 年某综合大学	城市,幼儿园	40	12	女	本科

[①] 访谈对象编码:XY-DYG,表明受访对象 DYG 为参训学员(XY);ZJ-WCQ 代表受访对象 WCQ 为专家(ZJ);GL-RW 表示受访对象 RW 为国培管理人员(GL)。

续表

访谈对象[①]	"国培"中角色	最近一次国培所在区域及高校	任教学校性质及学科	年龄（岁）	教龄（年）	性别	学历/职称
XY-YZJ	参训教师	国培计划（2015）河南省乡村教师访名校	农村，幼儿园	41	21	女	本科/中小学一级
XY-XY	参训教师	豫东，2011年某师范学院	农村，小学语文	41	21	男	本科/中小学一级
XY-LJJ	参训教师	豫北，2020年远程培训/网络研修（濮阳）	城市，初中	32	9	女	本科
XY-GMY	参训教师	2020年"国培"青年教师助力培训	城市，初中数学	40	17	男	本科
XY-WJC	参训教师	2020年"国培"青年教师助力培训（薄弱学科）	城市，初中（学科）	31	7	男	本科/中小学二级
ZJ-WCQ	培训专家	豫北，某师范大学	高校（英语）	—	34	女	教授
ZJ-WJ	培训专家	豫北，某师范大学	高校（教师教育）	—	14	女	副研究员
ZJ-ZQ	培训专家	豫西，某师范学院	高校（学前）	32	5	女	讲师
GL-RW	培训单位领导者	豫中，某综合大学继教院（10年国培经验）	高校	35	10	女	硕士/讲师
GL-LN	国培管理者	豫西，某师范学院学院管理人员（4年经验）	高校	36	10	女	讲师
GL-ZY	国培管理者	豫西，某师范学院学院管理人员（5年经验）	高校	29	5	女	本科
GL-WXL	教学班主任	豫西，某师范学院（1年经验）	高校	30	2	女	助教

(四)文本分析法

选取近五年(2016—2021年)河南省某师范学院和某综合大学被遴选上的"河南省'国培计划'项目申请书"等相关资料,通过文本分析,分析河南省培训单位在"国培计划"申报方案中如何进行培训主题及目标定位、需求调研、培训内容及方法等的设计,进而探究影响"国培计划"成效的因素。

五、研究思路

国培成效研究是对"国培计划"的政策性目标、教学目标是否实现、实现情况如何的一种检验反馈,是进一步规范"国培计划"组织运行体系的参考和依据,也是提高教师培训质量,促进基础教育尤其是乡村教育质量提升的重要指导。本研究遵循以下思路:第一,全面分析"国培计划"的培训目标和运行现状。对前期(2010—2014年)"国培计划"的运行成效进行经验总结,厘清第二期(2015—2020年)"国培计划"的培训目标和重点。在此基础上明确河南省二期"国培计划"的培训政策及目标作为成效检验的重要参考标准。第二,调查河南省"国培计划"的实施成效。第三,总结河南省"国培计划"的成效及其存在的问题,并分析影响国培计划实施成效的因素。第四,探究提升河南省"国培计划"成效提升的路径(见图4-2)。

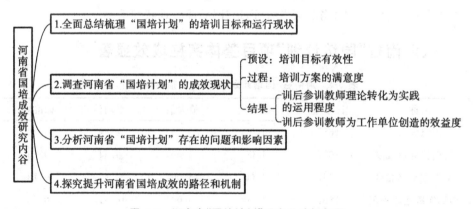

图 4-2 河南省"国培计划"研究思路框架图

第五章 河南省"国培计划"成效现状及其影响因素

第一节 河南省"国培计划"成效现状

本研究从预设成效即培训目标达成度,过程成效即培训方案满意度,结果成效即培训后教师理论转化为实践的运用程度、培训后教师为工作单位创造的效益度,这三大方面进行全面调查。在培训成效的研究中,特别是结果成效,这种返回教育教学场域中进行实践所产生的效果往往呈现出延时性、衡量难度高的特点,朱旭东等学者认为最好通过长期追踪的方式收集多样化、长期性的数据来评价。当然如果条件限制,也可以通过访谈法、问卷法、观察法等多种方法收集多个横截面的追踪性数据,通过综合分析对参训教师在学生、课题、学校以及更大范围内产生的影响效果形成判断。[①] 通过对1687份问卷调查结果和多方访谈、多个文本进行数据分析,综合揭示出当前河南省"国培计划"成效现状如下。

一、河南省"国培计划"项目整体实施成效显著

表5-1 河南省"国培计划"实施成效描述性统计

名称	样本量	最小值	最大值	平均值	标准差
国培成效	1687	1.00	5.00	4.44	0.73
1.培训目标达成度	1687	1.00	5.00	4.41	0.79
2.培训方案满意度	1687	1.00	5.00	4.47	0.73
3.培训实践运用程度	1687	1.00	5.00	4.47	0.75
4.培训后创造效益	1687	1.00	5.00	4.41	0.77

由表5-1可知,河南省"国培计划"成效显著($M=4.44$),国培整体效果处于良好和优秀之间水平。此外,"国培计划"在各个运行维度上的成效得分依次为:培训方案满意度($M=4.47$)、培训后理论转化为实践运用程度($M=4.47$)、培训目标达成度($M=4.41$)、培训后教师为单位创造的效益度($M=4.41$)。各子维度的成效水平均处于良好和优秀之间。

---

① 朱旭东,廖伟,靳伟,等.论卓越教师培训课程的构建[J].课程.教材.教法,2021,41(8):23-31.

由此可见,当前无论是从整体成效,还是从各个子项目的运行维度,河南省"国培计划"成效显著,项目运行已经进入"内涵"发展阶段。正如前文文献综述中所言,十多年来国培取得的成绩是不容置喙的。

延伸阅读 8

二、河南省"国培计划"各层面成效分析

(一)预设成效:培训目标达成度良好

预设成效关注的是培训目标的有效性,这一维度关注的是国培准备阶段能否按需施教,培训学员是否有强烈的学习动机,培训目标是否围绕学员需求有针对性地设计。从问卷数据可见(见表5-2),预设成效——培训目标的有效性($M=4.41$)效果良好。具体表现为参训教师普遍具有较高的学习需求($M=4.39$)和学习期待($M=4.42$),且培训目标能够较好地满足参训学员的需求($M=4.39$)。同时,培训目标的设置具体且有针对性($M=4.44$)。可见,河南省"国培计划"在预设成效上效果良好,且呈现出以下特征。

表5-2 河南省"国培计划"培训目标达成度描述统计

名称	样本量	最小值	最大值	平均值	标准差
培训目标达成度	1687	1.00	5.00	4.41	0.79
B1.您对参加此次国培有强烈的学习需求	1687	1.00	5.00	4.39	0.86
B2.您对参加此次国培有较高的学习期待	1687	1.00	5.00	4.42	0.84
B3.您觉得此次培训主题、培训目标设置得非常具体、具有针对性	1687	1.00	5.00	4.44	0.81
B4.此次培训目标与自身学习需求吻合	1687	1.00	5.00	4.39	0.85

1.培训目标整体上对接学员的学习需求与期待

训前,参训教师普遍有着强烈的学习需求和学习期待,平均值分别达到4.39和4.42。也就是说,各级各类学校参训教师在专业发展和成长的过程中都有着较强烈的学习需求,意识到自己在教学过程中存在着某种欠缺;对国培有着较高的学习期待,即对培训活动所有达到的目标有较高的主观估断。

与此同时,对8位参训学员、4位国培管理者的访谈也再次印证了上述观点。

访谈实录：学习需求与期待

当课题组成员询问："当您知道有这个机会准备去参加培训的时候，有没有一些强烈的学习需求，或者您是带着一些什么问题过去的？"受访教师们纷纷表示有一定的学习需求和学习期待。

XY：有，我们农村条件差，获取外界优秀的教学经验的机会很少，无时无刻不梦想有一天能走出去，在自我专业领域有所发展和进步，所以很珍惜这次学习机会，我参加工作以来一直从事小学语文教学，很渴望在小学语文教学模式方面有所突破和创新。

LJJ：有，我感觉尤其是那种比如做微课或者是学习电脑方面的知识。

YH：会有，比如说像我平时工作中遇到的困难，我负责后勤这一块，教学上怎么去组织教研，怎么去组织教师培训，或者怎么去组织幼儿园的一些大型活动，就这些东西。工作中遇到了一些困惑，我也想通过去这些优秀幼儿园学习，然后获得一些经验，就可能就会有目的性地想学到这些东西。

FLF：有的，我一直在努力学习相关专业的知识，多半是自己需要的时候找资料或者看书，也有是每学期开学前、寒暑假、节假日等都会参加一些园内或校外培训机构组织的各类培训，也有视频会议之类的。比如师德师风建设、幼儿心理发展、幼儿园团队建设等，都是短暂的、零星的，在我看来专业度不够，环境氛围不好，形式都单一，没有集中学习的收效好。我期待的是专业的事由专业的机构、专业的团队来做。

通过访谈可知，不同的教师基于不同的专业有不同的发展需求，无论是"渴望自身学科教学能力的提升"，还是"获得专业指导""提升专业素养"，抑或是"解决工作中的困惑"，都反映出一线教师们在专业发展的过程中普遍存在着某种欠缺，都希望自己的需求、问题或困惑在教师培训中获得有效的回应，而国培目标在一定程度上能够整体对接教师的学习需求与期待。

2. 培训目标越来越具体且有针对性

问卷调查统计中，培训目标定位部分，"培训主题、培训目标设置得非常具体、具有针对性"得分为4.44，"培训目标与自身学习需求吻合"得分为4.39，成效非常显著。成效的取得离不开培训单位的论证、国培政策的不断精进。

其一，承担培训的机构训前对"国培计划"项目申报书进行了一定论证，比如培训主题往往是在需求调研的基础上确立，更加具有适切性；培训目标的定位则是根据培训需求、培训主题确定，更加具有可行性；申报书是由熟悉国培、专业性强的教师来完成，论证质量更高。以下是来自国培管理者的访谈。

访谈实录：项目申报书的论证

LN：学校和学院领导都非常重视，每年都会开专门的动员会，学院会专门安排相应的专业老师,通过问卷、实际考察、访谈等来做调研。关于国培申报书的撰写,我们是让学院多年跟随国培、专业性很强的老师来写的。(I-GL-LN-20210810-国培管理者)

RW:培训前有进行需求调研,采取线上线下相结合的方式,利用电话、微信、走访座谈、问卷调查等形式,访谈对象有往届学员、一线校园长、教师、教师进修学校和教体局相关负责同志……从我校来看,院系参与申报的积极性逐年提高,实施过程也更严格更专业,更接地气,管理人员更用心,逐步形成自己的培训特色。(I-GL-RW-20210814-国培管理者)

其二,这与十年来国培政策的持续完善和改进密不可分。从 2010 年到 2020 年国培政策的演进我们可以发现,培训对象越来越精准化,培训目标、培训内容越来越贴近教师真实需求。[①] 因此在政策引领下,各级各类相关部门在执行"国培计划"的过程中也越发精进。

培训单位国培管理者 RW 说:"国培十年越来越精准,从项目名称和培训指南来看,各项目目标人群更聚焦,培训环节更具体、更有针对性,要求也更加严格。"

对收集到的"国培计划"2016 年、2020 年的项目申请书进行文本分析后发现,在国培政策的引领下,对培训需求、培训目标、培训主题、培训内容等的设置确实越来越具体、越来越具有针对性(见图 5-1、图 5-2)。比如"国培 2.0"阶段[②]2016 年的培训单位 A 的两个"国培"项目申报书,"乡村教师访名校项目"针对不同对象存在的突出问题下设了 7 个子项目,其中包括"乡村主干学科幼儿园教师培训"和"乡村新建公办民办幼儿园教师培训",分别面对的是"全省范围内乡村主干学科骨干幼儿园教师""乡村新建公办民办幼儿园教师(含转岗教师)"两种不同群体,但是从目标定位、需求分析、内容设计来看,两个申报书并无多大差异。而进入"国培 3.0"阶段后,开始呈现提质增效的特征,强调精准培训,申报书增加了"培训主题"一栏(见图 5-3、图 5-4)。由"国培计划(2020)"家庭教育指导师培训、"国培计划(2020)"幼儿园教师职业行为准则培训的项目申报书可见,国培更加强调分层分类施训,培训目标、培训内容、培训管理开始围绕"培训需求""培训主题"展开,更加具体、细化,具有针对性。

需要注意的是,在看到预设成效显著的同时,也不得不冷静反思:诚如孙传远研究发现,大多数教师有着强烈的自我学习和发展的愿望,只是这些愿望或期望是多样而复杂的。[③] 那么一次培训如何满足教师"多样而复杂"的学习需求与期望

[①] 朱伶俐,张丽,王瑞娥."国培计划"的政策演进与实施路径研究[J].当代继续教育,2018,36(5):4-10,43.

[②] 根据朱伶俐等的划分,"国培 1.0"阶段(2010—2014 年),"国培 2.0"阶段(2015—2018 年),"国培 3.0"阶段(2019 年至今)。

[③] 孙传远.教师学习:期望与现实——以上海中小学教师为例[D].上海:上海师范大学,2010.

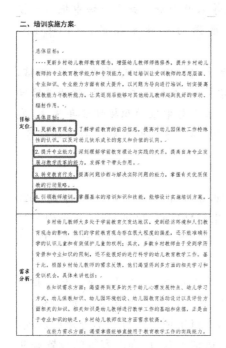
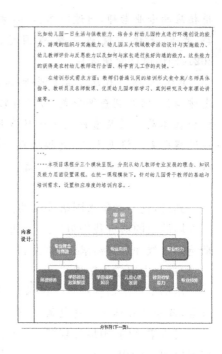

图 5-1 "国培计划(2016)"幼师乡村教师访名校(乡村主干学科幼儿园)培训申报书

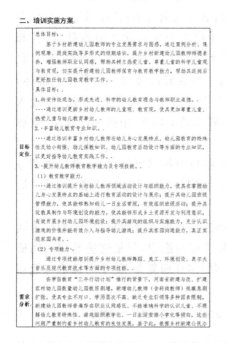
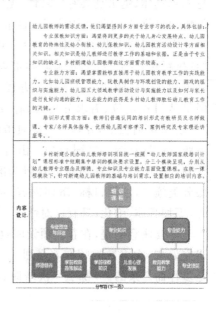

图 5-2 "国培计划(2016)"幼师乡村教师访名校(新建公办民办幼儿园)项目申报书

图 5-3 "国培计划(2020)"家庭教育指导师培训项目申报书

图 5-4 "国培计划(2020)"幼儿园教师职业行为准则培训项目申报书

呢？一方面取决于培训目标的定位、培训方案的设计；另一方面，取决于"对口同质"学员的遴选。不过从访谈中可以发现，学员遴选机制还存在不合理，比如指令性参培、重复性参训、替人参培、轮流参培等现象还时有发生。这些问题将在下一部分详细论述。

（二）过程成效：培训方案的满意度高

过程成效即培训方案的满意度，这一维度关注的是培训实施过程中的成效，包括对邀请的培训专家、培训内容、培训形式、培训管理等的满意度。从问卷来看（见表 5-3），培训方案的满意度整体较好：对培训专家的满意度得分最高（$M=4.49$），其次是对培训管理的满意度（$M=4.48$），继而是对培训形式的满意度（$M=4.45$），最后是对培训内容的满意度（$M=4.45$），四项得分均高于河南省国培成效整体平均分。

表 5-3 河南省"国培计划"培训方案满意度

名称	样本量	最小值	最大值	平均值	标准差
培训方案满意度	1687	1.00	5.00	4.47	0.73
1.对培训专家满意度	1687	1.00	5.00	4.49	0.76
2.对培训内容满意度	1687	1.00	5.00	4.45	0.74
3.对培训形式满意度	1687	1.00	5.00	4.45	0.77
4.对培训管理满意度	1687	1.00	5.00	4.48	0.75

通过访谈我们可以发现，之所以"国培计划"实施过程成效如此显著，得益于国培政策的顶层设计，承担培训的机构、基层的培训管理者、国培班主任、培训专家等多方的努力和付出。

第一，政策方面越来越精准，更加强调提质增效。正如国培管理者 RW 所说："国培十年越来越精准，从项目名称和培训指南来看，各项目目标人群更聚焦，培训环节更具体、更有针对性，要求也更加严格。"

第二，训前培训机构对"国培计划"项目申报书进行了一定论证。正如前文所说，培训主题在需求调研的基础上确立；培训目标则是根据培训需求、培训主题制定；申报书由熟悉国培、专业性强的教师完成，保障论证质量。

第三，培训内容、培训形式的不断完善。"国培计划"培训课程内容的确立是"自上而下"和"自下而上"的结合。正如戴水姣和史小平认为，课程内容的设置既要考虑学科与项目的特点，还要将成人的学习特点及城乡教师的需求考虑在内。[①]

---

① 戴水姣,史小平.高校"国培计划"课程设置的思考——以小学英语教师培训课程为例[J].大学教育科学,2015(6):68-73.

所谓"自上而下"即需要结合"国培计划"相关政策来安排课程内容,比如强调依据《幼儿园教师专业标准(试行)》《小学教师专业标准(试行)》《中学教师专业标准(试行)》《"国培计划"课程标准(试行)》,优化课程设置,增强培训内容的针对性和实效性[①];要求实践性课程[②]不少于50%[③];围绕落实立德树人根本任务,统筹思想政治、师德师风、业务能力培训,将思想政治和师德师风作为必修内容。[④] 通过文本分析,培训机构均能按照相应政策要求,比如必修内容的完整性、理论性和实践性课程的比例,设计和执行培训方案。诚如FLF在访谈中说的:"我一直记得那次培训实地学习,野外拓展训练的场景。大家不再是彼此静静地坐在教室里听专家讲,不停地做笔记,而是动起来了,大家的思维也活跃起来,彼此不再像陌生人,辩论、交流、合作……这才是把所有有思想、有智慧的一群人召集在一起学习的最终目的——思想的火花碰撞产生共鸣。"实践性课程开始增多,培训形式开始多样,开始注意调动参训教师的主动性。"自下而上"即结合成人学习特点,根据参训对象在一线教学中遇到的真实问题和素养欠缺,在真实需求基础上设定培训目标,并以此来安排培训课程内容。通过访谈、问卷调查、文本分析可知,当前我省培训机构开始重视需求调研这一问题,但培训目标与培训需求是否吻合,培训目标与培训内容之间的一致性、培训内容与培训方法或形式之间的有效性、培训内容与实践之间的关系等仍需进一步探讨。

第四,教师培训团队的逐步形成,专家个体的认真负责。值得肯定的是,从某综合大学的申请书文本分析来看,河南省培训专家队伍结构比例、培训专家与项目申报书上的专家替换率(不超过20%)整体比较符合政策要求。同时,调查数据显示(见表5-4),国培学员对培训专家的构成比例、理论学术水平和授课态度与方式评分均达到4分以上水平,反映出当前教师培训队伍整体合理,受到参训教师一致认可。此外,该结论在访谈数据中得到了进一步的证实。

延伸阅读9

---

① 中华人民共和国教育部.教育部办公厅 财政部办公厅关于印发《"国培计划"示范性集中培训项目管理办法》等三个文件的通知[EB/OL].[2022-08-07]. http://www.moe.gov.cn/srcsite/A10/s7034/201303/t20130320_149949.html.

② 实践性课程即以改进教师的教育教学行为为出发点,主要采取实地观摩、跟岗实践、课例研磨、同课异构、情景体验、技能训练和行动研究等形式,注重典型案例应用,强化教师实践参与,帮助教师解决问题、提升技能。

③ 中华人民共和国教育部.教育部 财政部关于改革实施中小学幼儿园教师国家级培训计划的通知[EB/OL].[2022-08-07]. http://www.moe.gov.cn/srcsite/A10/s7034/201509/t20150906_205502.html.

④ 中华人民共和国教育部.教育部 财政部关于实施中小学幼儿园教师国家级培训计划(2021—2025年)的通知[EB/OL].[2022-08-07]. http://www.moe.gov.cn/srcsite/A10/s7034/202105/t20210519_532221.html.

表 5-4　河南省"国培计划"培训专家满意度

名称	样本量	最小值	最大值	平均值	标准差
对培训专家满意度	1687	1.00	5.00	4.49	0.76
B5.您对培训单位所安排的教师结构(即名师、一线名师、外校专家等各部分组成比例)很满意	1687	1.00	5.00	4.45	0.82
B6.您对培训专家的理论学术水平很满意	1687	1.00	5.00	4.50	0.78
B7.您对培训专家的课堂教学态度、教学方式很满意	1687	1.00	5.00	4.51	0.77

访谈实录:培训专家队伍

FLF:在短短的15天里,每一天都有不同的专家给我们上课,有室内文字性讲解、观看视频、师生互动、参观学习、户外拓展训练、实操训练等。(国培学员)

LN:我们培训专家大部分都是按照这个方案来做的,之后稍微有一些出入可能是由于某些专家临时有事,会做一个调整,但大部分都是按方案去做。(管理人员)

RW:培训方案中的专家大部分能够前来为参训学员实际授课,也有专家因个人原因不能前来的。如果不能来,会让这个专家推荐一个同领域专家来替换,或者我们再从现有专家库里找。如果时间确实来不及,也会考虑调整为其他课程或活动。省外专家的邀请不仅可以给学员带来更鲜活的知识和技能,也有助于我们管理团队了解其他省份教师培训的经验与设计。(管理人员)

经过十多年的摸索,两所培训机构均形成了比较稳定的教师培训团队,对不同学科不同主题如何遴选专家都有了自己内在的模式。

访谈实录:如何选聘培训专家

RW:聘请专家是根据培训主题的需要,经过首席专家和校内外专家引荐、往届学员好评度、兄弟院校和教体局推荐等渠道综合考量来聘任的。(I-GL-RW-20210814-国培管理者)

另外,培训专家个体认真负责,自身对培训内容、培训形式不断精进。比如,国培专家往往会主动了解一线教师及参训教师的基本情况与需求。

访谈实录:培训专家如何了解学员需求

WCQ:我对学员的需求有大致的了解。首先,去年我亲自去 XM 进行了"国培"视导,听取了当时的教师进修学校领导介绍了全市中学英语教师的专业发展现状(特别是面临的问题)。其次,我通过观摩个别学员的说课以及与学员代表互动,从另一个层面进一步了解了他们的专业发展需求。最后,平常我与在那里工作的师大毕业生(本科生和研究生)一直保持着良好的互动,他们教学中的苦与乐,我都比较了解。(I-ZJ-WCQ-20210815-教育部首批"国培计划"专家库成员)

讲座过程中,培训专家将培训内容、培训形式尽可能贴近参培学员,包括从空间的近距离、对一线教学和教师本身的了解、案例讲解、需求入手(WCQ),或者从认知冲突中获得成长(ZQ),或者进行线上线下混合参与式培训、对话式学习、构建班级学习共同体(WJ)等。

访谈实录:培训专家如何组织培训

当课题组成员询问培训专家:"您觉得面授过程的学习氛围如何?您和学员之间是如何互动的呢?如果氛围比较积极(或不太积极),您觉得主要是什么原因呢?您会主动与学员探讨如何来完善讲座内容以便下次提高培训学习的积极性与学习效率吗?多是采用什么方式来探讨呢?"培训专家做了如下回答。

WCQ:我个人感觉每一场培训的氛围都"生动活泼",我与学员之间、学员与学员之间的互动都比较热烈。第一,我始终移动着讲课,我与学员之间没有空间上的距离感。第二,我常年坚持到中小学现场授课,对教材和中小学课堂比较了解,在课程体系特别是教材内容上,与学员之间没有距离感。第三,30 多年来我一直深入省内中小学校(特别是乡村)开展校本教研,经常从多方面帮助他们,因此不存在情感上和信任方面的距离感。第四,我"用真实的教学案例"贯穿培训的始终,以"分享"为载体、以共同成长为目标,学员听得进去、听得明白、听得有收获!第五,我将学员对职称评审所需要的优质课、论文、课题等条件,都置入培训内容,让他们感觉到"实惠"且"有抓手、有奔头、有目标"。

ZQ:讲座之前跟学员是没有任何对接的,主要是课堂上的一些互动。虽然对学员没有了解,但是对一线老师了解,知道他们可能会喜欢带有理论但是实践性更强一些的课题内容。观察记录本身就是一个在幼儿园实践性比较强的东西,所以说在这个过程中会让老师们去展示他们对观察记录的认识是怎么样的,他们的做法是怎么样的,之后让他们去反思自己的一些东西,然后再输入一些新的理念,大概是这样的一个整体的课程设计吧。

WJ:我倡导参与式培训,在面授教学中设计不同活动促进对话式学习,设计叙事、问题分析等活动让学员与自我经验对话,设计小组任务让学员与同行对话,提供丰富的阅读材料让学员与理论对话。面授班通常是 50 人以内,我会提前要求管理团队分组、按组就座,以便课上组内、组间及师生互动。因为采用线上线下混合的参与式教学,课堂气氛一般都比较活跃,会有一些生成性的内容。我会设计问题让学员基于他们的个体视角对主讲内容提出建议。我发现,从学习共同体的视角来看,如果管理团队事先对这个培训班的共同体建设做得比较好,学员做好了学习的动机准备、内容准备和交往准备等,那么任何一个培训活动,只要把学员放在主体地位,都比较容易调动。同时,需要授课教师在课程一开始结合课程内容设计小活动并做一些共同体的建设。

第五,国培管理者的用心付出。国培项目在实施的过程中,从项目论证、班级管理、专家招待、财务管理、新闻宣传、材料收集整理,再到学员每天的吃、住、行、学、玩等,国培管理人员都需要做出详细周全安排,其中事宜纷繁复杂,事无巨细,需要国培管理人员既"用心",也要"用情""用力"。正如既是培训专家又是培训管理者的教育部首批"国培计划"专家库成员 WCQ 所说:"(虽然)做一年'国培'就掉一层皮、伤一年心是我常有的感受,但是下一年我还会全情投入,因为'国培'是我的'命',我不惜全力呵护我的命。"

访谈实录:国培管理工作

RW:我从 2011 年开始做国培管理工作,个人感觉挺适合这个工作的。每个项目由 3~5 人负责,有人负责财务管理,有人负责新闻宣传,有人负责班级管理,有人负责材料收集等,彼此之间分工协作,线上线下、训前训中训后都会不定期召开工作会议,发现问题及时处理,培训结束总结反思。……小到培训班研讨组织形式,大到培训方案研制,每个环节、流程都需要用心、用情才能设计好。

LN:我觉得管理上面我们一直越做越好……让学员们尽可能地住得好,吃得好,学得好……

(三)结果成效:训后提升自我、影响他人的实践转化

1. 训后教师返岗后对所学知识有一定运用

作为结果成效的重要部分,"培训后参训教师理论转化为实践的运用程度"这一维度强调的是,参训教师在培训结束返回任教单位后"是否真实更新了其教育教学理念,是否补充和拓展了任教学科的专业知识,是否改变了传统的教学行为并形成了教学反思的习惯等"。从问卷调查结果来看(见表 5-5),培训内容实践运用程度得分在整体四个维度中最高($M=4.47$),其中,"本次培训帮助您的综合专业素质得到了有效提升"得分高达 4.48,另外对参训教师理念、专业知识、专业能力、教学反思也都带来了明显的提升与改善,其平均分分别为 4.48、4.47、4.47、4.47。数据层面研究显示,"国培计划"确实改变和提升了参训教师的教育理念、

专业知识和专业能力。

表 5-5 河南省"国培计划"培训内容运用程度描述统计

名称	样本量	最小值	最大值	平均值	标准差
培训内容运用程度	1687	1.00	5.00	4.47	0.75
B19.培训后,您更新了教育教学理念,强化了依法执教的观念	1687	1.00	5.00	4.48	0.78
B20.本次培训帮助您补充和拓展了所任学科的专业知识	1687	1.00	5.00	4.47	0.79
B21.本次培训对您开展教学改革,提高教学设计与课堂教学能力有重要帮助	1687	1.00	5.00	4.47	0.79
B22.本次培训帮助您形成了教学反思的习惯	1687	1.00	5.00	4.47	0.80
B23.本次培训帮助您的综合专业素质得到了有效提升	1687	1.00	5.00	4.48	0.77

此外,通过访谈,我们也可以感知到结束国培返回工作岗位后,教师在教育教学理念、专业知识、专业能力等方面都有了很大提升与发展。其中具有 21 年教龄的小学语文教师 XY 说道:"培训回来后,在教学方法上我采取灵活主动的方式,由原来的一言堂'填鸭式'教学改为以学生为主体,教师主导的教学模式,学生们学习积极性也高。教学态度大转变,原来职业倦怠,每天三点一线的,对待工作是'当一天和尚撞一天钟',回来后,看到其他县市同仁们积极的教学状态,教授们对未来教学的分析,感到浑身都是力量。"(I-XY-XY-20210815-国培学员)

幼儿园教师 FLF 也开始践行"把课堂还给孩子们,让孩子们多说多做"的理念,她说:"学习后我的教学方法上有了很大的改变,比如通过学习我明白了自己的不足,摒弃之前的陈旧教学理念,我把课堂还给孩子们,让孩子们多说多做。老师抽身做个倾听者、观察者、记录者。还因地制宜有效地利用大自然中的课程资源,为了上好一节科学课,我把班级可以利用的地方改造成植物角,让孩子们种植大蒜,观察、记录最后做成主题墙,孩子们学得更有趣。"(I-XY-FLF-20210815-国培学员)

DYG:学习后我在教学方法上做出了很大的改变,比如通过学习我明白了自己的不足,摒弃之前的陈旧教学理念,把游戏还给孩子,并鼓励孩子自己创造新的游戏玩法,发挥孩子的天性。(I-XY-DYG-20210815-国培学员)

作为幼儿园负责后勤的副园长 YH 在培训后说:"像上次参加培训就有一个教研,他们(河南省实验幼儿园)的教研形式,我们参加了,感觉还挺好的,回来后

就借鉴他们的模式,然后运用到我们的教研形式中。"(I-XY-YH-20210812-国培学员)

再比如初中数学教师 GMY 在培训后说:"做到两个关注,一是关注学生,关注学生的情感需求、认知需求、已有的知识基础、生活经验;二是关注数学,抓住数学的本质进行教学,注重数学思维方法的渗透。"(I-XY-GMY-20210817-国培学员)

2. 训后参训教师为其单位创造了一定效益

对教师培训成效的评价不同于对学生学习效果的评价,对教师学习成效的评价一方面需要考察教师自身是否发生变化;另一方面需要考察学生的学业表现是否发生变化。[①] 从国培计划的影响力原则出发,还包括对任教学校同事的影响、所在学校教学质量的影响等。

从调查数据来看(见表 5-6),这一部分成效也非常显著。其中平均值最高的是"通过培训提升了了解学生、与学生沟通的能力"($M=4.47$);其次是"提升了班级管理能力"($M=4.44$);接下来是"任教学校会专门提供机会和平台传达培训内容"($M=4.40$);随后是"提升了在同事中的影响力"($M=4.37$);最后是"训后,任教学校会让您带动和指导学校的校本研修工作"($M=4.36$)。从问卷得分可知,训后参训教师为单位创造了良好的效益。

表 5-6 结果成效——训后参训教师为单位创造的效益得分统计

名称	样本量	最小值	最大值	平均值	标准差
培训后为单位创造的效益	1687	1.00	5.00	4.41	0.76
B24.本次培训提升了您了解学生、与学生沟通的能力	1687	1.00	5.00	4.47	0.76
B25.本次培训提升了您的班级管理能力	1687	1.00	5.00	4.44	0.80
B26.本次培训提升了您在同事中的影响力	1687	1.00	5.00	4.37	0.84
B27.培训后,任教学校会专门提供机会和平台让您传达培训内容	1687	1.00	5.00	4.40	0.85
B28.本次培训后,任教学校会让您带动和指导学校的校本研修工作	1687	1.00	5.00	4.36	0.86

通过访谈培训结束 1 年及以上的参训教师我们获得了以下数据。

---

① 朱旭东,裴淼. 教师学习模式研究:中国的经验[M]. 北京:北京师范大学出版社,2017:12.

访谈实录:训后为单位创造的效益

XY:信阳市潢川县倡导的三步六环节的教学模式在我的教学中得以运用,学生们的学习积极性高,效率也高。多阅读可以提高学生语文写作等各方面的能力。

FLF:2018年10月的这次国培是我成为幼儿教师参加的第一次国培,特别棒。不仅让我在幼儿专业领域有了一个质的飞跃,还让我明白作为一名幼儿教师的使命与责任!同时让我在个人素养上也得到一次很好的提升……孩子们学得更有趣。

XY:我参加国培计划时,校长很愿意,因为是三个月,中间回来两次,校长都会召开全校教师会,让我汇报学习心得。

DYG:幼儿园游戏化教学的组织、沟通、家长工作策略等在实际工作中都有所改善与提高,尤其在沟通方面对我个人带来很大的改变。

问:刚刚说到了像每年可能都有那么几个老师出去培训,培训完了以后,他们回来都会再做一些分享?

YH:对。

问:是一个什么样的分享机会和平台呢?

YH:我们有专门的平台,回来以后就进行业务分享,业务学习。然后就让参训教师把自己学习的觉得比较好的能适用到工作中的东西,他们选一个点也行,或者把学到的东西总结一下也行,然后进行分享。

问:挺好。你觉得这样的分享会不会给幼儿园其他老师带来一些启发?

YH:也会,就是看分享的内容,因为有一些可能,比如他觉得学完以后对他自己作用不是很大,他分享东西就比较片面,他自己都觉得作用不是很大,然后其他人也就觉得那个没有什么值得学习了。但是,比如说有些老师,尤其是一线老师,出去以后,回来觉得人家老师组织的环节等方面都挺有条理的,人家怎么组织就会分享给园里老师。因为新老师可能在这方面比较欠缺经验,有些老师就能学到这些东西。他回来以后分享他觉得有实质性的东西,大家可能就觉得有用,关键在于自己学到了没有。

分析可见,首先,参训教师在教育理念、专业知识、专业能力方面的提升影响最直接的对象就是学生,提高了学生"语文写作等各方面的能力","孩子们学得更有趣"等。

其次,参训教师返岗后的培训体验、收获分享也会影响所在学校或幼儿园的同事们,比如"人家老师组织的环节等方面都挺有条理的,人家怎么组织就会分享给园里老师""召开全校教师会,让我汇报学习心得"。可见,不少任教学校、幼儿园的领导对培训是持支持态度,希望参训教师回到学校后,不但自己能够"动"起来,还要想办法让其他教师也"动"起来,"做"起来。不过,这也取决于参训教师对培训内容的态度、观念,其自身过滤后,觉得有用的才会进一步影响周围同事。

最后,对参训教师所在学校声誉的影响。数据中提及的,参训教师家校合作、家园沟通能力的提升,会直接影响家长与学校的关系、家长对学校的认可。

综上所述,目前河南省"国培计划"从预设、过程、结果三大方面均取得了显著成效。不过,在分析现状数据的过程中我们也看到了一些问题,面临一些困境。那么在"十四五"开局之年,面对新形势、新任务、新要求,河南省就要直击痛点,更好地统筹并执行"国培计划",使"国培计划"在不断前进变革中既井然有序又高质量发展。看到成绩不骄傲,面对问题不回避,才能更好促进河南省教师培训提质增效,推动河南省教育的高质量发展。

第二节 河南省"国培计划"面临的困境及影响机制

在看到国培成效的同时,也必须冷静思考,河南省"国培计划"存在哪些问题呢?如何进一步促进其"内涵"发展呢?基于此,研究团队对文本资料、问卷数据、访谈数据进行了深度的分析和挖掘。

一、基于人口学变量的"国培成效"差异分析

该部分基于人口学变量的角度,用独立样本 t 检验和单因素方差分析的方法分析了河南省"国培计划"实施成效的群体差异状况,揭示出当前"国培计划"中存在的问题及影响因素。

(一)不同参与方式国培成效差异分析

不同参与方式国培成效的差异分析见表5-7。

表5-7 不同参与方式国培成效方差分析

A14.最近一次你是在什么情况下参加了国培:(平均值±标准差)						
主动报名,单位选拔($n=622$)	单位指派,个人同意($n=902$)	不愿参加,单位根据培训主题指派($n=12$)	不愿参加,单位随机指派($n=11$)	其他($n=140$)	F	P
国培成效 4.52±0.72	4.47±0.64	3.83±1.10	3.77±1.04	4.03±0.98	18.564	0.000**

* 表示 $P<0.05$;** 表示 $P<0.01$,下同

由表5-7可知,教师之间不同参与方式的国培成效存在显著差异。依次为主

动报名($M=4.52$)、单位指派($M=4.47$)均高于国培成效平均水平;其中不愿参加根据主题选派($M=3.83$)和随机指派($M=3.77$)的成效均显著低于国培成效平均水平。基于此,将教师不同参与方式的国培成效两两对比,进行事后多重检验,结果如表 5-8 所示。

表 5-8 不同参与方式事后多重检验结果

	名称(I)	平均值(I)	名称(J)	平均值(J)	差值(I−J)	P
国培成效	主动报名,单位选拔	4.520	单位指派,个人同意	4.467	0.053	0.158
	主动报名,单位选拔	4.520	不愿参加,单位根据培训主题指派	3.831	0.689	0.001**
	主动报名,单位选拔	4.520	不愿参加,单位随机指派	3.770	0.750	0.001**
	主动报名,单位选拔	4.520	其他	4.028	0.492	0.000**
	单位指派,个人同意	4.467	不愿参加,单位根据培训主题指派	3.831	0.636	0.002**
	单位指派,个人同意	4.467	不愿参加,单位随机指派	3.770	0.697	0.001**
	单位指派,个人同意	4.467	其他	4.028	0.439	0.000**
	不愿参加,单位根据培训主题指派	3.831	不愿参加,单位随机指派	3.770	0.061	0.837
	不愿参加,单位根据培训主题指派	3.831	其他	4.028	−0.197	0.359
	不愿参加,单位随机指派	3.770	其他	4.028	−0.258	0.248

由表 5-8 可知以下结果。

(1)"主动报名"与"单位指派"之间不存在显著差异。"主动报名"与"不愿参加,单位根据主题选派""不愿参加,单位随机指派""其他"之间存在显著差异。对比结果为"主动报名,单位选拔"均大于"不愿参加,单位根据培训主题指派""不愿参加,单位随机指派""其他"。

(2)"单位指派,个人同意"与"不愿参加,单位按主题指派""不愿参加,单位随机指派""其他"之间存在显著差异。对比结果为"单位指派,个人同意"均大于"不愿参加,单位根据培训主题指派""不愿参加,单位随机指派""其他"。

(3)"不愿参加,单位根据主题指派"与"不愿参加,单位随机指派""其他"之间均不存在显著差异。

由此可见,在国培学员的选拔上,学习意愿直接影响学习成效,愿意参加的教师培训成效显著优于不愿意参加的教师培训成效。同时反映出,国培学员中存在不愿意参加,但被强行分配的问题。问卷数据显示(见表5-9)参训学员通过"主动报名,单位选拔"的有622位,占比36.87%;超过一半的学员是在"单位指派,个人同意"的情形下参训。可见,参训教师参与"国培计划"的机会和资格主要由单位决定,单位指派成为最主要的途径。也就是说,除了36.87%的学员是主动报名、单位选拔外,约占六成的教师是"被动参训"。可见,国培学员的选拔应该且有必要成为下一步国培项目"内涵"发展的关注点。

表5-9 调查对象参与国培的遴选方式

名称	选项	频数	百分比(%)
A14.最近一次你是在什么情况下参加了国培?	主动报名,单位选拔	622	36.87
	单位指派,个人同意	902	53.47
	不愿参加,单位根据培训主题指派	12	0.71
	不愿参加,单位随机指派	11	0.65
	其他	140	8.30
	合计	1687	100.0

(二)不同任教阶段教师国培成效差异比较分析

不同任教阶段教师国培成效差异比较分析结果见表5-10。

表5-10 不同阶段教师国培成效方差

标题	项	A5.您的任教学段					汇总	F	P
		幼儿园	小学	初中	高中	职业院校			
国培成效	n	155	766	501	49	216	1687	—	—
	平均值	4.60	4.61	4.42	4.05	3.88	4.44	—	—
	平均值±标准差	4.60±0.65	4.61±0.56	4.42±0.69	4.05±0.88	3.88±0.99	—	54.570	0.000**

由表 5-10 可知,不同学段教师参与国培的成效依次为:小学 $M=4.61$,幼儿园 $M=4.60$,初中 $M=4.42$,高中 $M=4.05$,职业院校 $M=3.88$。由此可知,小学和幼儿园的国培成效最好,高于河南省国培成效的平均水平 $M=4.44$,初中的国培成效接近平均水平,而高中和职业院校的国培成效均低于平均水平。经过方差检验,不同任教阶段教师的国培成效差异显著($F=54.570,P=0.000$)。基于此,将不同任教阶段的国培效果两两对比,进行事后多重检验,结果如表 5-11 所示。

表 5-11 不同任教阶段的事后多重检验结果

	名称(I)	平均值(I)	名称(J)	平均值(J)	差值(I−J)	P
国培成效	幼儿园	4.60	小学	4.61	−0.01	0.836
	幼儿园	4.60	初中	4.42	0.18	0.004**
	幼儿园	4.60	高中	4.05	0.55	0.000**
	幼儿园	4.60	职业院校	3.88	0.72	0.000**
	小学	4.61	初中	4.42	0.19	0.000**
	小学	4.61	高中	4.05	0.56	0.000**
	小学	4.61	职业院校	3.88	0.73	0.000**
	初中	4.42	高中	4.05	0.37	0.000**
	初中	4.42	职业院校	3.88	0.54	0.000**
	高中	4.05	职业院校	3.88	0.17	0.105

由表 5-11 可知以下结论。

(1)幼儿园和小学之间国培成效不存在显著差异($P=0.836$),但幼儿园和初中、高中、职业院校之间存在显著差异($P<0.01$)。对比结果为幼儿园>初中,幼儿园>高中,幼儿园>职业院校。

(2)小学和初中、高中、职业院校之间国培成效存在显著差异($P<0.01$)。对比结果为小学>初中,小学>高中,小学>职业院校。

(3)初中和高中、职业院校之间国培成效存在显著差异($P<0.01$)。对比结果为初中>高中,初中>职业院校。

(4)高中和职业院校之间国培成效不存在显著差异($P=0.105$)。

由此可见,下一阶段的国培计划中应该在稳步发展的同时,有针对性地关注初中、高中和职业院校的国培成效。

(三)不同性别教师国培成效差异分析

不同性别教师国培成效的差异分析结果见表 5-12。

表 5-12　不同性别教师国培成效 t 检验分析结果

A1.您的性别	国培成效(平均值±标准差)
男($n=606$)	4.27±0.86
女($n=1081$)	4.54±0.62
t	−6.648
P	0.000**

由表 5-12 可知,不同性别学员在国培成效上存在显著差异($P<0.01$),具体对比可知,女教师的国培成效($M=4.54$)高于国培成效平均水平,而男教师的国培成效($M=4.27$)低于国培成效平均水平。由此可见,国培项目运行的过程中应该有针对性地关注男教师的培训需求,提高男教师的培训成效。

(四)不同教龄教师国培成效的差异分析

不同教龄教师国培成效的差异分析结果见表 5-13。

表 5-13　不同教龄教师国培成效方差分析

	A3.您的教龄(平均值±标准差)					F	P
	5年及以下 ($n=400$)	6~10年 ($n=250$)	11~15年 ($n=175$)	16~20年 ($n=168$)	20年以上 ($n=694$)		
国培成效	4.24±0.87	4.48±0.74	4.42±0.75	4.50±0.71	4.54±0.60	11.718	0.000**

由表 5-13 可知,不同教龄教师的国培成效存在显著差异($P<0.01$)。不同教龄教师国培成效由大到小依次为 20 年以上教龄($M=4.54$)、16~20 年教龄($M=4.50$)、6~10 年教龄($M=4.48$),均高于国培成效的平均水平;11~15 年教龄($M=4.42$)接近国培成效的平均水平;5 年及以下教龄($M=4.24$)显著低于国培成效的平均水平。在此基础上,将不同教龄教师国培成效两两对比,进行事后多重检验,结果如表 5-14 所示。

表 5-14　不同教龄教师的事后多重检验结果

	名称(I)	平均值(I)	名称(J)	平均值(J)	差值(I−J)	P
国培成效	5年及以下	4.236	6~10年	4.477	−0.241	0.000**
	5年及以下	4.236	11~15年	4.418	−0.182	0.005**
	5年及以下	4.236	16~20年	4.496	−0.260	0.000**
	5年及以下	4.236	20年以上	4.538	−0.302	0.000**

续表

	名称(I)	平均值(I)	名称(J)	平均值(J)	差值(I-J)	P
国培成效	6~10 年	4.477	11~15 年	4.418	0.059	0.407
	6~10 年	4.477	16~20 年	4.496	-0.019	0.789
	6~10 年	4.477	20 年以上	4.538	-0.061	0.254
	11~15 年	4.418	16~20 年	4.496	-0.078	0.315
	11~15 年	4.418	20 年以上	4.538	-0.120	0.050*
	16~20 年	4.496	20 年以上	4.538	-0.042	0.504

由表 5-14 可知以下结论。

(1)5 年及以下教龄教师的国培成效与 6~10 年教龄、11~15 年教龄、16~20 年教龄、20 年以上教龄教师的国培成效均存在显著差异。对比结果为 5 年及以下均小于 6~10 年、11~15 年、16~20 年、20 年以上。

(2)6~10 年教龄教师与 11~15 年、16~20 年、20 年以上教龄教师的国培成效不存在显著差异。

(3)11~15 年教龄与 16~20 年教龄教师的国培成效不存在显著差异,与 20 年以上教龄教师的国培成效存在显著差异。对比结果为 11~15 年<20 年以上。

(4)16~20 年与 20 年以上教龄教师的国培成效不存在显著差异。

由此可见,5 年及以下新手教师的国培成效较低。一方面可能是遴选制度不合理导致新手教师加入了不符合其学习需求的国培项目;另一方面可能是国培在目标设计、课程内容的组织上,未能有效满足新手教师的发展需求。

(五)不同职称教师的国培成效差异分析

不同职称教师的国培成效差异分析见表 5-15。

表 5-15 不同职称教师的国培成效方差分析

	A6.您目前的职称:(平均值±标准差)					F	P
	三级及以下 ($n=327$)	二级 ($n=439$)	一级 ($n=590$)	高级 ($n=302$)	正高级 ($n=29$)		
国培成效	4.23±0.90	4.47±0.69	4.53±0.64	4.46±0.66	4.12±0.88	11.027	0.000**

由表 5-15 可知,不同职称教师的国培成效存在显著差异,由大到小依次为一级($M=4.53$)、二级($M=4.47$)、高级($M=4.46$),均高于国培成效平均水平,其次是三级及以下($M=4.23$)、正高级($M=4.12$)。基于此,将不同职称教师的国培成

效两两对比,进行事后多重检验,结果如表 5-16 所示。

表 5-16 不同职称的事后多重检验结果

	名称(I)	平均值(I)	名称(J)	平均值(J)	差值(I-J)	P
	三级及以下	4.234	二级	4.474	-0.240	0.000**
	三级及以下	4.234	一级	4.534	-0.301	0.000**
	三级及以下	4.234	高级	4.464	-0.230	0.000**
	三级及以下	4.234	正高级	4.119	0.115	0.411
国培成效	二级	4.474	一级	4.534	-0.060	0.184
	二级	4.474	高级	4.464	0.010	0.854
	二级	4.474	正高级	4.119	0.355	0.010*
	一级	4.534	高级	4.464	0.070	0.168
	一级	4.534	正高级	4.119	0.415	0.002**
	高级	4.464	正高级	4.119	0.345	0.014*

由表 5-16 可知以下结论。

(1)三级及以下职称与二级、一级、高级职称均存在显著差异,与正高级职称不存在显著差异。具体对比结果为二级、一级、高级均大于三级及以下。

(2)二级职称与一级、高级职称不存在显著差异,与正高级职称存在显著差异。具体对比结果为二级>正高级。

(3)一级职称与高级职称不存在显著差异,与正高级职称存在显著差异。具体对比结果为一级>正高级。

(4)高级职称与正高级职称存在显著差异。具体对比结果为高级>正高级。

由此可见,当前国培项目中三级及以下职称、正高级职称教师的国培成效较低。

综上所述,问卷数据层面揭示出当前河南省国培存在以下问题:①培训学员遴选机制不合理,有待进一步完善;②任教于初中、高中和职业院校教师的国培成效较低;③男教师培训成效低于女教师,这与近年来我国中小学教师队伍中女教师越来越多而男教师不断减少也有一定关系,有学者统计,从 20 世纪 50 年代初至 2012 年近 60 年间,普通中学女教师数量占总数的比例由 10.60% 增至 50.92%,小学女教师数量占总数的比例由 18.40% 增至 59.50%,男性教师更多在高中、职业院校等任教,女性教师更多在幼儿园、小学等任教;④5 年及以下教龄教师、低职称教师、正高级职称教师的培训成效较低,一方面可能由于学员选派不合理,导致 5 年及以下教龄教师、低职称教师、正高级职称教师进入了不符合自己学习需求的培训项目,另一方面可能由于培训项目缺少满足上述教师的专业发展需求的内容,最终导致培训成效低。

二、基于文本资料及访谈数据"国培计划"问题分析

量化数据能够揭示问题,却不能深度解释问题。本课题希望对"国培计划"的实施进行更灵活、更深入、更详细、更全面的了解,而质性研究取向有助于把握事物的细节和复杂性,更有助于了解并把握量化研究设计中可能存在的错误和遗漏。因此,通过对"国培"人员的深度半结构访谈、国培申报书等文本资料的分析,本课题发现河南省在"国培计划"实施成效显著的大趋势下,依然存在着一些影响实施成效的问题与困难。

(一)培训方案存在"虚有其表"现象

设计一份好的教师培训方案是做好教师培训项目的重要基础。一个好的教师培训方案具有以下特征:需求调研真实有效;培训主题鲜明,表达清晰;目标围绕主题,具体可行、可达成、表述主体一致;培训课程紧扣培训目标、理论性与实践性课程结构合理、逻辑性强,学习形式多样;培训师资结构合理;管理人员责任明确;考核评价围绕目标,要求具体;跟踪指导操作性强等。可见,在真实需求调研的基础上确定好培训主题与培训目标,是设计一份好的培训方案的重要基础。当前在培训目标和培训方案的设计上还存在以下问题。

第一,部分方案需求调研敷衍虚假,培训目标缺乏针对性。诚如朱旭东所言,在需求基础上设定的培训目标将决定培训内容。即只有建立在需求认证基础上的培训目标才是科学的,培训效果才是可预期的。[1] 而已有研究中程明喜从评审专家的角度发现培训单位在培训方案设计中主题确定、目标定位等方面存在偏差。正如河南省"国培计划"评审专家WCQ所言,"项目书的论证是个常年费事(评审)却常年有事(质量欠佳)的环节"。在国培政策引领下,虽然近两年整体上优秀的论证申报书越来越多,但是"培训主题空泛、需求分析虚假、内容设计离题、课程设置离散等现象依然堪忧"。可见,部分培训单位在论证培训方案时,依然会受到惯性培训思维的影响,需求调研敷衍虚假,进而导致培训目标缺乏针对性、不具体。更有甚者,个别培训机构连续两年的培训方案严重雷同,培训需求、培训目标等完全没有变化。

第二,项目申报书的遴选存在"矮子里挑将军"。也许有人会说,直接淘汰这些质量不高的培训方案,留下优秀的来承担培训即可。可事实并非如此线性简单。"国培计划"面向全国实行项目招投标,申报条件要求是承担过"国培计划"项目或者具有教育部"国培计划"项目培训资质、培训效果良好、社会信誉度高(学员

---

[1] 朱旭东.论"国培计划"的价值[J].教师教育研究,2010,22(6):3-8,25.

满意度高)的高等师范院校、综合性大学、中小学幼儿园、优质资源和其他教师培训机构,同时实行末位淘汰制(上一年"国培计划"绩效考核结果排名末位的不能参与下一年同类项目的申报;申报方案专家评审末位淘汰制),尽可能地体现其高规格和示范性。最终参与申报和入围的多是省内外高等师范院校、综合性大学、中小学幼儿园、出版社和远程培训机构,它们都是教育行政部门的下属单位。由于招邀标范围有限,培训机构的遴选存在一定的垄断性、排他性,很难充分实现市场竞争,遴选过程难免会存在"矮子里挑将军"。

第三,培训方案与培训实施存在两层皮的现象。培训机构获得入围资格不仅可以提升知名度、增加荣誉感、反哺自身,还可以从中获取经济利益、政绩业绩。

RW:国培十年,我校的社会影响力和知名度随之提升,尤其对于我校师范专业来说,对探索教师教育职前职后一体化的有效路径、我校教师的专业能力和管理能力精进提升都有裨益;国培专家和学员的录像、教学设计等材料为我校日常教学提供珍贵教学资源;优质中小学国培教育实践基地为我校学生提供了实习的好机会。"国培计划"使高校与基础教育产生紧密联系,对学校来说既帮助了学员,又反哺了自己,实现双赢。

有些培训机构为了获取入围资格,往往会严格按照各级政策文件的要求,认真撰写项目申报书,但有时并不重视能否"真正落实"。不少培训单位将项目申报书作为"业绩的敲门砖",而非"有效落实"的具象思考,"先申请下来再说,具体能不能落实则是个未知数"。近两年因为评价考核机制的完善,这一状况已有较大改善(如 RW 所言),但问题依然存在。

在进入提质增效的"国培计划 3.0"阶段后,如何从培训目标、培训方案、培训机构等根基入手,提高培训质量呢?我们不得不思考:河南省自下发《关于遴选"国培计划"项目承担单位的通告》到提交培训方案,其间只有 1~2 周,这样培训机构是否有充足的时间去完成"理解政策要求""进行需求调研""设计培训目标与内容""联系并邀请专家"等工作呢?如何加强培训机构的危机意识,提升培训管理团队能力,加强申报书的论证与执行?除了对申报书进行评审给出评审意见外,教育主管部门如何组织专家评审委员会追踪并评审培训机构是否真正严格按照培训方案实施?等等。

可见,加强培训单位对"国培"政策的理解,充分论证和执行培训方案,完善培训机构的遴选机制是解决上述问题的关键。

(二)参训学员遴选机制不合理

正如前文所言,一次培训如何满足教师"多样而复杂"的学习需求与期望呢?这不仅取决于培训目标的定位、培训方案的设计,还取决于"对口同质"学员的遴选。而从访谈数据和问卷调查中不难发现,当前河南省在参训教师遴选制度方面存在着不合理、不及时、随意性强的问题。无论是对培训单位管理者,还是对教育部"国培计划"专家库专家成员,以及对一线参训学员的访谈都能反映出"国培计划"遴选学员的机制存在不合理性。参训教师遴选机制的不合理,最终导致教师"被动参训"。而"被动参训"并不意味着参训教师没有学习需求、没有学习动机,只是被选教师的需求与"培训目标""培训方案"不吻合,所以极易出现"消极应付"的学习状态。

RW:个别教育行政部门选派学员不及时、不合理,一些中小学领导不重视,导致派来的学员年龄不合要求,专业不对口,身体欠佳不能很好地完成培训,浪费名额,真正想学习的人出不来;个别人来参训时消极应付,迟到早退,不服从管理,造成不良影响。(培训管理者)

WCQ:国培学员的选派是个多年来令人头疼的环节。"该来的没来"是经常发出的感慨,"培训专业户"也不少,经常出现报到的学员与项目要求的身份不符等现象。(教育部首批"国培计划"专家库成员)

已有研究中,陈风通过问卷调查法、访谈法、参与观察法对 2015 年培训机构 A、B 承担的河南省"国培计划"乡村教师访名校中乡村初中数学学科培训的教师进行研究发现,选派学员时存在学科不对口、职称不达标、学历不达标等问题。[①] 张娟娟在对河南省 H 大学承担的"国培计划"学前教育送教下乡项目的研究中发现,存在"参训教师的遴选不合理和培训态度不端"的问题。[②] 可见这一问题在河南省国培计划执行过程中具有一定代表性。那么,为什么会出现参训学员遴选"不合理"呢?

第一,项目县在"国培计划"执行过程中是"指令性"的发展模式。通过访谈可以发现,一线教师往往不知道什么时候会有什么主题的培训,培训信息主要通过"自下而上"的方式进行传达,最终是"单位指派谁、分配谁、推荐谁,谁就去"。于是单位"自上而下"在指派时考虑的因素就更加多样——"曾培训过没""关系""岗位""资历"等,而不是"学习需求""学习意愿"。

事实上,2016 年以来河南省相关文件都强调"省教育厅将进一步加大量化考评力度,培训计划名额完成率、报到率、结业率和选派质量将作为年终绩效评估、下年度奖励引导的重要依据"。这样,由培训单位采用网络评审方式评价项目县的学员遴选、报到以及与高校配合情况等。可见,"学员选送质量"不再属于项目县的评价范围,于是各个市、县教育行政部门在下派名额时往往只关注自身目标的完成度(即学员报到、与高校配合情况等),忽视了学员是否"对口"。市、县教育

---

① 陈风."国培计划"在省级层面的执行过程分析——以河南省乡村教师访名校项目为例[D].开封:河南大学,2017.

② 张娟娟.送教下乡培训项目实施有效性研究——以河南省 H 大学"国培计划"学前教育项目为例[D].开封:河南大学,2017.

行政部门只会告诉基层学校(幼儿园)有几个名额、遴选哪一门学科的教师,而不告知其参训学员具体的遴选条件以及培训目标,于是出现了或者为构建和谐同事关系"教师轮流参培"、或者因人情关系"照顾参培"、或者因工学矛盾"专人专门参培"、或者因特殊情况"替人参培"等多样的参培学员,导致参训学员不对口、不合理。

访谈实录:学员的选派方式

当课题组成员询问:"您是通过什么渠道了解到此次培训报名信息的?怎样获得参训名额的?"参训学员更多地回答是通过"分配""推荐"。

YH:参训名额是教体局直接统一对接的。像这国培一般都有名额,它分配到各个县区,然后各个县区再分配到各个学校,我们学校有一个名额,刚好我那段时间也没有出去培训过。

问:所以当时是你自己报名吗?

YH:像国培,我们一般是直接分配。分配到学校以后,学校再根据老师们的情况,比如有新教师培训,有骨干教师培训,或者有一些其他的安全培训,就是根据每个人的岗位不同,或者根据资历不同,然后就进行一些分配。

问:就直接指定谁去参加,是吧?

YH:是。

XY:我是通过 TH 县教体局下发培训文件,有 HY 镇中心学校推荐获取名额的。

DYG:我们幼儿园园长推荐我来参加国培。

FLF:通过教育局文件了解到培训报名信息,教育局选拔优秀教师参加培训,我们幼儿园园长推荐了我参加国培。

第二,工学矛盾、家庭工作矛盾成为合理遴选参训学员的重要影响因素。外出培训期间,参训教师所带课程往往需要其他教师代上。访谈中发现一线教师离岗参训后带来的"人员紧张"成为其任教单位面临的较大困难。

访谈实录:工学矛盾影响学员遴选

YH:园长还是挺希望老师们出去接受一些更专业的培训的,唯一觉得比较困难的就是人员紧张。比如说一个班去一个老师,剩下两个老师得轮轴转,一天全天班,你要一次性地全园去两三个,幼儿园正常工作开展都有点紧张。此外,园长还是比较愿意让老师们去参加这些培训的。

FLF:在我看来,我们园长十分重视国培,我参加培训的半个月,学生的课程请了同年级老师代上,有的时候她亲自上。

WJ:学员选拔因为工学矛盾问题,在基层无法按要求完全落实。由于培训在实施过程中总要面临针对谁的问题,因此"设计很丰满,现实很骨感"。

另外,还有一点值得注意,访谈中有参训教师反映,目前"国培计划""省培""县培"等各级培训的举办大多集中到了下半年,而下半年是新学年的开端,是最忙碌的时候。所以,下半年培训更容易出现工学矛盾,进而影响学员"精准遴选"。那么,在走向国家、省、市、县、校五级培训体系的过程中,各层面如何调整和规划培训时间,合理规避"工学矛盾"值得深入思考。

访谈实录:下半年培训对工学矛盾的影响

YH:对,我们都说如果这时间要分散一下就更好了,比如说上半年安排点,下半年安排点。

YH:但是我觉得这是个问题,因为确实很多都安排在新学期且都是9月份,很多工作都是新安排的,不像上半年有条不紊。

YH:是,确实是,因为我记得最开始参加过一次国培,那会儿是我们正忙的时候。班上就三个老师,出去一个剩下俩,而且刚开学,家长都还没认熟,那会儿刚好也有家长反映说为什么你班老是换老师。因为这个老师出去以后,其他老师会去帮忙,然后就觉得这两天换一个老师,过两天又换一个老师,所以也会有这种影响。

当然,偶有个别学员因为家庭原因等无法正常参训,临时找人代替学习。比如问卷中有学员在"其他"中反映:"园长婆婆病危,替她学习"。那么"代替学习"这种情况如何理性看待?这一问题还处于培训管理的"盲区",未来需要引起重视。

同时,访谈中培训单位管理者反映,部分参训学员会出现岗位、职称、学历、教龄、学科等与培训主题不对应的情况。比如不少民办幼儿园无论培训主题是什么,都会遴选园长或者后勤工作人员前来参加培训,因为他们的外出不会影响到幼儿园正常的教学工作。最终,这些教师成为"培训专业户",不仅参加"骨干园长培训",还参加"非学前教育专业教师专业补偿培训项目",甚至参加"乡村教师访名校"项目。

ZY:比如说去年有一个长期班"非学前教育专业教师专业补偿培训",时间可能相对来说比较长,有一个月左右,主要是以非学前专业的老师过来培训的。但是来的一大部分,是以园长、后勤为主,可能是在幼儿园日常教学过程中有他没他都无所谓。(培训管理者)

这些教师多次甚至重复性参加培训,一直在学习却未能有效践行;而真正需要的教师却没有机会参加。

ZY：部分教师参加国培的重复性太高了，因为我登录他们的系统看过，有的老师几乎每年都出来培训，其中来我们学校培训两三次的也有，可能就是今年来，明年还会来。（培训管理者）

问卷调查中对"您一共参加的国培次数有几次？"的回应也印证了这一结果（见图5-5）。28.45%的教师参加了5次及以上，6.99%的教师参加了4次，13.99%的教师参加了3次，也就是说，被调查对象中有49.43%的教师均参加了3次及以上的国培计划。而访谈中竟然发现有9年教龄教师迄今没有参加过线下的集中面授培训，仅仅参加了国培计划远程培训项目，而远程培训由于其不分学科、互动性差，学习成效主要取决于教师的自觉性，所以他"比较希望有分学科，针对性强的，教哪个学科就听哪一种，而且线下的话感觉效果会更好"，但是"这种线下的，像我工作快10年了，还没有去过，因为我们学校没有名额"(I-XY-LJJ-20210810-国培学员)。这值得我们反思。

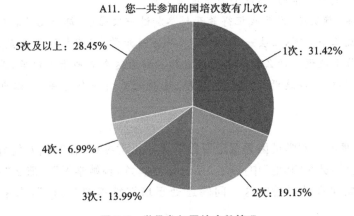

图 5-5　学员参加国培次数情况

第三，"国培计划"对参训教师缺乏有效的约束机制。部分教师"被动参训"后，加上国培缺乏一定的约束机制，个别学员容易出现"消极应付，迟到早退，不服从管理"的现象，最终造成培训单位管理困难，个别参训教师学习成效不佳。

RW："国培计划"目前最大困难是工学矛盾和约束机制的问题……而结业证书的发放与否对学员个人工作生活没有直接影响，全凭个人自觉，缺乏有效约束机制，造成管理方面的困难。(I-GL-RW-20210814-培训管理者)

由此可见，合理遴选参训学员是保障培训实效的先决条件。因为不精准遴选而产生的"不对口、不合理"学员，其学习需求与培训目标不一致，培训课程内容对其也缺乏吸引力，最终导致其"消极应付，迟到早退，不服从管理，造成不良影响"。

(三)培训内容、培训形式缺乏有效衔接

"国培计划"培训课程内容、培训形式的确立是"自上而下"和"自下而上"的结合。根据培训方案,培训课程内容的设计和执行主要由培训机构的管理人员(包括首席专家、国培计划办公室主任、学科班主任等)来协调和安排。从"自上而下"角度来说,当前存在的主要问题就是培训机构相关人员对最新"国培"政策精神的理解不到位,容易按照既往思路安排,无法有效达到政策要求。从"自下而上"角度来看,我省各培训机构相继开始重视需求调研、培训目标设定这些环节;但培训内容、培训形式在遵循成人学习规律、满足真实需求、与培训目标保持一致方面还存在一定差距,参训教师返岗工作和参加培训"两张皮"的现象依然存在。

问:就目前的培训情况来说,您觉得咱们还需要在哪些方面做出努力,使培训更有针对性,培训效果更好?

RW:首先要深入了解中小学幼儿园一线教师工作的实际需求,破解教学难题,避免工作和培训"两张皮"。

具体问题及影响因素表现如下。

第一,由论证不充分、遴选机制不合理导致培训目标与学习需求不吻合。

YH:但是真的(培训时)也就不见得就是你自己想学的,也就是带着这些问题去学习,然后尽量去吸取一些新的经验。

第二,培训内容与培训形式(方法)之间的有效整合有所欠缺。在国培政策的指导和约束下,当前培训机构都开始较合理安排理论性课程与实践性课程的比例,同时也注重实践取向、应用取向,注重参与式、体验式等多种培训形式。但是培训内容、培训形式之间的有效衔接、有效整合方面还有所欠缺,尚存在部分"拼凑"课时、"完成任务即可"的问题。比如理论性课程与实践性课程脱节,"各自为政";比如培训内容看似符合模块设置,却偏离培训目标、培训主题初衷。容易造成参训教师们按部就班地跟着培训课程走,却没有时间自己内化吸收、缺乏主动思考与反思。

DYF:在短短的15天里,每一天都有不同的讲师、教授给我们上课,有室内文字性讲解、观看视频、师生互动、参观学习、户外活动比赛,实操训练等。

我觉得讲解和辩论相结合,多一些实践,这样更利于知识的吸收与学习的反馈。培训的时候每位专家各有各的风格,希望多些讨论、比赛之类的,这样更利于知识的巩固和彼此的认识与促进,互相学习。

第三,培训内容与实践之间的关系没有很好地建立。通过调研,我们发现"国培计划"普遍关注到了实践问题,比如通过跟岗研修、同课异构、公开课等形式实现了授课教师与参训学员之间的互动,体现了培训内容与实践之间的关系。但

是,这些实践形式与培训内容整体的关联性没有很好地建立。比如YH教师谈及"光跟岗跟了就有两天,然后还有一天去参观他们其他的分园,在参观的时候你只能看到表面的,不知道人家到底怎么去组织的或者怎么去策划的",那么这些实践形式与培训内容、培训目标之间到底是什么关系呢?

访谈实录:培训内容与实践应用缺乏有效迁移

YH:线下一星期的时间,我记得我们那会儿有实地参观他们幼儿园;还有跟岗,把几个老师固定到这个班上,一下子跟个两三天;跟岗完了以后,还有像参加他们的教研,参加他们的研讨,他们也会组织"名师面对面",大概是他们幼儿园的名师,然后我们有什么问题可以向他们提问,他们都会解答。反正我觉得这个还挺好,因为我最开始去参加的一些培训,就理论性的更多一些。

不过,就拿这一次来说,觉得也不是完全能解决一些问题……因为更多的还是让我们实地跟岗,光跟岗跟了就有两天,然后还有一天去参观他们其他的分园。在参观的时候你只能看到表面的,你不知道人家到底怎么去组织的或者怎么去策划的。其实跟岗一天我就可以了解到人家一天的生活老师是怎么组织的,这些经验可以带回来传授给我们的老师,但是其他的我就觉得没有什么针对性。

像之前去参加的培训有很多,比如说针对农村骨干教师进行培训,老师们都是从农村学校来的。城市学校里有很多东西,他们拿回来看着就是高高在上,但是实际上用不到。

成人学习需要以形成认知冲突、解决时间问题为前提。[①] 教师学习往往需要持续、连贯的支持才可能使教学实践和学生学习发生变革。而传统的"碎片化的、一次性的、短期性的学习方式不适应教师专业发展长期性、知识的累积性等特性"[②],但当前河南省国培培训课程内容的安排还未真正做到遵循成人学习特点和规律,尚未做到培训内容与实践应用的关系的良好建立,未能有效满足教师螺旋上升的认知规律需求,"发现问题—分析问题—提出方案与策略—尝试行动—反馈评价—归纳总结—发现新问题—再调整—再行动—再评价"。

可见,当前"国培计划"培训内容、培训形式依然存在"零碎"的问题,而真正的学习不应该是"点状",而应该是"系统""螺旋上升的"。

(四)部分培训专家难达参训教师需求

优秀的培训专家队伍是有效培训的重要保障[③]。问卷调查显示参培学员对培

[①] 朱旭东,廖伟,靳伟,等.论卓越教师培训课程的构建[J].课程.教材.教法,2021(8):23-31.
[②] 朱旭东,裴淼.教师学习模式研究:中国的经验[M].北京:北京师范大学出版社,2017:12.
[③] 余新.有效教师培训的七个关键环节——以"国培计划——培训者研修项目"培训管理者研修班为例[J].教育研究,2010,31(2):77-83.

训专家的满意度平均得分 4.487 分,整体非常满意。另外值得肯定的是,从文本分析来看,河南省培训专家队伍结构比例、替换率整体比较符合政策要求,但是从访谈中得知部分专家依然难达教师需求。

第一,部分专家擅长的领域、培训形式与参训教师的实际需求存在差距。那么,培训单位具体是如何邀请专家的呢? 其一是"因课聘人",即根据参训教师需求、培训目标、课程模块来聘请擅长该主题的专家,"聘请专家是根据培训主题的需要,经过首席专家和校内外专家引荐、往届学员好评度、兄弟院校和教体局推荐等渠道综合考量来聘任的"(I-GL-RW-20210814-国培管理)。这正逐渐成为我省培训机构聘请专家的主要依据。不过,这中间可能会出现一定的问题,就是专家讲座的主题符合课程模块要求,但是具体培训内容、培训形式偏离教师需求。譬如说,"我记得有一次有个专家是讲家庭教育的,当时介绍的时候也是名头很大,是个'大牛',但是讲的时候上来就先介绍国外什么一大堆理论,我就听得云里雾里的,然后就不想听。最好的讲座是能够基于一线案例然后再理论分析的,这种感觉比较好"(I-XY-YH-20210812-国培学员)。良好的培训内容、培训形式,使得参训学员既能收获"鱼"也能收获"渔"①。但部分培训者由于自身缺乏对中小幼特别是农村中小学教育的了解,对学员实践中的问题掌握得不够,使培训效果大打折扣,让学员或者感觉"无用",或者感觉"高高在上","鱼"与"渔"都没收获到。

第二,"因人开课"的现象还部分存在。依然会有培训机构根据专家定培训主题,这很容易导致课程内容与学员需求不符。这种情况培训效果或好或坏,很大程度上取决于专家自身的专业知识和授课能力。而培训机构未能起到很好的甄别、监督作用。

ZQ:根据不同学校的国培,有的学校会让你提供主题,有的学校自己提供主题,让你从主题里面去选,所以这个是不同的。而且作为培训的老师,我觉得大多数(培训机构)老师可能不太会关注你整个培训怎么样去安排,只会关注自己这一节课的主题是什么,不会关注整个课程期间为学员安排了什么样的东西,可能更多的思考的就是我自己提供什么样的主题,然后以及你需要我提供什么样的主题。

另外,有些培训专家或者跟岗学校城市化较明显,结合农村实际的引导不够,②给参训学员造成培训内容"高高在上",返岗后难以应用的感觉。同时,某些学科的少数专家时间紧张,每天奔波于不同的地区机构授课,难以实现对每一地区参训教师情况的深入了解。

---

① 张二庆,王秀红.我国教师培训中存在的主要问题及其分析——以"国培计划"为例[J].湖南师范大学教育科学学报,2012,11(4):36-39.

② 张二庆,王秀红.我国教师培训中存在的主要问题及其分析——以"国培计划"为例[J].湖南师范大学教育科学学报,2012,11(4):36-39.

(五)培训管理团队"军心不稳"

"国培计划"管理团队是培训有效实施的重要后勤保障。可是通过调研发现,河南省部分国培管理人员队伍呈现出了"军心不稳"的特征。

第一,培训管理人员紧张,往往身兼两职甚至多职。我省各项目承办单位往往成立了"国培计划"项目管理办公室,在项目承办期间安排专人负责专业教学、学员管理、后勤保障、宣传联络和工作督导等。也有单位人员紧张一人身兼国培多项工作。整体来看,部分承办单位的培训管理团队组织架构不够清晰,存在临时"抓壮丁"的现象。从培训机构A、B来看,国培项目管理工作须由专任教师兼任,他们各有正常的教学任务、科研任务、学生管理等工作。所以,在国培工作管理期间,特别是9—12月份,极易出现"日常教学工作任务和培训班管理容易发生时间冲突"。

RW:管理人员往往身兼多重角色和身份,日常教学任务和培训班管理容易发生时间冲突。

第二,培训管理人员工作量统计和绩效考评缺乏有效保障。虽然连续多年教育部、河南省等关于国培组织实施的政策文件都强调建立"国培计划"参与激励机制,将教师参与方案研制、授课指导、服务管理纳入教学工作量考核范围。但各单位在执行政策时仍然困难重重,譬如培训机构A在这一方面仍然没有相关文件推进培训管理人员的激励和保障措施。这样,培训机构A额外协助承担教师培训工作不计入相应工作量,职称评定时也不作为参考条件,按照一定文件要求,只有一定班主任管理费,这严重挫伤了教师参与国培项目管理的积极性。因此,访谈中受访者提出了一些制约承办单位国培发展的重要因素是"国培管理人员的身份和待遇""经费使用与激励问题"。

WJ:首先,国培没能明确高校中管理人员的工作价值,专任教师参与国培工作,既不算教学工作量,也不算科研工作量;行政或专业技术人员参与国培工作也得不到足够的重视。身份尴尬,待遇尴尬。(某省"国培计划"专家库成员)

WCQ:还有许多更加具体的与经费分配相关的问题,如学校、继续教育学院、业务学院之间的经费分配比例问题,学员吃住学的地点问题,以及授课人员等劳务标准的问题等。(教育部首批"国培计划"专家库成员)

第三,培训管理人员频繁更换。频繁更换直接的后果就是部分国培管理工作人员无法系统成长起来,最终造成自身专业知识和能力有所欠缺,国培管理工作开展困难。同时也从侧面反映出"国培管理工作"并不是一项"认同度"高的工作,体现了这一队伍的"艰辛不易",在付出一年大量精力体力和情感甚至"掉一层皮"的艰辛中,得到的却是"伤一年心"的结果。

WCQ：国培项目的承担者要视培训为事业，而非任务性的工作。"做一年'国培'就掉一层皮、伤一年心"是我常有的感受，但是下一年我还会全情投入，因为"国培"是我的"命"，我不惜全力呵护我的命。许多单位的"国培人"更换频次过高，说明"军心不稳"。（教育部首批"国培计划"专家库成员）

第四，"国培计划"管理人员组织与管理素养有待加强。国培管理是一项系统工作，"对专业化程度要求是很高的，不是所有人都可以直接来做培训管理的，所以工作人员需要不断学习、自觉精进自己的培训业务知识和能力，小到培训班研讨组织形式，大到培训方案研制，每个环节、流程都需要用心、用情才能设计好"（I-GL-RW-20210814-国培管理者）。

可见，由于管理人员身兼多职，加上缺乏保障、激励措施，导致培训管理团队"军心不稳"，人员更换频繁，最终造成管理人员素质有待加强。

（六）国培评价机制对学员缺乏约束力

对参训教师的培训考核理论上兼顾过程性评价和终结性评价，在实施过程中却比较单一，有所偏颇。

比如培训机构B"国培计划（2020）"——中西部乡村中小学教师专业能力建设项目的考核评价方案，其中对学员"集中培训"和"后续跟踪"的评价如下。

一、集中培训评价

（一）过程性评价

1. 学员应修满规定的培训内容，缺勤1/3者不予结业（20分）；
2. 学员必须完成2篇听课心得体会，每篇不少于500字（10分）；
3. 积极参加教学研讨和班级活动（5分）。

（二）结果性评价

1. 培训活动中的观摩实践报告1篇，不少于1000字（5分）；
2. 课堂教学设计2篇，每篇不少于800字（10分）；
3. 结合自身实际，撰写职业生涯规划1篇，不少于1000字（5分）；
4. 培训总结1篇，不少于1000字（5分）。

二、后续跟踪评价

1. 研修结束后，在"全国中小学教师继续教育网"网络平台修满规定的培训内容（15分）；
2. 开设一节高质量的创新型课堂教学示范课（需录像）（15分）；
3. 举办一次关于提升小学数学教师教学设计能力的校本研修讲座（10分）。

比如培训机构A"国培计划（2020）"——家庭教育指导师培训项目的考核评价方案如下。

本项目坚持以过程性评价与终结性评价相结合的原则，对学员集中培训、实地观摩分别进行考核，具体评分标准如表5-17所示。

表 5-17　家庭教育指导师培训项目评分标准

考评指标		考评细则	分值
集中培训考核	课前破冰	学员需要在破冰作业中发一张自己近期的照片,并附上一段简单的自我介绍	10
	考勤	考勤评分标准:每节课开始前 15 分钟出勤签到,缺勤扣 4 分,早退或迟到扣 2 分	30 分
	互动	在课程进行中,与授课教师互动,每次互动得 0.5 分,每场最多得 1 分	10 分
	主题研讨	在线上围绕授课教师提出的问题进行小组讨论,提出自己的想法计 2 分,无效发言不计分	30 分
	作业	完成学习反思 1 篇、家庭教育指导案例 1 篇。依据成果的质量、真实性、条理性、完整性、深刻性分别评定,优秀 20~16 分,良好 15~12 分,合格 11~8 分	20 分
	纪律	学习期间不允许睡觉或有其他与课程无关的内容,被发现者扣 5 分/次	-5 分/次
追踪指导	成果共享	结合跟踪指导反馈,结合培训内容、形式与个人收获提交典型学员教师个人成长案例,评选 10% 的学员为优秀学员,录制家庭教育指导微课程,保留影像资料	
备注		考核成绩满分 100 分,60 分以上为合格	

第一,管理人员人手不够,无法有效执行评价方案。由上述方案可知,评价包括了纸质作业、考勤互动、实践性考核等多样内容和形式,但是这些内容到底谁来打分呢?比如一个培训班 50 人,每人数份电子或纸质作业,谁来评?"学习期间不允许睡觉或其他与课程无关的内容,被发现者扣 5 分/次",谁来统计?其实,从培训机构 A、培训机构 B 对学员实际评价的情况可知,很多评价内容其实并未有效执行,更多的是根据学员上述表现,做评优参考。

第二,学员自身对考评制度模糊不清。访谈中,当向参训教师了解其是否清楚对学员的评价制度时,大部分教师的回应都是模糊不清晰的。比如 DYF、FLF 的回应都是"大概了解一些,比如课堂表现什么的",XY 教师回应的是比较详细的,也知道模糊的三个维度,但是维度下面具体如何评价并不清楚。

问:您知道国培计划主要从哪几个方面对学员进行评价吗?您对您所参加的关于参训学员培训评价方式,有什么看法?

XY:对三个维度进行评价。对网络研修和校本时间阶段的学习、研讨和交流进行考核,最终评价结果是优秀、合格、不合格三种。这种评价方式很合理。

第三，培训单位存在"讨好"学员的可能性。往往次年3月份左右河南省国培计划领导小组会下达开展"国培计划"学员满意度的调查通知。即参训学员会对培训机构进行网络匿名评价。而参训学员网络匿名评价的结果，直接影响着培训机构在省里的排名，甚至影响着培训机构第二年正常参加该"国培计划"项目的申报。因此，不少培训机构在组织培训期间，为了给参训学员留下好印象，努力追求让学员"吃好""住好""玩好""学好"，努力满足学员不同要求。

LN：还有我们国培评价打分这个政策弄得管理者很被动，就是单向地他们给我们打分，比如之前出现的一些问题，大部分都是住宿问题、吃饭问题，而不是出现在学习上的问题。一般给提意见全是生活上没有吃好，没有睡好这种问题。所以我觉得对于国培，国家投资很多钱没有用到实际上。大家出来以学习为主，你要是给国培的工作提意见，你可以提学习上有什么意见。如果是提生活上的问题，我觉得大家吃的、住的都是我们已经安排得最好的了。但是他们人多，不同的需求肯定没法完全满足，所以单方面的打分机制很不公允。

而参训学员自身在学习期间，比如出现频繁请假的问题，管理者往往束手无策，更多只能苦口婆心地规劝和用实际上缺乏一定约束力的"考评制度"来要求，还担心特别是一些私立幼儿园的学员"不来了"，最后管理人员只好"既不能太松，也不能太严格"，只能"睁一只眼，闭一只眼"。

访谈实录："单项打分"带来的困惑

LN：也有被动的地方，就是他们给我们匿名打分，我们管理就是纪律方面严格与否，这很难把握。要是太严格了，人家就对你有意见，最后评价打分就可能不是按照你的管理或者是教学来如实打分了。而且这些学员的素质参差不齐，私立幼儿园的老师多，浮动也大，如果你让人家不满意了，人家大不了就不来了。

问：但是像评价这种纪律，包括这种打分，就是给学员的评价，这种考核相对来说会松一些？

LN：我们对他们肯定是不会刁难的，因为他们都来学习，所以尽量都通过。但有一点，请假不能超过总学时的1/3，这样的话他们几乎都能通过，总体上既不能太松，也不能太严格。

问：所以在管理方面还是以学员为中心？

LN：对，所以说管理者是很被动的，没有主动权。

RW：根据学员的考勤、班级活动参与度、小组任务完成情况、提交作业质量等来评价学员。大部分学员都比较重视。个别人不重视的原因是缺乏国培结业证书和参训教师个人发展（晋职称、评优评先等）之间硬性的关联度。结业证书的发放与否对学员个人工作、生活没有直接影响，全凭个人自觉，缺乏有效约束机制，造成管理方面的困难。

(七)跟踪指导止于"申报书",缺乏有效执行

做好跟踪指导不仅有助于促进参训教师返岗后在实践中反思,而且能够帮助他们解决自主研修中的问题,满足他们解决问题的需求;同时可以延长培训链条,扩大国培研修效应,真正提高改变自身,起到引领示范辐射作用,优化师资队伍。多项研究表明,跟踪指导是实施教师培训的最大难点。[1][2] 从河南省调研的情况来看,跟踪指导的情况也不容乐观。

1. 培训机构尚未重视跟踪指导

从培训机构角度来看,尚未重视跟踪指导。2013年,教育部已经开始提出,"培训机构要做好培训绩效评价,跟踪教师参训后实践应用效果,不断改进培训工作"[3]。随后,训后跟踪指导成为"国培计划"评估机制中的一个重要指标。培训机构在撰写国培项目申报书时,也会认真详细地填写"跟踪指导"这一栏的规划,比如培训机构A在2020年的申报书中写到如下内容。

1. 网络跟踪管理。运用学院国培线上管理系统对学员进行日常管理,确保学员参与培训的学时数和作业提交的数量,及时发现问题,解决问题。

2. 远程指导。建立国培学员QQ群、微信群,任课教师、班主任定期上网,在群里与学员沟通,密切学员之间的联系,共同讨论,帮助学员解决实际问题。在群内建立群共享文档,使学员可以持续获得相关信息和学习材料。

3. 专家团队后续指导。在国培计划结束两月后,我们将组织专家,深入国培学员所在单位,对国培学员在工作中的实际表现进行深入的追踪调查,了解学员在工作中遇到的新问题,进行有针对性的指导。

4. 函件跟踪。在国培任务结束三个月后,我们将以函件形式,对学员的工作进行进一步的指导。同时也可与国培学员所在幼儿园领导联系,获得国培学员培训前后工作表现的相关信息,从中发现国培的实际效果是否显著,以便对今后的国培计划的实施提供帮助。

5. 课题指导。国培工作结束后,鼓励学员在工作中的科研项目与理论研究与承担高校联系,我们会组织专业教师帮扶。

再比如培训机构B在"国培计划(2020)"——中西部乡村中小学教师专业能力建设项目申报书的"跟踪指导"一栏填写如下内容。

---

[1] 王北生,冯宇红."国培计划"实施中的现实困境及其突破[J].中国教育学刊,2015(10):88-92.
[2] 黄宁生."国培计划"训后跟踪指导的对策思考[J].中小学教师培训,2013(11):3-5.
[3] 中华人民共和国教育部.教育部关于深化中小学教师培训模式改革全面提升培训质量的指导意见[EB/OL].[2022-08-07].http://www.moe.gov.cn/srcsite/A10/s7034/201305/t20130508_151910.html.

为保障学员训后跟踪各项措施落实到位,我校将使用"全国中小学教师继续教育网"的网络平台开展对学员的跟踪指导,该平台除提供平台技术支持外,还将在跟踪指导期间为学员提供相应的网络课程资源,供学员学习。此外利用钉钉群、腾讯会议等工具对学员展开跟踪指导。

校本研修:要求学员返岗后举办一次关于提升小学数学教师教学设计能力的校本研修讲座(需录像),并将录像发在网络学习平台上,导师进行点评和交流。

课堂教学展示:选择重点区域,通过钉钉群组织数学课堂教学的展示,专家和学员进行指导、点评,学员进行交流学习。

网络研修:通过使用"全国中小学教师继续教育网"网络平台开展对学员的跟踪指导,为学员提供相应的网络通识课程、专业课程,例如习近平新时代中国特色社会主义思想、师德师风、家校合作、教师实践知识与能力、教学突出问题破解等课程资源,以供学员学习。

该平台由"个人空间、教师工作坊、学校社区和区域社区"为主体构成,为学员、管理者、辅导者搭建了智能、高效、功能完备的电脑端和移动端相结合的研修学习工具平台,并支持参训者自主构成学习共同体,建立与校本研修相辅相成的网络研修体系。

项目结束两年内,"网络社区"和"教师社区"仍常态运营,持续开放学员的研修平台和个人空间,并增设"经验交流""问题探究"等栏目,让学员有"项目虽结束,研修常相伴"的归属感。同时平台还设置"训后关注"栏目,汇总和分析学员在训后教育教学过程中遇到的问题和困惑,组织专家和名师定期就疑难问题给予解答和指导,并结合案例加以诠释,支持学员训后教育教学实践的专业再发展。

线下指导:在没有疫情情况下,采取定点集中线下指导。根据区域分布,将邻近区域的部分学员集中在一个学校,进行面对面指导、答疑、交流。

双导师带教机制:分别选出一名高校教师和一名一线名师,组成双导师制,跟踪指导学员返校后的教学改进、课题申报和专业发展。

从访谈中可知,很多跟踪指导(比如专家团队后续指导、课题指导、线下指导、双导师带教机制等),最终只停留在"项目申报书"上,缺乏有效执行。正如访谈中 ZY 和 LN 所说,从培训机构管理角度来说,更多的跟踪指导只停留在网络研修课程以及微信群、QQ 群等"零星"的提问与解答上。

访谈实录:跟踪指导

问:像这种,比如说去年 10 月份,或者他们培训完了以后,他们再回去自己的学校,会不会给他们做一些跟踪指导?

ZY:没有,但是他们一般在群里面有什么问题提出来的话,我们会及时反馈,没有针对性,也就是说,针对某个人的那种跟踪服务是没有的。(国培管理者)

问：培训完了以后，会不会安排专门的人员做跟踪指导？

LN：有进行过跟踪指导，对于结业的学员，我们之间也会有联系。因为我们有群，所以也有跟踪，也会有问题解答。

问：这种指导你觉得一般都有哪些形式？包括刚刚说到的群。

LN：好多学员来到这儿，也会跟我们的老师建一个群，然后有什么问题或者给我们打电话，或者在群里面提问，我们都会解答。（国培管理者）

究其原因：其一，受集中任务式的传统培训思维的制约，培训机构及国培负责人、管理人缺乏对跟踪指导的理解，没有真正认识到跟踪指导的重要性，以为通过微信群等的"解答"就能达到跟踪指导的目的。其二，培训机构人力资源有限，难以持续关注学员。其三，培训机构缺乏专门的跟踪指导经费，多是"义务"指导。其四，集中培训后众多学员分散各地，彼此又缺乏一定的管理关系，跟踪指导落实困难。

2. 培训专家"来去匆匆"

从培训专家的角度来看，专家会为学员留下个人的联系方式，留下"义务学术指导"的渠道；而极少数参训学员通过这些联系方式主动联系咨询专家，大多参训学员不闻不问。正如已有研究发现的，不少培训专家往往只负责授课，讲完课就立刻走人，也有个别专家行程安排比较紧，压缩原本就不多的学时，可谓"来也匆匆，去也匆匆"，很少关心自己的授课内容是否真正能够在基层学校得到落实。[①] 这就造成专家与参训学员之间难以建立长期的、跟踪式的关系。

访谈实录：培训专家公布个人联系方式

WCQ：我每次讲课的第一个环节就是公布我的联系方式，以邮件或微信方式保持后续的义务学术指导。（I-ZJ-WCQ-20210815-教育部首批"国培计划"专家库成员）

问：您这个讲座是进行了一天，还是一个上午，或者下午？

ZQ：一个上午。

问：像这一次培训，讲座结束以后，咱们有没有一些相应的跟踪或者是进一步地对他们进行一些指导？

ZQ：没有。

问：包括有一些加群的老师，就加您微信的，您有没有进他们所在的培训班的群？

ZQ：没有。

问：都没有，是吗？

---

① 王北生，冯宇红."国培计划"实施中的现实困境及其突破[J].中国教育学刊，2015(10)：88-92.

ZQ:对,只会有个别老师在下课或者就是讲座完了之后,他要到了我的微信,然后就可能在遇到相关问题的时候咨询一下,但是这些都是个人的行为,不是培训单位安排的,或者说国培安排的后续指导比较少,可能就那么一两个老师需要指导。(I-ZJ-ZQ-20210811-国培主讲专家)

(八)训后参训学员"不动"或者"动不起来"

从参训学员角度来看,"时间一长,也就不想了",依然存在"培训前激动,培训时感动,培训后不动"的现象。

问卷调查中"培训结束后培训单位对您进行了跟踪指导",对于这一情况,"完全符合"的占58.92%,"多数符合"的占26.91%,"有时符合有时不符"的占11.14%,"多数不符"和"完全不符"共占3.03%(见图5-6)。由此可见,多数培训单位都对参训教师进行了跟踪指导,正如前文所说并非完全没有跟踪指导(更多以网络研修平台和微信群等进行),只是跟踪指导执行的方式、指导的质量和针对性都有待提高。

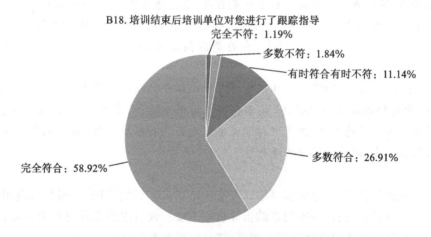

图5-6 "培训结束后培训单位对您进行跟踪指导"情况分布

具体网络研修平台和微信群等跟踪指导所取得的成效如何呢?访谈中YH坦诚地提到,刚开始可能还考虑在工作中用一用,可是"时间一长""也就不想了"。如此,培训的意义和价值又何在呢?

YH:像我们培训时,可能你学到了一点(回来后)想用它,用上去以后,可能就真正去指导你的工作了。可是,剩下其他的就没有用了,尤其你忙于平时的工作,可能有一些想法但是实现不了,或者没有去实践,时间一长也就搁置了,也就不想了。

通过整理访谈数据,我们发现参训教师"培训后不动"往往有以下两种表现:

一种是部分老师返回任教岗位后因"受传统教育观念束缚"或因"思维定式"而一动不动;另一种是部分教师真的"动了一点",却因为外在因素"后来又不动"了。追溯其中缘由,具体如下。

1. 培训内容"高高在上",返岗后"用不到自己身上"

河南省"国培"依然有一定比例的培训内容在一线教师返岗后难以落地、难以运用。培训内容给参训教师的感觉就是这些学校的理念是好的,做法是好的,师资也是好的,它们的软件、硬件都是好的,但都"高高在上,真的用不到自己身上"。

访谈实录:培训内容"用不上"

YH:还是要因地制宜,举个例子来说,像省实验幼儿园,他们做的是食育文化,在他们幼儿园就能开展得特别好,不管是对老师的,对孩子的,还是对家长的。但拿到我们这儿,就不可能说一下子把那个特色用上,可能我只能选取一点。我觉得人家在制定食谱的时候用的食育挺好了,我们可以进行改善。但是他们设计的是方方面面,也不可能完全照搬。而且说白了,最好的资源,我觉得都是在人家幼儿园的,所以我们拿回来以后也就是看看,不见得能用。(国培学员)

YH:像之前去参加很多次培训,比如说针对农村骨干教师进行培训……但有很多城市里的东西,我们拿回来,看着是高高在上,但是真的用不到自己身上。(国培学员)

XY:培训后,信阳市潢川县倡导的三步六环节的教学模式在我的教学中得以运用,学生们的学习积极性高,效率也高。培训中提出"多阅读"可以提高学生语文写作等各方面的能力,但是农村学生受家庭影响和环境制约,加上无阅读材料,无家长监管等,阅读习惯始终没形成。(国培学员)

出现这种情况,一方面需要培训专家让培训内容更加实用,加强其可应用性;另一方面,培训单位及专家的跟踪指导也很重要。训后跟踪指导可以有针对性地解答学员践行培训内容时遇到的困难,满足其提升需求。

2. 碎片化的、一次性的、短期性的培训难以推动教师改变

通过访谈我们发现,教师理念和知识的更新与转变被提及更多,而较少提及教学行为上的改变,被访谈对象更多说的是"教学态度大转变""浑身都是力量""把课堂还给孩子们""关注学生"等,但较少提及具体怎么做的、如何实践的。这一发现也印证了 Bakkenes 等(2010)的研究结果。Bakkenes 等在对 94 名教师持续一年的追踪研究中,总结出了教师学习结果的四种类型:知识和信念上的转变、情感上的转变(changes in emotions)、实践意图上的转变(changes in intentions for practice)以及教学实践真实的转变(changes in actual teaching practices)。他们在研究中最终发现,教师的学习结果日志中,记录更多的是"知识、信念和情绪的变化","教学实践"几乎没有变化。Bakkenes 等认为之所以出现这一现象有一种重要的可能性就是,行为的改变需要大量的时间,而"知识和信念的变化"相对容易些。也许教师的专业发展需要更多的时间,而一年时间不够长,不足以导致"教学实践真实的转变"。

当前国培计划更多的是"短期培训项目",一般持续5~20天,最长的3个月之久,加上缺乏有效的跟踪指导,因此想要推动"教学实践真实的转变"是非常困难的。

访谈实录:返岗运用"不是那么简单"

YH:现在国培因为每年都有,有时候比如让新老师出去培训,她们回来以后幼儿园会组织分享的,然后她就说看着都挺好,这也好,那也好,但是真的让她去用的时候,其实不知道怎么用,也没人去指导,就不知道怎么用,然后时间一长其实跟没出去学习差不多。(国培学员)

FLF:参观学习看到、听到、拍到很多,尤其是在参观的时候看到那些幼儿园优秀的环创与区角,我特别喜欢,但是发现回去建立起来不是那么简单的。(国培学员)

DYF:发现自己回来用不是想的那么回事,希望更多地实践吧。(国培学员)

因此,如果"国培计划"在集中培训结束后,整个培训就截止了,那么很难促成教师教学实践、教学行为方面实际的提升与改变。教师学习往往需要持续、连贯的支持才可能使教学实践和学生学习发生变革。传统的"碎片化的、一次性的、短期性的学习方式不适应教师专业发展长期性、知识的累积性等特性"。

3.学员任教单位缺乏"强支持"环境

何为跟踪指导?宋岭如此界定:"是以教师真实的教学实践为基础,以问题解决为导向,以大学与中小学、培训者与教师的有效协作为基础,在培训机构的有效组织和培训者的指导下,最终实现教师自主学习与发展的教师培训过程。"[①]其中强调"大学与中小学、培训者与教师的有效协作"。另外,弓青峰提出教师的教学行为受所处微观环境包括学校等文化氛围的影响。Bakkenes 在研究中也发现,教师在有组织的学习环境(互惠同伴指导、协作项目组)中确实比在缺乏正式学习活动的环境中(informal learning activities)能获得更好的学习结果。可见,教师的外部"学校环境"影响着教师的"教学实践"能否产生"真实的变化",影响着教师培训返岗后到底是"动"还是"不动"。

同时,访谈中我们也发现,返岗后参训教师的教学实践并非没有一点变化,比

---

① 宋岭.跟踪指导培训:原理、问题与对策研究——以"国培计划"甘肃省某研修项目为例[D].兰州:西北师范大学,2017.

如教研形式、具体的教学方法,这些显性的、外在的形式是容易发生改变的,YH作为副园长培训"回来后就借鉴他们的模式,然后也运用到我们的教研形式中",幼儿园教师 FLF"把班级可以利用的地方改造成植物角,让孩子们种植大蒜,观察、记录最后做成主题墙"。但是内在的、系统的、持续的教学实践的改变确实非常困难。诚如"形式易学,精神难悟",如果培训不深入、不系统,即使参训教师培训回来后真的能"动"起来,但由于缺乏整合性的、长期性的、追踪式的指导,训后也容易止步于"学了形式,忽略了内涵",再加上外在环境如果不理解"培训"导向,没有形成对学员的"强支持",最后极有可能不了了之。

访谈中参训教师都表明任教单位对培训本身的支持,比如学员的如下反馈。

DYF:我们的邓园长十分重视这样的培训,在我参加培训的期间,我的课由负责教学的副园长亲自上。

XY:我参加国培计划时,校长很愿意,因为是三个月,中间回来两次,校长都会召开全校教师会,让我汇报学习心得。

但其训后践行培训所学的成效不显著,这与任教学校缺乏"强支持"环境有点关系。"强支持"环境的形成,既需要培训机构与学员任教学校的有效合作,又离不开教师培训者的理念对任教学校领导的影响。所以,"强支持"不仅仅是任教单位领导口头上、形式上的"支持"与"鼓励",更是营造一种与培训内容协调一致整合的学校文化氛围。

4. 部分参训教师缺乏自主学习与发展的意识和行动

从学员遴选可知,部分参训教师存在"消极应付"的状态。那么无论外界有多么强的支持,学员自身缺乏学习与发展的意识和行动最终导致返岗后一切如常。可见,参训教师个人是非常关键的影响因素。当前存在一个特殊问题,就是在现实应试教育下的中小学教师评价制度的影响下,部分教师自身出现对实践变革本身的抗拒,削减了其培训的参与度和发展积极性。

三、河南省"国培计划"存在问题及影响因素总结

综合问卷人口学变量的国培成效差异分析和基于文本、访谈的分析,本课题认为,影响河南省"国培计划"成效的问题和关键因素可以从预设成效、过程成效、结果成效三个层面来探讨。

(一)预设成效层面

受培训机构遴选机制、培训单位对"国培"政策解读、学员遴选方式、工学矛盾等影响,河南省"国培"在预设成效层面还存在培训方案"虚有其表"、培训学员遴选机制不合理的问题。

具体而言,比如5年及以下新手低职称教师、正高级职称教师培训成效较低,

很大程度上在于遴选不合理,导致其进入了不符合自己学习需求的培训项目。初中、高中和职业院校教师的国培成效较低,这与初中、高中和职业院校国培项目的论证等有着密切关联。

(二)过程成效层面

受"国培计划"项目方案内在逻辑不一致、部分专家遴选随意、国培管理团队身兼多职又缺乏保障、培训单位"讨好"参训学员、培训机构未重视跟踪指导等因素影响,河南省"国培计划"在过程成效层面尚存在培训内容及形式缺乏有效衔接、部分培训专家不符合参训教师需求、培训管理团队"军心不稳"、评价机制对学员缺乏约束力、跟踪指导未有效执行的问题。

(三)结果成效层面

受培训内容、成人学习和认知规律、任教单位环境、参训教师自身主动性等因素的影响,河南省"国培计划"在结果成效层面尚存在训后参训教师"不动"或者"动不起来"的现象,表现为内在的、系统的、持续的教学实践改变困难。

第六章 进一步提升河南省"国培计划"成效的建议

第一节 搭建"B-G-T-S-L-P-M"系统协作体系，确保提质增效

结合"国培计划"开展过程中成效与面临的问题，本课题组认为有待搭建"B-G-T-S-L-P-M"系统协作体系，形成信息化时代背景下以大数据（Big data）为支撑，政府（Government）、培训机构（Taining institutions）、学校（School）、学员（Learners）、学科领域专家（Professor）和培训管理团队（Management team）多位一体体系（见图6-1）。

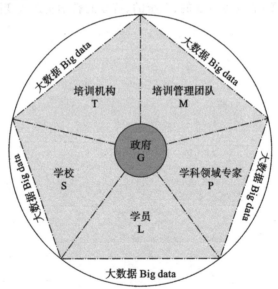

图6-1 搭建"B-G-T-S-L-P-M"系统协作体系

首先是以政府为核心的国培计划保障体系，含政策保障、制度保障和物质保障；其次是以培训机构、培训管理团队为核心的"设计和施工方"；再次是以学科领域专家为核心的"执行者"；最后是以学员及其所在学校为核心的"改变者"。通过协作模型的构建和动态运行，将预设、过程、结果三个方面存在的问题系统解决，切实促进河南省"国培计划"提质增效。所谓动态运行，即在国培项目执行的不同阶段，多方主体

延伸阅读10

协作运行的侧重点也有所不同。

第二节 预设：精准遴选学员、充分论证方案

一、"项目县＋学校＋大数据＋培训机构"多方合力，精准遴选学员

合理遴选参训教师是"国培计划"真正提质增效的关键一步。试想"国培计划"在顶层设计中做了种种分类、分层、分岗、分科的规划,培训机构在进行培训方案设计时根据不同培训对象做了严密周全的需求调研,从而设计出满足需求的培训课程与确定专家。可是,在"万事俱备"只差"对口"学员的情况下,结果前来的学员却不符合对应的"年龄""学科""专业""岗位",这样培训课程依然不能"按需施培",导致学员"消极应付",培训成效"大打折扣",国培经费"糟蹋浪费",前期精心的准备付诸东流。可见,参训学员的合理遴选是保障国培计划实施成效的关键环节。

针对现实学员遴选不合理的现象,2019年至今河南省在每年的"国培计划"组织实施通知里都会提出"健全绩效评价机制",明确"实行项目通报制度,定期对各市县学员选送率、结业率和选送质量,各承训单位报到率、结业率及实施情况等进行通报",其中对"选送质量"进行了关注。在政策指引下,面对现实问题,未来如何在实施的过程中进一步确保学员的精准派送呢？本课题建议如下。

第一,项目县、学校严格按照项目条件精准遴选学员,对不符合参训条件的学员进行劝退。[1] 我国经过长期摸索,形成了具有中国特色的举国治理体制,该体制具有权力集中性、结构科层性、发展规划性等主要特征。[2] "国培计划"也具有这一体制特征,呈现自上而下的特征。基于我国治理特征,学员选派极容易走向"指派"趋势。那么如何基于"指派""指令性"的选派方式达到"精准"的目的呢？这就需要项目县、学校共同承担起选派的责任,项目县严格按照项目条件选派学员,从岗位、教龄、任教学科、职称、学历、参加国培次数及项目等多方面综合考量(见图6-2),制定严格细致的选派细则(比如规定周期内教师参加"国培计划"的限制次数,杜绝"培训专业户""重复参训"的情况),便于下属各个学校、幼儿园遵照执行。

同时,项目县合理安排参训人员、参训时间,尽量缓解工学矛盾。项目县围绕培训项目在向各个学校、幼儿园分派参加国培学习名额时,注意科学合理,使区域内不同性质的学校、幼儿园均有机会参加国培,避免名额集中在个别学校导致其

---

[1] 中华人民共和国中央人民政府.教育部办公厅 财政部办公厅关于做好2020年中小学幼儿园教师国家级培训计划组织实施工作的通知[EB/OL].[2022-08-07]. http://www.gov.cn/zhengce/zhengceku/2020-03/17/content_5492287.htm.

[2] 朱旭东,廖伟,靳伟,等.论卓越教师培训课程的构建[J].课程.教材.教法,2021(8):23-31.

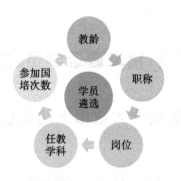

图 6-2 国培学员遴选数据库指标

"人员紧张",而部分民办公助性质、民办性质的学校则没有外出名额。避免过度培训和"饥饿"培训①的两极分化。

第二,国培学员报名系统借助大数据、信息技术手段监督精准选派。借助大数据、信息化手段,实现国培学员报名系统自动甄别遴选功能,比如学科、年龄、职称、岗位等不符合项目要求的,直接无法填报个人报名信息,无法报名成功。

WJ:分层培训的落实不是一件容易的事情,即便是国培项目的顶层设计考虑到不同专业发展阶段教师群体的差异性,也很难实现针对个体教师的精准培训。所以分层培训是模糊意义上的。当前面授培训以 50 人为班级限额,50 个人 50 种口味,如何借助信息技术手段实现精准培训,是个难题。我们往往只能追求模糊的精准。

第三,培训机构监督"选派质量"。培训机构严格审核每个项目报到人员的情况,基于项目条件,逐一核对,真实上报并评价项目县的"选派质量"。

最终,"项目县+学校+大数据+培训机构"三方合力(见图 6-3),以实现精准遴选学员。其中以政府为核心研制相应国培项目的参训学员要求和条件,项目县与学校依据项目条件精准遴选学员。大数据通过自动甄别遴选,不符合条件和要求的无法报名成功。另外,培训机构及培训管理团队成员须监督并真实评价项目县的"选派质量"。

二、加强培训方案论证,构建开放教师培训机构体系

有学者提出,在教师培训中开展培训需求分析是先决条件,确定有效培训目标是首要环节。那么如何确定有效培训目标呢?针对当前部分申报书培训目标

---

① 洪秀敏,林玲,张明珠.幼儿园教师培训亟待破解四大痛点——基于 80 位幼儿园教师的座谈分析[J].中国教师,2020(6):80-83.

第六章 进一步提升河南省"国培计划"成效的建议

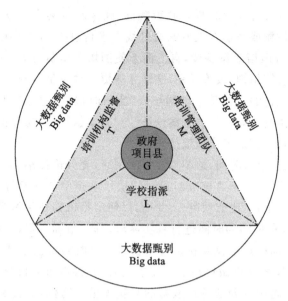

图 6-3 预设成效：培训准备阶段"多方合力"实现精准遴选学员

定位依然模糊或存在偏差、遴选培训机构会出现"矮子里挑将军"、培训方案与培训实施存在两层皮等的问题，我们认为可从政府层面加强政策解读、适当延长申报时间、完善开放培训机构的遴选机制，培训机构方面应主动理解国培政策，充分调研论证和执行培训方案。也就是说，在"G＋T"招投标机制中加强培训方案论证（见图 6-4）。

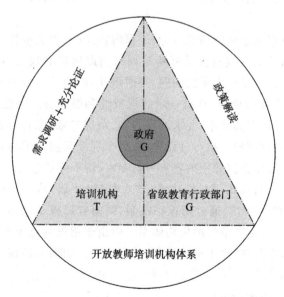

图 6-4 预设成效："G＋T"招投标机制中加强培训方案论证

· 123 ·

第一，教育行政部门出面，加强政策解读，确保政策落实。教育部、省级教育行政部门要主动指派或邀请专人专家通过线上平台直播①，每年在项目申报前对各类培训机构进行国培政策解读，自上而下使国培首席负责人、国培管理人员等都能够深刻理解政策精神、政策要领，这样才能更有效论证并执行。如此，确保在政策不断演进和完善的大背景下，"国培人"能与时俱进，避免按照传统培训思维进行方案论证或执行方案，避免"方案论证"与"方案执行"两层皮的现象。同时将每年的培训与"国培人"的工作绩效挂钩。

第二，适当延长申报时间，继续加强需求调研，充分论证培训目标、培训方案。建议省教育厅从下发《关于遴选"国培计划"项目承担单位的通告》到提交项目申报书的时间可适当延长，比如预留2～3周，以便申报机构在学习当年最新国培政策精神的基础上，有足够的时间进行真实需求调研、培训目标设定和申报书的充分论证。同时，培训机构不仅要在撰写项目申报书时做好需求调研，而且要在确定承训后围绕参训教师再做更精准的需求调研，并将需求分析分享给培训专家，特别要关注初中、高中及职业院校教师的真实需求。这样，在真实需求基础上才能更好定位培训目标，要注意50～200名参训教师的需求可能是多样而复杂的，培训单位要抓住需求的共性，围绕教师专业发展过程中的"迫切点"设计培训目标。培训目标的确定，千万牢记一次培训不可能面面俱到，一次培训也不可能塑造一批"骨干教师""卓越教师"或"教育家型教师"，因此要针对"迫切点"，越具体越有针对性越佳。这其实也需要培训单位时刻牢记"教师培训"的初衷、"国培计划"的初衷。② 此外，为激励国培管理人员认真做好需求调研，须预留一定需求调研经费及劳务费。

第三，按照申报书承诺的培训目标、课程内容执行，避免申报书与项目执行两层皮。对于"国培计划"，政府授予哪些培训机构以培训的权力，从而使这些机构尊重和贯彻国家决策，是一个重大问题。"国培计划"项目申报书是培训机构对国家、对政府、对纳税人的承诺，具有一定的权威性和强制性。因此，"国培计划"的执行需要以项目申报书为蓝本，要求课程内容、培训专家、课程形式、考核方式、跟踪指导等均不可大幅调整。执行过程中，如果个别专家实在因为时间或其他个人原因无法前来，也需要根据课程内容来另聘专家，切不可随意"因人开课"。

第四，构建开放教师培训机构体系，建立"国培计划"培训机构标准。鉴于培训的教育属性和经济属性，通过招投标机制，河南省形成了以高等院校为主承担"国培计划"的具有一定竞争性的机构体系。但由于招投标范围有限，未能有效激发培训机构活力，尚存在"矮子里挑将军"的局限性。如何为培训机构制造必要的

---

① 直播过程并保留录像可重复观看。
② 教师培训的本质是有效支持和促进教师学习。"国培计划"作为教师培训项目，其关键是能挖掘和发挥教师的工作潜能，促进其进一步发展，"雪中送炭"、"引领示范"、"促进改革"。

危机感,进一步激发活力呢？河南大学陈风提出构建开放的教师培训机构体系,即在政府的宏观指导下,以教师需求为导向,通过市场竞争,实现培训资源优化配置,提高培训质量。① 那么,首先就需要建立"国培计划"培训机构资质标准(可以从组织结构、人员构成、规章制度、教师培训团队等方面切入,评估培训机构能否满足"国培计划"研究、开发、管理等多方面的需求),只有达到相应的资质标准,才能够进入教师培训市场,并设定认证年限。随后,鼓励高等院校等教育单位和社会培训机构同台竞标培训资格,真正做到"优胜劣汰"甚至"优中选优"。

延伸阅读 11

第三节　过程:多方整合落实,保障过程成效

有学者提出,教师培训中,开展培训需求分析是先决条件,确定有效培训目标是首要环节,开发有效培训课程是基本途径,选择有效的培训方法是根本保证,做好培训效果评估是重要环节。② 这离不开以政府为核心的制度保障、培训机构和管理团队的执行、学科领域专家的指导、学员内在意向的激发与核心素养的培养(见图6-5)。

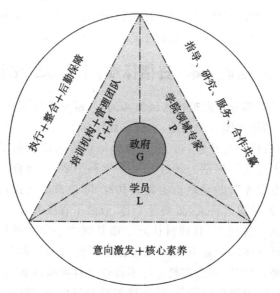

图 6-5　过程成效:多方整合落实,保障过程成效

---

① 陈风."国培计划"在省级层面的执行过程分析——以河南省乡村教师访名校项目为例[D].开封:河南大学,2017.

② 李方.教师培训研究与评论:第1辑[M].北京:北京师范大学出版社,2010:179.

一、培训机构对培训内容、培训形式的内在整合

针对培训内容、培训形式在设计和实施过程中的问题,首先需要"国培计划"的培训者及管理人员关注并深层理解"国培计划"方案设计中的内在逻辑关系,包括厘清需求分析、培训目标、培训内容、培训形式等彼此之间的逻辑关系。只有当"国培计划"培训机构的负责人、管理团队、首席专家、专家团队厘清了上述关系,才有可能在执行过程中尽可能规避前述问题。因此,第一,要加强对"国培计划"项目管理团队特别是参与项目申报书论证的人员的培训。第二,在培训机构充分论证项目申请书、项目县精准遴选学员的基础上,建立需求认证基础上的培训目标。第三,项目申报书通过增设"培训内容对培训目标支撑的矩阵图",加强培训内容与培训目标的一致性,改变培训内容"高高在上"难以落地的问题,将培训内容与目标、需求有力对接。第四,建议在"课程内容列表"部分,在每一门培训课程内容后面必须有专门一列标明用何方法或形式或策略进行培训,促进培训内容与培训方法或形式之间的有效整合,保证培训内容在培训方法的保障下,在参训教师中掷地有声、有效"落地"。第五,基于项目学习、行动研究、课例研究等培训模式,将培训内容与实践之间建立良好的关系,改变传统的碎片化培训,形成从量变到质量、螺旋式上升的学习路径,保证"国培计划"能真正从理论转化为实践,又能从实践反哺理论再指导实践,同时有助于形成一定的"国培文化"。

二、政府建立培训专家[①]资格标准,建强专业化教师培训队伍

针对前文提及的部分专家难达参训教师需求、部分培训机构存在"因人开课"等问题,从加强教师培训团队的角度,本课题建议如下。

第一,教育行政部门公开省、市、县级教师培训专家团队名单,便于培训机构做好各自教师培训者队伍建设。2011—2013年和2020年教育部组织遴选了"教育部'国培计划'专家库",截至目前河南省共有36位教师入选;河南省也针对性地遴选了一批名师、学科带头人、教研骨干等,形成了省级教师教育专家暨省级中小学教师培训团队。各地市、县同时认定了市县级中小学教师培训团队。如此,省市县三级教师培训团队的建立为河南省各培训机构在培训专家遴选方面提供了便捷和质量保障。而且,河南省教育厅不仅建立且要持续运行专家库信息管理系统,实行动态管理,根据参训学员、培训机构对专家培训、教学、评估等有关工作的评价反馈,定期对专家库进行调整和补充,并公开公布。

第二,构建培训专家任职资格标准,减少临时聘任专家的随意性。在培训团队的组建方面,国培政策上只是提出了培训专家(省域外专家、一线优秀教师教研

---

① 培训专家,即教师培训者,本书视为一个概念,是指在合格的教师培训机构中承担中小幼在职教师培训任务的教师。

员)结构比例,优先从"国培计划"专家库中遴选这样的规定,其他没有更明确的要求。因此,各培训机构培训团队往往由三部分组成:省域外聘任的教师,中小学或幼儿园等一线优秀教师、教研员、承训机构自身教师。当面对"国培""省培""县培"多学科多类项目同时展开时,可能会出现专家库成员难以满足全省实际的培训专家需求。[①] 那么该如何根据培训主题、培训内容遴选非专家库的培训专家呢?建议政府部门可出台培训专家任职资格标准[②],即最低标准,以支持培训机构对个别非专家库专家的选择,比如职业能力素养,凸显个人实践经验、知识素养、日常学员评价,来作为培训专家团队的补充力量。

RW:培训市场有些体制外专职培训师,经验丰富,授课效果好,能带来教育领域前沿的东西,但课酬比较高也没有职称,就不能来国培班授课。如何解决这个矛盾也是需要考虑的问题。

第三,邀请专家后,培训专家须向培训机构提供培训内容大纲、培训方法。培训机构须通过培训课程大纲有效监管专家的培训内容、培训形式,切勿邀请后就放任不管。如有可能,可在"国培计划"项目申报书后面附录每个培训专家所讲培训内容、培训方法的课程大纲,跟岗研修任务与研修大纲。这样便于保障"预设"的培训内容、培训方法由专门的培训专家进行"落地"[③],避免因专家个人取向偏离学员需求、培训目标。或者也有学者提出,培训机构可让学科首席专家提前组织备课,加强培训专家之间的交流,保证培训主题之间的逻辑性;也可以避免培训内容上过多的交叉重复,发挥培训团队的整体合力。但这一策略的可行性有待论证,比如说如何组织省域外专家与一线、本校专家备课、交流。

第四,明确教师培训者的角色定位,尽可能摆脱"雇佣兵"特征。诚如朱旭东所言,承担培训的机构在实施培训的过程中往往是"雇佣"一些教师教育者来完成预设的课程[④],培训机构进行付费,这其实就是一种"我讲课-你付费"的"雇佣"关系,讲完课程后"雇佣"关系就结束。这种方式影响后续跟踪指导和问题交流,影响培训的实效性。那么,教师培训者与培训机构、培训学员之间应该是什么角色关系呢?有学者提出,教师培训者应该是教育科学的研究者、培训资源的开发者、

---

① 比如迄今为止河南省入库教育部"国培计划"的专家只有36人,甚至还有个别学科比如学前教育等,缺乏教育部"国培计划"专家。其中教育部首批"国培计划"专家库人选在全国范围内共遴选了500人,河南省有10人,涵盖了语文、英语、化学、美术、音乐、体育、教育理论、教师教育理论与实践、教师培训理论与实践九大学科;第二批共500人,河南省有16人,涵盖了语文、数学、英语、生物、地理、化学、通用技术、教师培训理论与实践、师德教育九大学科;第三批共500人,河南省有10人,涵盖了思想政治、语文、物理、地理、教育理论与实践、特殊教育六大学科。

② 马艳艳.教师培训者任职资格标准探究[D].开封:河南大学,2011.

③ 培训专家在讲解培训内容时,不仅给参训学员呈现优秀案例"是什么",更要将优秀案例"怎么做""如何取得的",包括其背后践行的过程、方法、遇到的困难、如何解决问题等,都呈现给参训教师,强化其可应用性、可借鉴性,促进参训教师深入思考并进行学习迁移,而非简单的"模仿"或"抄袭"。

④ 朱旭东.论"国培计划"的价值[J].教师教育研究,2010(6):3-8,25.

教师发展的指导者、基层学校的服务者,①与培训机构、培训学员之间要建立持续的合作共赢关系。

第五,逐步建强专业化教师培训队伍。以针对性和实效性为质量特征的教师培训工作,呼唤着教师培训专业化、教师培训团队专业化。因此,要加大对教师培训者的培训力度;倡导教师培训工作人员逐渐从兼职、专职的培训者走向专业化的教师培训师。② 教师培训师是教师培训者专业化的必然取向。③ 而何为"教师培训师",余新在《教师培训师专业修炼》专著中提出:"教师培训师是在教师教育机构中,接受过长期的专业教育和专门训练,掌握系统的教育科学知识和专业培训技能,能够运用现代教育与培训理念和手段,从事教师培训的需求分析、方案设计、课程开发、教学组织、管理服务、领导咨询等培训与管理活动的专业人员。"④教师培训师不仅是学科领域专家,而且是培训领域专家,其往往能够承担包括项目管理、课程开发和培训教学的专业职责。河南省可适当推出对专业化教师培训师的培养、认定、职责和待遇保障措施。

三、培训机构须明确管理团队的"身份""待遇"

第一,研制管理办法,明晰承训高校继续教育学院、各学院的组织架构。各承训机构特别是高等院校,必须研制"某某高校'国培计划'管理办法",包括总则、组织领导和职责分工、组织实施、培训管理和考核评估、经费管理等内容。办法中首先要明确"国培计划"的组织架构及相关人员职责,明确管理关系及各自职责身份,比如图6-6可适当借鉴。由组织结构图可知,国培管理岗位大多都是兼职,则必须明晰国培管理人员的归属、身份、待遇,避免出现"模糊""不清晰"的尴尬局面。

WJ:首先,国培没能明确高校中国培管理人员的工作价值,专任教师参与国培工作,既不算教学工作量,也不算科研工作量;行政或专业技术人员参与国培工作也得不到足够的重视。身份尴尬,待遇尴尬。(I-ZJ-WJ-20210823-某省"国培计划"专家库成员)

第二,有条件的培训单位可设置"国培专职管理人员";如条件不允许,切实做好相关人员的身份构建和待遇保障。在上述办法中的"组织与实施"部分,制定清楚"子项目学科负责人""教学班主任""生活班主任"等在项目组织实施期间的国培职责及保障措施,比如参与国培工作可折合为教学课时或减免所在学期的教学

---

① 朱仲敏.新课程背景下区县教师培训机构培训者的角色定位与能力要求[J].中小学教师培训,2008(7):33-35.
② 余新.教师培训师的角色特征与专业职责[J].中小学教师培训,2012(5):11-13.
③ 吴卫东.教师培训师:教师培训者的专业化目标[J].教育发展研究,2012(8):71-75.
④ 余新.教师培训师专业修炼[M].北京:教育科学出版社,2012:4.

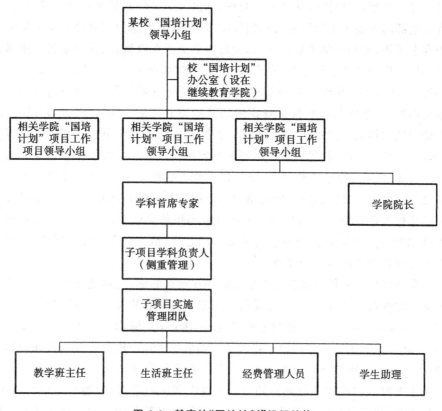

图 6-6 某高校"国培计划"组织结构

课时量。这样，有助于完善高校、中小学从事教师培训工作的人员待遇保障[①]、时间保障，"稳定军心"。

第三，加强对培训管理人员的培训与资格认证。正如前文所说，即使是"教学班主任""生活班主任"一线的国培管理人员也应强调具备一定的职业品质、培训管理知识和能力，比如引导管理人员"要视国培为事业，而非任务性的工作"，"具有一定管理经验、管理知识、管理能力，对中小学、幼儿园教育教学和管理有一定研究、能承担参训学员培训指导任务等"。所有参与"国培计划"的管理人员都需要加强培训，同时进行资格认证，促进国培管理人员队伍进一步专业化发展。

四、落实学员评价方案，激发学员学习意向

为避免学员懒散、请假频繁等学习状态，培训单位要遵照"项目申报书"中对

[①] 中华人民共和国教育部.教育部 财政部关于实施中小学幼儿园教师国家级培训计划(2021—2025年)的通知[EB/OL].[2022-08-07]. http://www.moe.gov.cn/srcsite/A10/s7034/202105/t20210519_532221.html.

学员的考评机制，严格执行学员过程管理，加强对学员的监督和管理。其一，省级教育行政部门需要思考培训能否均匀分布在全年，而不是为了管理方便大部分都集中在下半年，加剧工学矛盾。其二，及时向学员所在项目县、任教学校通报参训情况，对"消极应付""迟到早退"的学员给予一次"提醒规劝"，之后再出现情况直接劝退。同时，不得允许其再参加对培训机构的网络匿名评价，避免这一部分学员给培训机构"差评"，影响其自身评估结果的公平公正。其三，将教师参训情况纳入培训诚信档案，无特殊情况未参加、被劝退、未结业的学员在三年内不得再参加"国培计划"。其四，将各级各类教师参与国培、省培、县培等的结业情况作为教师专业技术职务评聘与晋升、县区级及以上骨干教师评选、评优评先等方面工作条件之一。另外，借助信息化平台，落实学员过程性评价和终结性评价，推动教师培训信息化管理系统的功能优化。可将具备利用信息化手段进行培训过程管理的条件和能力作为培训机构遴选的重要指标之一，精准记录教师培训信息，对教师学习过程和效果进行综合评价。①

  如果说评价方案作为激发学员学习的外在动机的话，国培更重要的还在于激发教师学习的自主性，激发其内在动机。美国教育领域的著名学习理论研究者阿斯汀（Alexander W. Astin）的"I-E-O 学习评估理论"模型（Input-Environment-Output Model）为国培学习的设计提供了重要启示。这个模型强调将教师的学习从"输入意向—经历参与—输出素养"三个维度进行设计。第一步，输入环节，在学习前注重对培训教师学习意向的激发。没有意向的学习，只能是一种机械的、盲目的学习，其实质就是缺乏意义的学习。如何激发教师的意向？具体从两大模块进行。一是帮助教师进行自我梳理，明确学习的动向。如帮助教师梳理"我希望成为什么样的教师，如何规划自身的学习以达到长远的专业发展目标，作为教师我擅长学习什么以及存在哪些不足，当前我迫切需要在哪些方面提升自己"。二是帮助教师寻找"最近发展区"。通过案例展示、实践观摩等各种方式，让教师寻找到"教师应有的水平"或"教师可以达到的水平"与"自己的实际水平"之间的差距，帮助教师进行教育教学的"自我诊断"，进而为教师的专业学习提供方向标。第二步，经历环节，在学习过程中重视教师全方位的参与和深层次的投入。教师有了学习的意向即内驱力之后，需要"全方位参与"和"深层次投入"到学习过程中去，才能提高学习实效。从学习的方式而言，"去情境"化的纯理论学习情况下获得的知识可能是"惰性知识"，这就是国培中出现训后"用不上"现象的症结所在。从学习的程度而言，学习分为"浅层的理解、记忆"和"深层的应用、分析、评价、创造"，目前国培的学习应该从浅层学习向深层学习转变，注重知识的应用和问题的

---

① 中华人民共和国教育部.教育部 财政部关于实施中小学幼儿园教师国家级培训计划（2021—2025年）的通知［EB/OL］.［2022-08-07］.http://www.moe.gov.cn/srcsite/A10/s7034/202105/t20210519_532221.html.

解决。这就要求国培学习设计在激发意图之后,注重学习方式和程度的转变,一方面注重让教师在"模拟的情境"或"真实的情境"中通过全方位的参与去学习;另一方面,注重通过"案例"学习,引导教师对专家所讲内容进行深刻体悟和深入剖析。对于职后教师的学习而言应该遵循"实践—理论—实践"这样的一种螺旋式上升。对于教师教育而言,"案例"可以变为团体经验,也是指导学员进行深入探究的抓手,这一过程需要专家成为"学习的导师"和"研究的指导者",既是学员的深度参与学习,也是专家的深度参与学习。第三步,素养输出。当前国培学习内容的广度有余深度不足。我们必须认识到在有限的时间内想要实现教师的全面成长是不现实的,对于职后教师而言最重要不是全面提升其理论水平和实践能力,而是帮助其掌握应对当前教育教学最应该具备的几项核心素养。基于该核心素养系统设计教学模块,帮助教师深度学习,并能够在实践中对细小的教育问题进行深度反思,从而形成一种教育智慧。

第四节　结果:搭建训后指导体系,高效转化培训成果

提高国培的"结果成效",促进中小幼教师队伍的持续专业发展,使参训教师返校后能够有效实践自己所学,这些都离不开跟踪指导的完善。针对前述问题,跟踪指导的完善需要做到以下几点。

一、培训机构重视训后跟踪指导,落实初期指导

训后跟踪指导是强化并延伸"国培计划"项目培训效果的有益举措。[①] 从本次调研和已有研究来看,跟踪指导仍是实施教师培训的一大难点,[②③④]很大程度上在于培训机构未重视这一环节。而只有重视跟踪指导培训才能迎合教师培训实践转向的需求,才能实现在真实的实践场域中学习的培训追求[⑤]。学者黄宁生将跟踪指导分为初期跟踪指导和长期跟踪指导两部分。他认为初期跟踪指导以培训机构为主,长期跟踪指导以学员任教学校为主。[⑥] 训后跟踪指导须建立培训机构、参训学员、任教学校三方有机合作机制(见图6-7)。其中,培训机构应特别重

---

① 黄宁生."国培计划"训后跟踪指导的对策思考[J].中小学教师培训,2013(11):3-5.
② 王北生,冯宇红."国培计划"实施中的现实困境及其突破[J].中国教育学刊,2015(10):88-92.
③ 黄宁生."国培计划"训后跟踪指导的对策思考[J].中小学教师培训,2013(11):3-5.
④ 刘桂荣."国培计划"训后跟踪指导机制的研究与建立[J].烟台职业学院学报,2020(2):52-55.
⑤ 宋岭.跟踪指导培训:原理、问题与对策研究——以"国培计划"甘肃省某研修项目为例[D].兰州:西北师范大学,2017.
⑥ 黄宁生."国培计划"训后跟踪指导的对策思考[J].中小学教师培训,2013(11):3-5.

视初期(训后1~2月)通过线上线下主动跟踪,通过规定性任务①驱动学员趁热打铁,并建立"评优激励"策略,随后对学员进入"有求必应"的长期式服务。长期跟踪指导由任教学校通过校本研修与承担培训单位合作,同时关注训后教师的成长、变化,营造"素质教育取向""共享及支持性领导"等学校文化和教师合作文化。另外,培训机构方面需要从国培经费中预留训后跟踪经费,设专项资金;由学科专家专门负责,对每年度负责的每个国培项目制订训后跟踪指导工作计划(包括线下跟踪指导②);形成专项制度,制定跟踪指导工作细则及考核办法,给予相关人员补贴及奖励等。③④

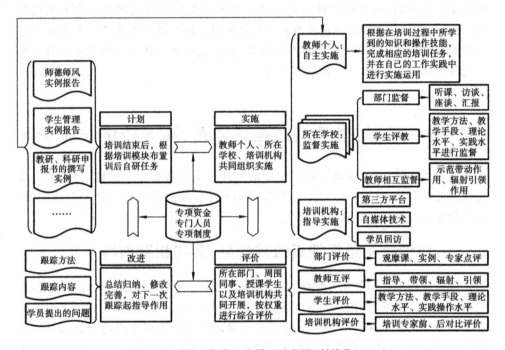

图6-7 训后跟踪指导工作循环过程图(刘桂荣,2020)

FLF:可以把这种培训因地制宜,从实际出发,与当地教育机构沟通,做好跟踪调查与及时反馈。任何培训学习必须落地生根,有实效,不仅仅是为了晋升拿到一张证明,而要把"国培计划"进行到底。(参训学员)

因此,当前需要从"零散片面的跟踪指导"走向"持续长期的深度指导",这就需要培训机构、参训学员、学员任教学校三方的有机合作。其中培训机构的重视

---

① 任务需要可检查、可测评,有较强操作性。比如阅读一本书,提交读书笔记至网络研修平台,杜绝抄袭。或者比如课题、课例等任务。
② 训后线下跟踪指导可以针对性地解答学员践行培训内容时遇到的困难,满足其成长需求。
③ 黄宁生."国培计划"训后跟踪指导的对策思考[J].中小学教师培训,2013(11):3-5.
④ 刘桂荣."国培计划"训后跟踪指导机制的研究与建立[J].烟台职业学院学报,2020(2):52-55.

和执行是训后跟踪指导的重要推力,参训学员自身的需求与发展动机是保障训后跟踪有效开展的核心力量,任教学校的支持和文化氛围是促进训后长期跟踪指导的拉力。

二、任教单位"强支持"环境,形成长期指导

优秀的学校文化对教师会产生巨大的影响,只有营造良好的学校环境,才能逐渐培养出热爱学习、热爱教育事业的高素质教师。[①] 所在学校如何形成对参训教师的"强支持"呢?这既需要培训机构与学员任教学校的有效合作,又离不开教师培训者的理念对任教学校领导的影响。而且"强支持"环境,不仅仅是领导口头上的"支持"与"鼓励",更是一种与培训理念整合一致的学校文化氛围。学校领导对学校文化具有重要影响,如果校长认为学校应当具有团队协作精神,那么整个学校就有可能形成合作共同体。[②] 同理,如果校长认为学校应重视教师的成长与发展,那么整个学校教师都会充满学习的动力与改变的热情,训后教师应更有动力将培训内容融入教学实践中。另外,构建校内教师学习共同体,也有助于参训教师持久性地学习与发展。[③]

三、参训教师积极主动的学习意识和行动

结果成效的好坏也与最初学员的遴选有着密不可分的关系。研究发现,学习只有是主动的才是最有效的;推而广之,教师也必须自主地发展。[④] 培训应该是"你刚好需要,我刚好专业"的美好存在。正如李瑾瑜教授所言,参与培训是教师享有的权利,不是教师不适应、不合格才需要培训,而是教师"要学习""要发展"才需要培训。[⑤] 所以,只有那些对培训目标有着强烈学习需求的"对口"学员,在返岗后才更有可能进行尝试、改变和践行。另外,培训机构要引导参训教师认识到"培训机构是你未来教师专业成长道路上的长期甚至终身合作伙伴和服务提供者",以此激发参训教师形成积极主动的学习意识和行动,在返岗实践中遇到任何困难要敢于寻求帮助,并且知道该向谁求助。

总之,有效的训后跟踪指导体系,不是任何单一机构力量能够实现的,需要形成以培训机构(Taining institutions)、政府(Government)、学校(School)和学科领

[①] 江姣.幼儿园教师培训效果研究:基于柯氏模型行为层的分析——以重庆某高校幼师国培项目为例[D].重庆:重庆师范大学,2017.

[②] Su J Z X. Sources of influence in preservice teacher socialization[J]. Journal of Education for Teaching,1992,18(3):239-258.

[③] 江姣.幼儿园教师培训效果研究:基于柯氏模型行为层的分析——以重庆某高校幼师国培项目为例[D].重庆:重庆师范大学,2017.

[④] 朱旭东,裴淼,等.教师学习模式研究:中国的经验[M].北京:北京师范大学出版社,2017:1.

[⑤] 李瑾瑜.论多维视野中的教师培训观[J].当代教育与文化,2009(2):69-73.

域专家(Professor)四位一体的协同指导体系(见图6-8)。首先,要形成以政府为核心的训后指导保障体系,含物质保障和制度保障。其次,要形成以培训机构为核心的初期指导方案;再次,要形成以学科领域专家为核心的定期指导方案;最后,要形成以学员所在学校为核心的长期跟踪指导体系。多方相互分工、相互合作,将"零散片面的训后指导"转向"持续长期的深度指导",提高指导质量,提高培训实效,促进教师专业发展和教育质量提升。此外,为保障训后协同指导体系的有效运作,必须探讨有效的"指导质量"保障体系。以政府为主体,以成果为导向,建立"指导考评奖惩机制",对高校培训机构、学科领域专家和学校的指导成效进行评价、监督,并促进其不断完善。

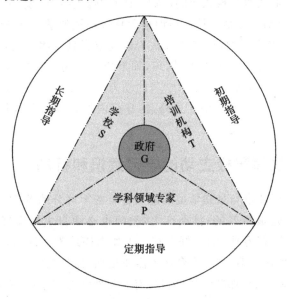

图6-8 结果成效:搭建训后协同指导体系

第四部分

区域案例报告

第七章 平顶山学院"国培计划"的成效与经验

第一节 学校概况

平顶山学院是一所经教育部批准、由河南省人民政府主办的综合性全日制普通本科院校,坐落于平顶山新城区白龟湖畔,学校依山傍水,风景秀丽。学校前身是创建于1959年10月的平顶山师范学校,于1984年改为平顶山师范专科学校,2004年5月经教育部批准升格为本科院校。学校现有湖滨和崇文两个校区,占地面积154.6万平方米,全日制在校生2万余人,教职工1700余人,有18个教学单位,55个本科专业,涵盖工、管、理、文、法、艺、医等十个学科门类。近几年,学校在继续教育领域充分发挥自身优势,组织申报并成功获批河南省职业教育"双师型"教师培养培训基地、"河南省健康养老护理教育培训基地",学校连年承担河南省"国培计划"中小学幼儿园教师培训项目、平顶山市教育局中职学校骨干教师省级培训任务等,积累了丰厚的培训组织管理经验,深受委托单位和学员的好评。

第二节 基本思路

2011年以来,平顶山学院先后成功申报并承担"国培计划"——河南省中小学、幼儿园教师培训任务,其中包括短期集中培训、置换脱产研修、转岗教师培训、送培到县项目,乡村教师访名校主干学科教师培训项目,乡村中小学教师专业能力建设——骨干教师能力提升和青年教师助力培训项目等。涉及初中语文、初中数学、初中英语、小学语文、小学数学、小学英语、小学思品、幼儿园教师培训等多个项目。惠及全省各地近8000名教师,积累了一定的经验,培训效果良好,受到参训学员和社会的广泛赞誉和好评。

学校高度重视"国培计划"教师培训项目的实施工作,提出了"举全校之力,创国培精品"的工作目标,确定了"重培训质量,重社会效益,重教师素质提升"的指导思想,按照"补短板、求创新、抓特色、上位次"的工作思路,坚持问题导向,切实摸准教师需求,力求在精准调研上发力,扎实做好国培顶层设计,深入挖掘培训资源,项目实施过程中坚持以学员为中心,实行精细化过程管理,致力打造国培精品。在培训过程中创新培训模式和方法,打造本校的培训特色,重细节、讲质量、促实效、保服务,有效地保障了培训任务的顺利实施和高质量完成。

第三节 主要举措

一、加强组织领导,组建工作团队

学校高度重视"国培计划"教师培训工作,学校领导班子多次召开会议,进行专题研究,制定了切实可行的工作方案,成立了以校长为组长、主管副校长为副组长、相关院(系)和职能部门负责人为成员的"国培计划"项目工作领导小组,统筹协调各项工作;设立"国培计划"项目办公室,具体负责项目实施,下设督导检查组、专业教学组、后勤保障组、宣传联络组等职能工作小组,组建专门的项目工作团队,各培训项目实行项目负责人制,确保各项工作落到实处;选派具有专业水平、富有管理经验、责任心强的干部和教师担任专职班主任,保证了培训的有序性。

二、强化规范管理,健全规章制度

为加强规范管理,保证培训工作有序开展,各项培训任务有效落实,按照《平顶山学院"国培计划"项目实施方案》的要求,根据各职能工作任务分解,分别制定了《"国培计划"项目工作领导小组职责》《项目办公室职责》《督导检查组工作职责》《专业教学组工作职责》《宣传联络组工作职责》《后勤保障组工作职责》《班主任工作职责》《教师职责》和《质量监控考核办法》《学员管理办法》《"影子教师"教育实践实施方案》《顶岗实习工作方案》等规章制度,特别是对氛围营造、专家接待、学员报到、班级文化活动组织、宣传报道和日常管理工作等方面都做了具体规定。编印了《学员手册》,对学员学习期间的日常行为、学习纪律、考核内容与要求等进行了规范。建立了班主任负责制,组建了班委会,通过对考勤、考核的管理来保证培训质量。强化过程管理,为学员发放了《听课记录》和《培训日志》,适时布置课后心得体会和专业论文,并及时进行查阅、考核和指导。在整个培训过程中,注意激励和发挥学员学习的积极性、主动性和创造性,增强了培训的实效性。

三、优化培训资源,打造培训精品

根据"国培计划"——河南省中小学幼儿园教师培训项目的总体要求,按照学校提出的工作目标,结合农村教师工作特点和自身发展需求,着力优化培训资源,精心组建专家团队和一线教师团队承担国培任务。诚邀国培专家库南京师范大学博士生导师许卓娅教授和冯建军教授、华中师范大学博士生导师蔡迎旗教授、西南大学博士生导师刘云艳教授、广西师范大学博士生导师侯莉敏教授、北京师范大学博士生导师甚春霞教授、南京师范大学博士生导师徐文彬教授、首都师范大学博士生导师郜舒竹教授、哈尔滨学院硕士生导师周淑红教授、河南大学硕士生导师徐宗华教授和岳亚平教授、聊城大学硕士生导师于源溟教授、郑州大学博士生导师袁延胜教授、河南牧业经济学院博士生导师罗士喜教授、河南师范大学硕士生导师王彩琴教授和赵海山教授、郑州师范学院王北生副院长和蒋丽珠教授、河南财经政法大学苏万寿教授、河南省教育厅史彩娥教授、河南省教育厅数学教研员刘富森教授等知名专家对学员进行培训；选聘平顶山学院闫江涛等各学科专家教授和青年骨干教师为学员授课；遴选"全国宋庆龄幼儿教育奖"获得者李萍、"全国说课特等奖"获得者刘小芳以及平顶山市中小学幼儿园一线名师名校长刘会丽、贺光辉、张浩、李慧转、牛玉辉、李阿慧、岳瑞平、王建敏等展示和分享精彩教学案例和教学经验。内容涵盖：师德师风、心理健康、信息技术、未成年人保护法律教育、财经素养、教师教育智慧；学生生理心理特征、学科课程设计与改革、中外教育及启示、幼小衔接的理论与实践、学科教育发展与质量评价；学科专业理论素养、专业技能与能力培训等。在师资队伍组建中，省内外基础教育领域知名专家和一线名师占80％以上。他们高水平的学术报告和专题讲座、精彩纷呈的演讲和展示分享，给学员们带来了先进的教育教学理念和最前沿的专业发展信息，受到了学员们的热烈欢迎和高度评价，确保了培训课程的高质量。

四、科学制定培训方案，精心设计课程内容

根据教育部和河南省教育厅对农村教师所确定的培训目标，学校和各项目组在认真调研和反复论证的基础上，精心制定培训方案。在方案制定过程中，相关负责人带队先后赴北京、上海、武汉、郑州、安阳、南阳、周口、洛阳等地高校咨询专家意见，学习兄弟院校先进的培训经验；组织核心成员到省内多所农村中小学幼儿园实地考察，深入了解农村教育的现实状况和教师的发展需求；选派学校学前教育专业教师定期到省级示范性幼儿园参观学习，感受现代办园模式和先进幼儿教育手段；邀请平顶山市、县两级教育主管部门领导和部分校长、园长召开座谈会，征询他们的意见和建议；在国培学员报到后，及时征集学员意见，对方案进一步修订和完善，形成最终的培训实施方案。

根据培训方案确定的培训目标，精心设计课程内容，将培训内容细化为六个模块：教育相关政策法规与师德修养、教师教育理论水平与观念更新、教师教学能力提升、教师校本教研能力培养与专业发展、中小学幼儿园管理能力提高、教师教学实践能力提升模块。在课程设置上，重点加强教育相关法规与政策解读、农村教育面临的问题与对策、学科领域拓展、教师的专业发展等内容，既保证了培训内容的深度和广度，又保证了培训内容的灵活性和实效性。学员们在较短时间内，对教育教学工作产生了新认识、新感悟、新期待，学到了新观念、新方法、新技能。

五、培训形式多样,授课方法灵活

学校针对农村中小学幼儿园教师的文化层次、知识结构、专业技能、学习能力等基本特点,采取多种多样的培训形式和灵活丰富的授课方式,努力调动学员的学习积极性和主动性,力争实现高质量培训。

(一)专家讲座与交流研讨相结合

聘请了多位国内知名教育专家为学员授课,授课内容紧紧围绕教育政策法规、教育教学改革、实施素质教育、中外教育比较、农村儿童教育发展问题与对策、教师自身发展方向等关键问题,帮助学员更新观念,拓宽视野,了解最新教育发展动态。在专家授课时,要求留一定时间,让学员与专家交流互动,共同研讨,解疑释惑,使学员得到最佳收获。

(二)专题报告与案例教学相结合

对学生生理和心理特征分析、教师心理健康教育、师德教育、教师知识结构分析、课堂设计等专题报告,要求授课专家和教师必须以科学为基础、以问题为中心、以案例为载体,向学员展现独特的分析方法和教学手段,以提高学员解决实际问题的能力。

(三)同课异构与观摩研讨相结合

培训期间,学校组织学员到平顶山市及周边地市的省级示范学校、幼儿园开展观摩教学实践活动,如平顶山市实验中学、郏县三立学校、舞钢一小、湛河区实验小学、光明路小学、联盟路小学和育才幼儿园、育新幼儿园、金太阳幼儿园、东方之星幼儿园等优质中小学幼儿园现场观摩考察,包括观察一日活动流程设计、听课评课、观看"阳光大课间"和精彩的主题班会等活动,使学员们在教育教学技能、学校的管理与发展、校园文化建设、教师的培育方式、学校特色的凝练与形成、教师师德的强化和提高等方面均感悟颇多。通过观摩研讨、说课比赛、指导教师点评和学员互评相结合,让学员充分认识到教育教学过程中课程构建的重要性,使学员教育教学能力得到提升。

(四)展示分享与实际操作训练相结合

针对教师身心特点和工作属性,组织学员举行才艺展示表演和学习心得体会交流,如"三笔字"比赛、讲故事比赛,沙龙研讨,组织学员上机操作,自行完成或合作完成课件制作、美篇制作、动画设计,专门设计组织全体学员参与的趣味运动会和汇报演出,寓教于乐。通过这些活动的开展,使学员加强了交流,增进了友谊,提升了能力,增强了自信。

六、重视研修实践环节,切实加强能力培养

根据河南省厅脱产置换研修项目和其他项目的跟岗实践环节要求,学校在工作方案制定、实践基地小学和幼儿园遴选、指导教师推荐选派、学员研修内容安排及要求、跟踪指导及管理考核等方面,做到严谨细致,确保实效。在平顶山市教育局协调下,建立了体育路小学、继红小学、光明路小学、新程街小学、市育新、育才、湖光、金太阳幼儿园等省级示范性幼儿园和优质民办园作为学校"国培计划"的"影子教师"基地和教育实践基地。实行"导师制",在实践环节将国培学员按导师"一带一"的形式分配到实践基地,全方位感受导师的备课、上课、评课、教研、教学活动设计和组织、学生管理等教育教学环节,领略导师独特的教学风格、教学艺术和教学能力,吸取先进的教育教学理念、方法和经验,在导师的指导和引领下,提升自己的教学能力,激发和调动学员学习的积极性。

为了提高国培学员理论联系实际的意识和校本研修的能力,同时缓解学员学习紧张的压力,学校在各项目培训中组织学员现场观摩,先后到平顶山市矿工路小学、湛河区实验小学、胜利街小学、叶县崔王学校、许昌实验幼儿园、许昌学府幼儿园、鲁山县瀼河乡头道庙村幼儿园、郏县三立学校等城市和农村学校、幼儿园进行实地考察。请被考察学校、幼儿园的领导和教师讲述校园的发展历程,介绍其先进的办学经验,展示丰硕的教育教学成果,交流园本研修的切身体会,让学员实地感受理论联系实际的重要性,直接获取可感、可知、可学的好经验和好做法。重视学员研修意识和研修能力的提升,组织多位专业教师指导学员做好论文写作,指导教师付出大量心血,在研究方向、研究方法、选题开题、查阅资料、撰写内容等方面给予全面辅导和跟踪指导,提升了学员研究的兴趣和解决实际问题的能力。

七、顶岗实习工作扎实,各项任务全面落实

在2011—2014年学校承担脱产置换项目时,按照"国培计划"有关文件精神,学校领导高度重视顶岗实习工作,切实做好顶岗实习学生的选派和管理工作,认真落实工作任务。学校成立了顶岗实习工作领导组,建立了专门的工作机构,具体负责顶岗实习有关工作。教师教育学院召开专题工作会议,研究制定了《顶岗实习工作方案》《顶岗实习实施细则》《顶岗实习学生选拔和培训办法》《顶岗实习带队及指导教师职责》,为顶岗实习工作的有序开展提供了有力保障。

按照省项目办及置换脱产学员所在地市教育局的要求,学校在校内认真选拔优秀大四学生承担顶岗实习任务。同时,在校内教师中选拔认真负责、协调能力强的教师担任带队老师,经常深入各地学校和幼儿园进行教学实习指导,及时了解学生在顶岗实习期间工作、学习、生活情况,学校领导和项目组领导及带队老师多次到顶岗实习学校、幼儿园看望并慰问实习生。由于学校领导对顶岗实习工作

高度重视,组织协调有力,带队老师认真负责,实习学生表现出色,保证了顶岗实习工作的顺利实施,赢得了各市县教育主管部门和顶岗实习基地的广泛认可和一致好评。

八、保障有力,服务到位

学校以最大努力为学员创造良好的学习、生活条件和环境,在教学团队组建、教室机房调配、设备配置、食宿安排、交通车辆安排、开水供应等方面,尽可能做到细致周到、满足需求,让学员静下心来在培训期间度过这段短暂而美好的学习时光。报到之初,学校为前来的每一位学员配备了国培专用手提袋、学员手册、国培日志、听课记录、水笔、水杯、雨伞等学习和生活用品;专门为学员开放了机房,学员可以在业余时间上网、查询资料;为学员开放专门的活动室,配备了文体娱乐用品,供学员进行体育锻炼和娱乐活动,适时组织全体学员参与文体活动,开展了"教学相长,乐在其中"征文比赛、"国培学员红歌赛"、户外素质拓展、"趣味运动会"、爱国主义基地考察、地域文化特色考察等活动,丰富了学员们的课余生活。

组建强有力的管理团队,管理工作科学到位。培训期间,从主管副院长、国培计划办公室领导到班主任老师,经常深入课堂、宿舍、餐厅,与学员们互动、交流、谈心,及时了解和掌握学员们的学习、生活情况和思想动态,及时解决学员们遇到的困难和问题。建立学员QQ群、公共邮箱等,畅通学员与学员之间、学员与管理教师之间的交流渠道。为了准确反映学员对培训效果的满意度,专门设计调查问卷,让学员对教学、管理、生活、服务四个方面进行评价,召开学员代表座谈会,听取学员的意见和建议。对于大家反映的问题,及时协调解决,对于好的建议,积极采纳。比如学员希望得到专家和名师授课及重大活动的全程录像资料,学校出资压缩、刻录,赶在培训班学员结业时,奉送给每位学员。

九、宣传力度大,社会反响好

为了提高"国培计划"项目的社会关注度,扩大社会影响力,学校专门建立"国培计划"专题网站,充分利用多种网络新媒体微信、微博等平台及时报道宣传学校的"国培计划"进展情况,编制"国培计划"工作简报,及时上报河南省教育厅师范处、河南省"国培计划"项目实施办公室、学校领导,发送各教学院(系)和各职能部门。通过校电视台、校广播站、校报、宣传展板等媒介在校内开展广泛宣传,"国培计划"项目引起了社会和全校师生的广泛关注。与此同时,光明网、新浪网、大公网、青年导报网、中国大学生在线、河南教育新闻网、网易、中国日报网、中原网、中国青年网络电视网、平顶山电视台、平顶山市教育电视台、《平顶山日报》、《平顶山晚报》等多家媒体纷纷对学校"国培计划"项目的实施进行报道,在社会上引起了强烈反响,使广大民众对河南省教育事业未来发展更加关注,更加期待。

十、财务管理有制度,经费使用规范合理

在经费管理与使用方面,学校严格执行项目资金预决算制度,制定了《平顶山学院"国培计划"专项经费管理办法》,项目办公室按照规定编制了《平顶山学院"国培计划"经费预算》,预算分别按照项目、类别及规定编制,并尽量做准做细预算项目。在培训过程中,加强项目资金监管,确保项目经费专款专用,努力提高资金使用效益。严格执行项目经费管理办法,实行"统一管理,统一支出,专款专用,集中核算"的项目经费管理原则。经费报销制度完善,手续规范齐全。经费使用严格按照预算编制,按项目执行进度支付,项目经费支出与预算批复基本相符,预算执行情况良好,经费支出结构合理,使培训经费切切实实用在培训上。

第四节 特色与成效

一、培训特色

按照学校提出的"举全校之力、创国培精品"的工作目标,在整个培训过程中,学校领导高度重视,有关部门密切配合,资源调配充分合理,团队工作扎实高效,学员学习勤奋努力,实现了打造国培精品的工作目标,形成了培训规格高、管理严、培训针对性强的鲜明特色。

(一)培训规格高

一是教学和管理团队层次高。聘请的专家名气大,学术造诣深,许卓娅教授的《幼儿音乐教学游戏化》《音乐教育与幼儿学习品质培养》、蔡迎旗教授的《中国学前教育改革动态》《美国学前教育课程及其趋势》、刘云艳教授的《幼儿学习特点与学习方法研究》《促进幼儿情绪能力发展的行动研究》、侯莉敏教授的《幼儿园课程改革与实践》、罗士喜教授的《学习十九大精神,做优秀人民教师》、赵海山教授的《教育是一门科学》、史彩娥教授的《心理健康教育课开讲方式在学科教学中的应用》、王彩琴教授的《教师——作为社会个体人——专业成长》、刘富森教授的《基于数学素养发展的课例研究》、苏万寿教授的《教师角色与安全注意义务》、于源溟教授的《心性修炼与幼儿教师师德升华》等学术报告和专题讲座,既有深度又有广度,既有现实针对性又有未来前瞻性,绝大多数学员闻所未闻,感受深刻;聘请的一线名师和本校专家专业水平高,业务能力强,教学实践经验丰富,王建敏、周宏、岳瑞平、李阿慧、张贵斌、牛玉辉等都是平顶山市教育战线省级骨干教师、省级名师或省市级教育专家,程永华、闫江涛、赵红利、何梅琴、王小鹤等都是省级教师教育专家,他们的授课既有理论高度又有独特见解,既有才艺技能展示又有经

验感悟分享，使学员受益匪浅。为保证培训工作顺利进行，学校抽调多位处级干部和中高级职称教师专门承担国培项目日常管理和服务工作，使学员感受到学校高水准的管理和高质量的服务。

二是各项保障措施到位。学校将条件最好的报告厅作为国培学员课堂教室，在科技楼为学员提供了专门的上机机房；在艺术楼设立国培学员活动室，按计划开展文体娱乐活动；在酒店安排双人间标准宿舍，统一食宿管理，让学员享受到较好的学习、生活条件。

三是关注度高，氛围浓厚。从学员报到、开班典礼、专家讲学、名师授课、考察观摩、召开座谈会、"影子教师"入校入园、文体活动开展、学员结业等重要事项，都受到校内外媒体的高度关注和报道，摄影摄像或全程录像或跟踪报道，这种浓厚氛围的营造，使学员们感受到重视，受到鼓舞，倍感自豪。

（二）培训管理严

一是学校层面管理规范。对短期集中培训、置换脱产研修培训等制定了实施方案和工作规范，对各项工作任务进行了细化分解，责任到人，建立了严格的项目责任制和责任追究制。

二是教师和管理人员层面职责落实到位。项目办公室对照各工作组职责、教师职责、班主任职责等对教师教学情况和管理人员工作情况进行适时评价和考核，定期汇报和研究国培工作。

三是对学员管理严格。在学员报到资格审查、出勤考核、请销假审批、听课记录和培训日志检查、各项活动参与情况、培训绩效考核等各环节，都能做到认真对待，严格要求，促使学员自觉遵守培训纪律，积极完成学习任务。

（三）培训针对性强

一是深刻领会"国培计划"的精神实质和目的要求。要使参训学员通过此次培训，更新教育观念，优化知识结构，热爱教育事业，提高教学技能，拓展认知视野，提升自我发展能力，成为在农村教育教学改革和实施素质教育过程中发挥示范辐射作用的"领雁人才"。

二是努力实现学校提出的工作目标。打造国培精品，学校努力做到在筹划上科学合理，在人力、物力、财力配备上舍得投入，在实施过程中工作到位。

三是尽力满足参训学员的学习需求。参加国家级培训是学员们殷切期盼的机会，每位学员都希望通过此次培训在各方面得到较大的提升。由于来自各地的农村教师在学历层次、知识结构、环境阅历等方面存在差异，要保证学员个体需求得到满足，实际上存在一定困难。学校及时了解学员反映的情况，听取学员的意见和建议，梳理采纳合理化建议，针对农村幼儿教师特点，建立了引领、体验、实践、指导相结合的培训模式，让学员通过体验、对话、交流、展示和分享等方式，提升学习和研究兴趣,充分挖掘自身潜力,增强学习自信心,提高专业水平和教学技能。使学员通过培训,树立明确的专业发展目标,养成终身学习习惯,真正成为农村教育战线上的"领雁人才",发挥示范和辐射作用。

二、培训效果

对照"国培计划"项目的总体要求和培训目标,学校的整体培训工作取得了一定的成绩,达到了预期目标。总的来看,培训学员满意度高、参与热情高,社会反响较大,取得了良好的效果。

(一)学员满意度高

学校在每期培训结束时,都会发放测评表,通过培训学员对项目的目标设置、培训内容、培训方式、培训师资、培训管理、培训服务水平的满意度测评来看,学员对学校的培训效果比较满意。宝丰学员何红朋是一所民办幼儿园的园长,国培期间自己携带录像机全程录像,为了回去好分享给幼儿园的老师们。第二年国培的时候,他又闻讯赶来旁听,他说专家的课程永远听不够。南阳小学教师李虹,感恩学校的规范管理、科学组织,在回到工作岗位之后撰写国培感悟一篇,刊发在当地报纸上。学员们纷纷在社交平台上表达心声和感言,总结学习收获和感悟,抒发对"国培计划"的感激之情,表达对学校工作的充分肯定和高度评价。

(二)学员参与热情高

由于学校高度重视,组织严密,工作扎实,方法得当,激发了学员的求知渴望和学习热情,取得了良好的培训效果,受到了学员的一致好评。学员十分珍惜学习机会,努力克服种种困难,用实际行动践行和传播国培精神。周口市项城市某幼儿园老师王俊荣携半岁女儿和年迈婆母同时出现在每次培训现场的景象,令所有人赏识钦佩,感动不已。汝州市小屯镇新馨幼儿园学员赵晓娜怀有七个月身孕,行动不便,但她坚持每节课都听完,她说:"能听到幼教专家的课太不容易了,我实在不愿错过。"

(三)社会反响较大

媒体对学校国培项目实施的广泛宣传和深度报道,在社会上引起了高度关注和强烈反响。培训期间,平顶山市名师工作室成员、叶县洪庄杨实验学校、淳爱教育、湖光幼儿园、襄县槐树王幼儿园等单位多次组织教师到学校聆听专家的学术报告和专题讲座;平顶山市、县(区)教育局幼教科(股)负责人积极参与学校的培训活动;置换脱产研修班学员邓州市湍河中心幼儿园彭慧老师向园长汇报培训情况和学习收获后,向全体教师讲述和展示国培学习感悟和所学技能。通过培训,为农村教育事业搭建了有益的互动平台,卢氏县磨口乡中心幼儿园郭慧茹、漯河市临颍县瓦店小天使幼儿园王改霞积极联系,迫切要求河南牧业经济学院罗士喜教授等专家学者,到她们当地为广大农村教师培训讲学;许昌市将官池镇晨光双语幼儿园园长陈红,在入园观摩时,对平顶山市育新幼儿园教育理念、教学手段、管理模式等非常赏识,培训结束一周后就组织本园全体教师到育新幼儿园参观考察、学习取经。

通过十年来"国培计划"教师培训工作的实施,进一步加深了学校对"国培计划"重大意义的认识和理解,引起了全校上下对农村教育事业、对乡村振兴的高度关注,培训也锻炼了学校的继续教育队伍,提升了培训能力,积累了培训经验,优化了培训资源,增强了做优做强培训工作的信心。今后学校将更积极承担各级各类师资培训任务,努力为河南省基础教育事业的发展做出更大的贡献。

第八章 洛阳师范学院"国培计划"的成效与经验[①]

一阵阵简单美妙的歌声、一幅幅形象生动的简笔画,为这个"满园红叶,洛水潺湲"的秋日平添了几分动人的风景。2020年11月3日,参加洛阳师范学院国培项目青年助力和骨干提升小学英语的全体学员,聆听了张红霞老师"画活教材,唱响课堂"的精彩报告。类似这样的教学活动在洛阳师范学院还有很多。

自2010年承担"国培计划"项目以来,洛阳师范学院累计为中西部乡村中小学幼儿园集中培训教师9000余人次,学院始终以对标要求、优化管理、提升国培质量为目标,为推动豫西地区基础教育的整体发展贡献了自己的力量。

第一节 强化统筹管理,狠抓制度建设

统筹协调是做好"国培计划"的重要基础。洛阳师范学院高度重视"国培计划"项目的统筹协调工作,专门成立了由主管副校长任组长的"国培计划"领导小组,全面统筹实施"国培计划"的项目申报、方案完善、课程安排、专家团队建设及教学管理等工作。

制度建设是做好"国培计划"的重要保证。在"国培计划"领导小组的统一安排下,洛阳师范学院认真总结"国培计划"实施经验,并结合不同阶段的培训实际,不断丰富完善培训制度,为"国培计划"的顺利实施提供了可靠的制度保障。例如,实行项目负责人制,要求项目负责人全程负责培训学员报到、注册和项目的过程管理;实行首席专家制,充分发挥首席专家全面负责国培方案的设计及对课程的实施指导作用;实行双班主任制,规定教学班主任全程随班听课,生活班主任全程跟交通、跟住宿、跟餐饮,及时处理培训期间学员所提出的问题;实行过程管理"三会"制,认真组织召开训前筹备会、训中研讨会、训后总结会,对所有参与管理服务的人员进行精准培训,提出相关要求,布置具体任务,包括教学检查、座谈会、新闻稿件编写及培训简报制作等,确保管理服务周密全面、优质高效。

第二节 精雕课程方案,优化专家团队

根据学员需求设立课程目标及内容。在课程目标设置上,洛阳师范学院认真

[①] 本章供稿者为洛阳师范学院谢聚峰。

贯彻国家教育政策,严格对标河南省"国培计划"项目要求,紧密对接学员需求,把提升教师教学能力放在更加突出的位置,开展主题鲜明的培训。在课程内容设计上,学校强调分类、分层、递进式设计,根据学员职业发展的阶段性需求设计课程内容,注重课程的衔接性和递进性相结合,课程的理论引导和乡村教育的实践经验相结合,预设性课程与生成性课程相结合,共同性课程与地域性课程相结合。

高质量专家团队保证"国培计划"课程方案的实施。在多年的国培实践中,洛阳师范学院始终坚持以案(实施方案)定课、以课定人的原则,严格依据实施方案和课程设置要求遴选专家,从省外选聘高校专家、一线名师和教研员,组建符合课程要求的专家团队。10年来,洛阳师范学院的"国培计划"专家团队每年的省外专家占比突破25%,一线优秀教师和教研员占比突破55%。高质量的课程与精心组建的梯队式专家团队,使国培工作的开展顺利、扎实且富有成效。

第三节 转变管理思路,创新培训模式

创新管理手段,保证"国培计划"更规范。洛阳师范学院与全国中小学教师继续教育网合作,使用"伴培书童"App,实现了对训前调研、学员信息收集汇总、报到签名、考勤管理、即时课堂评价、作业提交、项目调查、跟踪指导及材料的汇总等全过程管理,使培训管理更科学、更规范、更高效。另外,学校还充分发挥线上线下混合式培训的优势,整合发挥地域及资源优势,将院校集中培训和学员跟岗研修有效结合,突出培训的实践性。

创新培训模式,提高"国培计划"质量。洛阳师范学院在"国培计划"项目的具体实施中,打破传统单一的校内集中培训模式,立足全国,不断创新培训模式,收到了良好的效果。学校结合"国培计划"不同学科学段的实际教学需求,采取分阶段校内研修与异地教学相结合的培训模式,先后组织国培学员到开封、郑州、西安、南京等地进行交流学习。灵活、务实、多样的培训模式,激发了学员参训积极性,促进学员学用结合,增强了参训学员的获得感和满意度。

第四节 做实做细服务,加大人文关怀

如何有效与河南省教育厅"国培计划"办公室对接,怎样和地市教育行政部门联系沟通,怎样才能与联合申报单位及网络机构有效配合,"四方一体"来共同推动"国培计划"的持续深入高效开展,是学校时时刻刻都在考虑的问题。"做实做细服务,加大人文关怀"始终是洛阳师范学院秉持的原则。

2020年,在新冠肺炎疫情防控常态化的形势下,洛阳师范学院为每一名参训学员足量配备了培训期间所需的一次性医用防护口罩等物品,最大限度地让学员感受到学校对他们的关心和照顾。同时,学校还注重班级建设,建立班委会,充分

发挥学员自主管理能力,并通过破冰之旅、团建活动和别具特色的文体活动,丰富学员业余生活,让学员们能够真正放下包袱,安心、静心、专心学习。

第五节 注重学以致用,扩大国培影响

坚持"以用带学,学以致用",对培训学员学习效果进行监测与巩固。在"国培计划"项目实施中,洛阳师范学院采用了"531培训微创新行动计划",及时巩固培训效果。该行动计划要求每个学员在培训结束后,全面回顾培训全过程,认真总结出本次培训学习的5点收获,并从中选出3个重点,结合自己的工作实际确定1个重点作为返回工作岗位后立即着手实施的任务,真正做到让学员"带着问题来,揣着实惠归"。

重视文化氛围的营造,多渠道进行"国培计划"项目的宣传。洛阳师范学院在校园官网上开辟"国培十年"专栏,回顾国培历程,总结培训经验,谋划未来培训发展;鼓励国培学员借助微信、简书等多个平台,撰写参训心得体会,记录个人成长,分享学习经验;"国培计划"领导小组积极动员承训教学单位,组建宣传小组,撰写新闻稿件,在学院官网及河南省"国培计划"工作微信群广泛宣传。通过宣传,让更多的教师认识、了解、支持并参与国培,有力地推动了中西部乡村中小学、幼儿园教师队伍建设的进程。

第九章　河南大学"国培计划"的成效与经验[①]

河南大学是河南省师范教育的发源地,办学历史悠久,专业齐全,实力雄厚,特色鲜明,长期在我省中小学教师培养和培训中发挥着排头兵作用。自1956年开始举办高师函授教育以及教师非学历培训以来,河南大学先后获批国家级专业技术人员继续教育基地、河南省中职教育"双师型"教师培养基地(旅游管理类)、河南省中小学教师校长研修院(面向全省),设有河南省中小学骨干教师管理办公室。2018年,河南大学获批教育部"双名工程"中小学名师领航工程培养基地,自此进入了教师高端培训国家级梯队。

河南大学在开展"国培计划"需求调研的基础上,科学设计培训方案,精心整合培训资源,不断强化培训过程管理,大胆创新培训模式,有力提供培训条件保障,切实提升项目服务水平,构建了较为完善的教师培训质量保障体系。

第一节　"T-UPW"培养模式助力"国培计划"

2018年,由河南大学承担的教育部"国培计划"中小学名师领航工程首期初中语文学科名师领航班,探索出名师领航工程"T-UPW"培养模式。该模式致力于造就学科知识扎实、专业能力突出、教育情怀深厚的高素质复合型教师,有力地促进了河南大学"国培计划"的培训开展。

"T-UPW"培养模式以学员为本位,发挥高校学术资源优势,整合名师工作坊、实践基地等优质教育资源,高效促进受训教师的专业发展。在该模式中受训学员(Teachers&Trainees)处于核心地位,体现了因材施教的培养理念。具体实施步骤围绕以河南大学为主的高校教育资源(University)、访教的实践基地(Practice Base)、名师工作坊(Workshop)几个方面内容展开,其中名师工作坊成为学员集聚专业智慧、发挥示范引领作用的交流平台。

基于"T-UPW"培养模式,基地与来自青海、贵州的名师从多个方面进行了深入思考和有益探索。

第一,微团队助力,成立名师工作坊并安排两位教育硕士担任名师的助手。河南大学秉承"按需培训"的培养原则,基于其已有的科研成果和一线教学经验,

---

[①] 本章供稿者为河南大学赵红亚。

充分了解青海、贵州中小学语文教学现状,精准调研起点与需求,科学设置培训方案,合理安排研修课程,按三年统一规划设置了语文文本解读能力与培养、语文前沿问题与研究方法、教育学前沿理论等多种研修课程。

第二,进行众筹式培养。基地以名师为首位、专家为高位、课堂为本位整合资源,对其进行众筹式培养,配备教育发展导师、学科理论导师、学科专业导师和学科实践导师,形成立体、循环、实践的培养模式。

第三,开设线上线下互融式学习课程。开拓学术视野,提升理论水平,完善知识结构,积极探索教学实践和教育理论深度结合的路径,助力参训学员从"教学名师"到"学科型教育家"的跨越提升。

第四,学研双驱动。依靠河南大学文学院完备的本硕博培养体系和专业的语文教师培养团队,为参训学员开展教育教学研究提供支持。培训基地还安排学员深度参与文学院的本科师范生、教育学硕士教学活动和教育实践指导,聘任其担任教育硕士职业导师,分享丰富的教育经验,共同探讨先进的教育理念和教法技能,实现"学-思-研"的完美结合。

第二节 结合实际需要设计培训内容

河南大学严格依据培训课程标准和教学实际需要,分类、分科设计培训课程内容。内容简练明确,有区分度,有启发性,与学员教学情境相融合。

河南大学作为河南省"戏曲进校园"中小学音乐教师戏曲培训基地、教育部艺术师资培养培训基地,承担着河南省中小学音乐骨干教师培训、戏曲艺术素养培训的双重责任。为了更好地将戏曲教学融入基层音乐教学课堂,增强青少年对中华优秀传统戏曲文化的认同感,提高河南省中小学音乐教师的戏曲艺术素养和课堂教学能力,河南大学于 2017 年 3 月结合中小学音乐教师自身实际情况,创编了河南省第一套豫剧韵律操。推广豫剧韵律操旨在让戏曲艺术走进学校,活跃校园文化生活,传承中华民族戏曲艺术,进而全面推进河南省"戏曲进校园"工作。从 2017 年 6 月开始,豫剧韵律操作为一项重点内容列入河南大学承办的国培、省培的中小学音乐教师培训内容。

近两年,河南大学对参与国培的音乐教师进行了高密度、高强度的豫剧韵律操集中培训,促使中小学音乐教师的戏曲艺术素养和音乐课堂教学能力得到全面提升,为"戏曲进校园"活动提供了高水平的师资保障。

第三节 跟踪指导机制助推教师持续发展

为了保证"国培计划"环节的连贯性和培训成效的持续性,解决"感动激动,不见行动""人走茶凉"等使培训难以落地生根的问题,河南大学对国培学员不仅"扶上马",还要"送一程",扎实做好"最后一公里"的跟踪指导工作。

首先,做好追踪回访工作。集中培训结束后,河南大学派专人到学员所在学校和市县教育局走访考察,了解培训效果,听取各方意见建议,作为今后改进国培工作的参考依据。

其次,建立网络交流平台。河南大学利用网络研修社区,组织学员切磋交流,共享学习成果;通过微信群和QQ群,推送集中培训时的课件资料,供学员后续学习;指定专人定期在学员群里发布相关专业信息,鼓励学员在群里讨论专业问题,把学员交流群建成学习社区,形成学员学习共同体。

最后,成立专家指导组,开展线上线下指导。学校成立了由专业教师、管理人员、中小学一线教师、优秀校(园)长组成的专家指导组,随时提供线上指导咨询服务。另外,定期邀请岳亚平、赵振国、叶平枝、刘先锋等校内外学前教育专家到学员所在幼儿园开展"送培"业务,采用举办讲座、诊断课堂问题、改进学校教研活动、帮助制定学校发展规划的方式,帮扶基础薄弱的乡村幼儿园整体提升教育水平。

线上搭建交流平台,线下进校跟踪走访,及时掌握学员发展动态,提高教研活动实效,推进国培成果"落地生根、开花结果"。

统筹规划,打造国培特色。在扎实做好常规性、规定性动作的同时,河南大学结合学校实际,不断探索特色明显的"自选动作",将"国培计划"与大学精神、校园文化、教学管理、课程与学科建设等进行统筹谋划,开设特色课程、讲座。同时,河南大学将历史文化、校园文化、学术文化融入国培实施全过程,使政策的刚性和文化的柔性相互浸润,以研修文化促进教师专业成长,铸造具有河南大学特色的培训品牌。

河南大学借助教师教育"综合性、多学科"优势,为教师教育类专业提供了有力的学科支持,教师培养培训特色显著。在开展多层次教师培训、构建职前职后一体化支撑服务体系等方面,河南大学具有很强的人才优势、专业优势和良好的条件保障。

依托"国培计划"平台,河南大学积极开展县域教育对口帮扶工作,增强大学生社会服务能力。2020年6月4日,河南大学与民权县人民政府签署《战略合作协议》,商定在教育、医疗卫生、葡萄酒产业、工业新型材料、通航、人才培训、城乡规划、文化旅游、特色文化产业九个领域开展全面合作,借助河南大学人才、科研、技术优势以及民权县资源和产业优势,促进产学研有机结合,推动高等教育和地方经济持续发展。同年8月,为推动协议实施,河南大学远程与继续教育学院和民权县教育局达成协议,利用国培、省培契机,为民权县开办中小学校长分层分类培训、音体美等薄弱学科教师及骨干教师培训,并根据民权县教师职业发展的需求,陆续开展各级各类教师培训项目。

河南大学注重专业研修的同时,利用网站、报纸等媒体,多视角宣传报道"国培计划",使更多教师了解国培,踊跃到河南大学培训,同时也让社会公众正确认识国培,形成全社会支持发展乡村基础教育、关心乡村教师专业成长的社会氛围。

河南大学不断探索国培发展新思路,并围绕培训模式优化、专家团队组建、课程设置、过程管理、质量保障、评价标准制定等,开展国培专题研究,为深化国培改革提供决策依据和理论支撑,先后有《"国培计划"实效性研究》《"国培计划"置换脱产研修项目的问题及对策研究》《"国培计划"师范生顶岗实习有效性研究》等7项厅级国培课题获批立项。

河南大学实施"国培计划"历时十余年,成果丰硕,成效突出。根据统计,截至2021年,河南大学共承担"国培计划"任务28154人次;共开展"送培到县"289次,使数万名中小学乡村教师从中获益。学员报到率在95%以上,满意率在97%以上。

第十章　河南师范大学"国培计划"的成效与经验[①]

"国培让我的事业发展方向发生了改变：教师只会传道授业解惑，不能算是好教师。时代在变化，教师必须与时俱进，不断成长，不断提升自己的专业素养。"灵宝市实验高级中学英语高级教师杜振龙深有感触地说。2010年1月，杜振龙参加了由河南师范大学承办的首届"国培计划"——中西部骨干教师国家级培训班；2015年，他开始参与一系列国培授课工作，累计为三门峡市部分中小学和省内外教育机构做了近40场讲座和报告。

据统计，自2010年成为教育部国培示范性项目、中西部项目资质单位以来，河南师范大学共完成培训任务31086人次，其中示范性项目2507人次，中西部项目28579人次。经过10年的探索和积累，河南师范大学在完成"国培计划"的基础上，结合自身优势，形成了一套为"国培"量身定制的实施策略。

第一节　组建高水平团队，营造优质国培氛围

为保障培训质量，河南师范大学高度重视授课团队的组建。第一，慎重选聘首席专家，强化首席专家职能。第二，建立层次多样、结构合理的培训师资库。师资库成员包含从事基础教育教学研究的知名专家和"国培计划"专家库成员，教育发达省份的中小学一线名师、优秀教研员和教育教学专家，中原名师、河南省名师、河南省骨干教师和省内重点中小学的一线名师、优秀教研员等。省域外师资比例不低于33%，一线优秀教师、教研员和校长的比例不低于50%。

河南师范大学在进行国培的同时，全方位营造文化育人氛围，打造具有特色的国培校园文化。国培期间，河南师范大学为参训学员颁发胸牌，增强学员认同感。他们成为河南师范大学校园内具有标志性的文化群体。河南师范大学在高度重视打造文化育人氛围的同时，依据国培开发了一系列具有鲜明区域特色的文化课程。例如，通过红色文化基地学习课程，传承革命精神，强化使命担当；通过中华优秀传统文化涵养师德、厚载师德课程，着力打造"四有"好老师。

河南师范大学借助各种渠道传播国培声音，营造宣传氛围。培训期间，河南师范大学在本校"国培计划"工作网站上发布新闻稿件100余篇，编制工作简报近

---

① 本章供稿者为河南师范大学李永青。

1000 期。由河南师范大学创作的《"国培"之歌》,被少数民族的学员翻译成哈萨克语、藏语、蒙古语在校园传唱,形成了"人人了解国培、人人支持国培"的氛围。

第二节 实践探索谋创新,构建特色培训模式

河南师范大学利用自身"国培"经验,经过不断实践探索,构建了"一二三四"培训体系。确定"一个主题",围绕参训教师、校长专业化成长需求这一主题设置培训方案。设置"两名导师",为参训学员配备理论导师和实践导师,对学员进行全过程指导。做好"三个结合",将参训学员专业成长和解决实际问题相结合,理论提升和技能提升相结合,过程性考核和终结性考核相结合。创建"四个平台",为国培学员搭建师生对话互动平台、学员交流互助平台、学员基本技能训练平台、学员能力提升实践平台。这些措施配合"国培计划"顺利进行。

"这次培训学习坚定了我的教学理念与方法。国培过后,我对任教班级的初中生物作业从内容到形式、从过程到评价都进行了创新,更加注重课外实验。现在,学生可以撰写实验报告,构建思维导图,也可以将生物课当歌唱、当故事讲。"学员陈菊英感慨道。

河南师范大学在构建特色培训体系的同时,还注重培训模式的创新,形成了 LEPP 培训教学模式和 RICH 课程实践模式。

贴近学员设置 LEPP 培训教学模式。LEPP 即引领(Leading)、体验(Experience)、实践(Practice)、平台(Platform)。通过"教师理论讲授—学员研讨交流—教师现场解答—特色说课评课—专家指导点评—专题网站平台跟踪指导"等一系列流程,参训学员以体验、对话、交流和分享等方式,积极参与、多向交流、充分互动,有效激发了学习和研究兴趣,自身潜力和反思意识得到充分挖掘,为养成终身学习习惯、促进专业持续发展起到了很好的推动作用。

探索构建 RICH 课程实践模式。该模式涵盖研究性学习(Research-based learning)、整合性课程(Integrated curriculum)、群体学习(Community learning)和人文素养全面发展(Humanistic outcomes)四个方面。这一模式具备三个特点:第一,让教师跳出以"教学目标—教学方法—教学评价"为特征的科学课程范式,把课程看作一项社会活动、一种话语文本去理解、批判和探索;第二,把课程的发展看作教师作为思想者的人的发展;第三,把课程实践者作为研究主体和研究对象,把实践探索、理论反思、教学研究和个人发展融为一体。

第三节 评价反馈机制重质量,夯实培训成效

河南师范大学的国培项目以目标为出发点和落脚点,加强全过程质量管理,切实提高培训质量和效益。首先,在训前召开学员座谈会,现场听取学员的意见

与建议,及时协调相关部门和工作人员解决问题,与上级单位加强沟通,不断改进培训工作。其次,在训中成立培训工作督导组,深入培训一线听评课,与学员交流,收集意见与建议,形成督导检查评议表,对培训工作进一步督管、检查和指导。最后,在训后通过培训学员、学员单位、教育部门对培训过程和培训效果进行反馈,查找培训存在的问题,并接受专家工作组的指导评价,为进一步做好培训工作奠定基础。

通过系列培训,"国培"学员自身的教育教学理念和教育教学能力得到了提升,进一步掌握了开展教育教学活动的新技能和新方法,夯实了教师的责任意识、奉献意识、团队意识、爱心意识。

第十一章 安阳师范学院"国培计划"的成效与经验[①]

对参加小学数学省级骨干教师培训的教师来说,2020年12月18日至19日的培训活动,恰似冬日暖阳般温暖。隆冬严寒之际,尽管窗外寒气袭人,室内却暖意融融。2020年12月18日上午,小学数学省级骨干教师培训在安阳师范学院正式拉开了帷幕。

自2011年承担"国培计划"项目以来,安阳师范学院不断探索、反思、实践,提出了"二贯通四精准"的培训理念,通过多样化的培训方式全面保障国培质量。经过国培十年的改革和发展,安阳师范学院共集中培训学员7950人,送教下乡231次,培训学员11550人。

第一节 纵横贯通,培训过程满足学员需求

纵向贯通整个培训过程,满足学员需求。安阳师范学院建立了基于教师培训的继续教育网络研修平台,实现了参训教师从"项目管理—学情分析—课程资源—研讨互动—在线学习—实时评价—成果展示"等一系列功能的纵向贯通。学校目前建立网络在线课程3000多门,涵盖中小学、幼儿园全学科全学段,实现了学员"线上碎片化学习+线下集中培训"相结合的目标,充分满足了学员个性化、多样化的学习需求。自承担"国培计划"项目以来,学校积极探索线上线下的最优化模式,推动参训学员深度学习,促成教师专业研修共同体,使教师专业发展贯通整个培训过程。

横向打通"四方"通道,实现互利共赢。"名师网络工作室"师带徒远程研修,为一线教师的交流搭建了一个很好的平台。"在这里,我们可以畅所欲言,同行之间可以相互交流,遇到问题还有专家为我们答疑解惑,很好地促进了我们的校本研修。"省级骨干教师培育对象、濮阳市油田第二小学教师刘维青说。安阳师范学院通过"名师网络工作室"师带徒项目,让高校师范专业教师、基础教育一线教学名师、参训学员、师范生深度参与,实现了资源共享、互利共赢。高校师范专业教师通过此项目,更加了解基础教育现状,解决了高校教师缺乏一线教育信息的问题。中小学、幼儿园一线教学名师带来的优质教育教学理念和课例示范,使高校

---

① 本章供稿者为安阳师范学院李武装。

教师、参训学员和师范生的教育教学水平都得到了提高。

第二节 结合实际,"四精"理念促进教师发展

以问题为导向,精准设计培训方案。培训方案是"国培计划"实施的蓝图,是建立教师专业研修共同体的基础,培训质量的优劣根本上取决于培训方案的优劣。安阳师范学院按照《乡村教师支持计划(2015—2020年)》《中西部项目和幼师国培项目实施方案》顶层设计,要求各培训项目做到"四找准",即找准培训需求、找准培训目标、找准培训师资、找准培训方式。学校每学期召开培训方案设计研究会议,集体研讨项目要求,精心研制培训方案,并组织专家设计前期培训需求调查问卷,深入中小学广泛开展训前调研,撰写调研报告。根据项目要求和中小学教师实际需求,安阳师范学院以问题为导向,确立培训目标、培训主题,聚焦问题,精准设置培训课程,精心编制培训方案。

以需求为导向,组建精湛的师资团队。师资团队是影响培训质量的核心因素,是教师专业研修共同体的核心力量。业务精湛的培训师资团队能够有效地实现培训目的。在培训师资遴选上,安阳师范学院凸显实践导向,把学科教育专家、一线高水平教师、教研员和往届优秀参训学员进行多维组合,确保熟悉中小学、幼儿园教育的学科专家和一线优秀教师、教研员比例不低于50%,省域外专家比例不低于35%,充分体现了培训师资构成的广泛性和异质性,多角度、立体式地探讨学科教育教学问题。

以任务为驱动,设置精确的培训方式。"国培计划"期间,安阳师范学院实施全员参与的互动式交流研讨,实践式体验跟进,以期和参训学员产生共鸣,用内驱力促进教师专业研修共同体的形成。在培训中,安阳师范学院为专家和参训学员搭建互动平台,设置小组磨课演练、沙龙专题研究等模块,组织参训学员去名校跟岗、听课、考察,并和名校名师结对子。例如,每周一次的沙龙专题研究设置"参训学员喜欢什么样的培训课程""教学中急需解决的问题"等主题,为参训学员提供交流分享的专业平台。磨课活动是让参训学员经历一次完整的、规范的课例研究,包括设计、展示与反思。该活动与跟岗实践相结合,突出实践性,旨在提高学员教学实践能力和水平。

以服务为宗旨,建立精细的管理团队。管理团队是保障国培项目运行的组织者与监控者,是确保培训顺利实施的重要保障,也是教师专业研修共同体的重要支撑。安阳师范学院要求管理团队有一定的专业素养,能够与参训学员、专家进行关于教育教学专业问题的探讨,能够深入挖掘优质参训学员资源,能够用"以人为本"的管理与服务理念培育积极向上的团队,引领和感染参训学员进入积极开放的培训状态,充分凸显"国培"管理的人文情怀。

第三节　创新方式，动态评价提升国培质量

创建网络班级，实施"过程性管理，伴随式评价"。国培期间，学员利用网络实行网上管理和动态评价，网上签到、发布任务、提交作业、在线回看课程视频、线上进行教学研讨，形成了浓厚的学习氛围。参训学员对照目标，发现了差距，找到了努力的方向，激发了自身学习的动力。另外，安阳师范学院还利用线上大数据平台对学员进行过程性评价，使参训学员深度参与，大大提升了培训效果。

聘请专家，不断强化教师专业发展。安阳师范学院聘请省内外高校、教研机构以及省内外一线中小学的著名专家、教授、特级教师，为学员带来了一场场精彩纷呈的报告和示范课。"中央民族大学的孙晓天教授围绕创新学生人格培养、小学数学教育应该做到全纳性等方面，让我们对教师这个职业有了更清醒的认识，即应该让孩子们喜欢并爱上数学，感受到数学的价值。生动的讲解、鲜活的课例，如同一股股清泉，流入每一位教师的心底。"这是安阳师范学院组织的省级骨干教师小学数学第一组编制的简报中的一段话。

安阳师范学院通过各类项目的顺利实施，有效发挥了国培项目的引领、示范和辐射作用，积极促进了河南省农村教师整体素质的全面提高。

第十二章 继教网[①]:"课例研磨式主题研修"引领教师工作坊培训新模式——河南省2019年乡村教师工作坊项目纪实

第一节 乡村教师工作坊项目开展背景与问题

一、背景

根据《河南省教育厅关于组织实施"国培计划(2019)"——河南省中小学幼儿园教师培训项目的通知》(教师〔2019〕515号)文件要求,教师工作坊项目要聚焦教师课堂教学、学校校本研修和县级教师培训机构服务能力提升等问题,以参训教师"家常课"为基础,为每位教师量身打造一节示范课、精品课或优质课;以项目校特色为基础,打造一批校本研修示范校;以具体任务为驱动,赋能县级教师培训机构,建立县域教师专业发展支持服务体系等任务要求及"国培计划3.0"的新要求,对2019年乡村教师工作坊项目提出了新的要求及挑战。

二、问题

继教网从2016年开始承担河南省国培计划——乡村教师工作坊项目,实施以来虽然取得了一定的成效,但是还存在以下问题。

(1)在教师工作坊项目中,学员除参加线上远程培训之外,还要参加三次线下集中培训。在项目实施时线上培训和线下集中培训不是一体化设计,存在"两张皮"的问题。

(2)在以往的培训内容设计中,往往是对参训教师进行全面知识、理论及技能的培训。另外,培训时间限制、参训教师的个体差异、需求不同等原因,造成培训内容虽大而全,但是培训内容不够精准。

(3)在以往的培训过程中会相应地设置培训主题,但是培训主题更倾向于通识

[①] 继教网是全国中小学教师继续教育网的简称。

性,且偏大,不够具体和精准,没有细化到每个学段、每个学科及每位老师的不同需求。

(4)以往培训中缺少作为研修成果的优质课例锤炼生成的环节,学用脱节。

第二节　河南省2019年乡村教师工作坊问题解决思路

一、扎实调研,为方案科学制定把脉问诊

为了解国培教师工作坊项目区县不同角色培训需求,为方案研制与项目实施提供依据。继教网在4月18—25日协同南阳市教育局选聘专家团队重点对镇平、内乡、淅川、桐柏、南召、社旗等几个县区的项目校长、工作坊主持人、一线中小学教师等通过网上开展问卷调研和实地考察、分角色深入座谈等方式进行了培训需求调研。

二、科学设计,为分层精准实施指明方向

继教网专家团队在认真总结"国培计划2.0"中教师工作坊项目实施的经验和不足,深入系统学习"国培计划3.0"提质增效的新目标、服务大局的新站位、教师中心的新理念和教师校长成长规律的新遵循,严谨、科学地设计了项目申报方案,申报方案得到评审专家的一致好评。项目申报结束后又按照专家评审反馈意见进一步修改完善了申报方案,最后将申报方案转化为实施方案。

三、组建高水平、本土化培训者团队

继教网结合参训学员情况、项目设计及教育厅文件要求,组建了项目执行团队,致力于打造一支本土化教师培训团队。其构成如下。

(1)专家团队:由教学经验和国培经验丰富的教授、副教授、中原名师、省级名师等组成专家培训团队。

(2)工作坊主持人团队:继教网协同各项目县共同遴选了180名技术过硬、责任心强、热爱教育事业的县级教师进修校骨干教师、教研员、一线名师组成了工作坊主持人团队。

(3)管理员团队:由市级管理员(市教育局师训科负责人)、县级管理员(县师训股负责人)和100名懂业务、善管理的项目校校长、副校长组成了管理员团队。

四、严格流程,为培训规范开展订立规矩

为了聚焦一线教学中存在的实际问题与困惑,科学规范地开展学员线上、线下培训活动,各县区及培训团队按照继教网规定的培训内容、培训模式,在规定的

培训时间段内完成了阶段性培训任务。做到了"四个统一",即统一规划、统一流程、统一部署、统一实施,以规定动作圈定每个阶段培训的内容和方向,确保项目实施扎实有效。伴随着线上和线下研修活动的有效开展,不仅参训教师们酣畅淋漓地体验了主题研修活动和研课磨课活动的获得感和成长感,同时坊主们的工作坊主持能力和学科指导能力也得到极大提升。

五、以生成标志性成果"优秀家常课"为任务,驱动研修有效推进

"国培计划 3.0"时代,更为关注应用导向和提质增效。继教网沿袭"示范教学—研课磨课—成果展示"的范式,旨在以参训教师"家常课"为基础,为每位教师量身打造一节示范课、精品课或优质课。训前坊主通过课堂观察、问卷星+纸质问卷、师生座谈等形式,精准聚焦本坊学员课堂教学中存在的难点和困惑,围绕主题进行"一课一专题"的示范教学,并通过"研课磨课""成果展示"等环节,将"课例研磨"这种有效的校本研修模式在项目校进行示范和推广。

第三节 河南省 2019 年乡村教师工作坊项目案例创新点

教师工作坊研修,是针对乡村教师教育教学中呈现的突出问题,聚焦研修主题,采取诊断示范、示范教学、研课磨课、成果展示等方式,由工作坊主持人组织全坊坊员共同进行的一种递进式、主题鲜明的研修活动。继教网本项目主要特征体现在以下四个方面。

一、主题精

为了更好地发挥工作坊的示范和引领作用,继教网协同项目县教体局按照1∶1∶1的比例,在县市级教师进修学校、教研室和县域名师中择优遴选工作坊主持人,这些主持人具有丰富的学科教学经验,熟悉教师成长需求和学生成长规律,能够以课堂为基础,精确调研并精准诊断出本坊坊员学科教学中存在的疑难困惑,聚焦真实课堂的实践环节,以问题为导向,聚力一种课型的优化、一个栏目的设计或者一种能力的提升,小切口,微聚焦,精选研修主题。2019 年 154 个工作坊分学科共提炼出 146 个研修主题,如"统编教材'快乐读书吧'栏目的教学设计""基本活动经验在小学数学课堂教学中的有效落实""初中英语阅读 Section C 板块的优化设计"等。

二、过程实

与常态的教师集中培训相比，混合研修多了网络资源的支持和平台的展示，这也为研修的翻转融合提供了可能。按照继教网对项目的整体设计，主题混合研修，分为三个阶段实施，即线上自学诊断、线下集中答疑和返岗实操跟进。其中线上自学诊断设必修和选修课程，必修课程为通识内容，选修课程由工作坊主持人根据研修主题在平台上遴选并推送学习资源，指导坊员完成线上任务单和主题研讨。线下集中答疑由工作坊主持人就自学诊断呈现出的问题，量身打造微型专题和示范课例，通过示范教学、课例研磨和专题研讨，将网络研修、集中培训与教学实践相结合，实现教师即学即用，确保研修实效性。返岗实操跟进主要采取入班现场听评指导和线上优秀成果展评等方式进行，由工作坊主持人对坊内教师进行个性化指导，为每位教师打造一节基于研修主题的、相对成熟的生成性"金课"，解决一个问题，提升一种能力。

三、研磨细

"三段六环"课例研磨，是主题混合研修中最重要的一个环节：初期磨设计，文本建构，集中定向研磨；中期磨课堂，课堂实操，校本精准研磨；后期磨成果，成果打造，个体深度研磨。从文本到课堂再到成果，三个阶段由浅入深、循序渐进，促进坊员的问题解决、能力提升和"金课"的渐次生成。坊员人人上课，课课评议，团队智慧共筹，研课做到"六明"，磨课做到"四改"。同时，采用一节研磨设计加一节练习设计的"1+1"双线并进形式，有"学"、有"做"、有"评"、有"用"，做实研磨环节，巩固研修成果。

四、建模稳

采用"跟培—互研—自练"三步走的流程，以一次完整的研修活动为引领，手把手带项目学校做研训，了解线上资源与线下研修的有效融合与实施，熟悉并运用以"课例研磨"为主要环节的主题混合研修模式，以例建模，把一种混合研修的范式留给项目学校。第一步，跟培，就是跟着培训，这是一个"育种子"的过程。培训以乡镇为单元建坊，项目学校校长任项目校长，由项目学校参训学科的全体教师、教学副校长、教研组长和区域联动学校的教导主任、骨干教师组团成坊，全线参与研修活动，在参与中熟悉研修的环节设计及实施要求。第二步，互研，跟培结束后，这些种子教师就切换角色，从坊员变身为校本混合研修活动的策划者，组织本校或区域联动学校同学科教师进行"互研"，就该环节流程的设计意图和注意事项进行交流碰撞，遴选研修主题，确定研修流程。第三步，自练，即项目学校"一科带多科"、区域联动学校"一片一科"，由种子教师带领学科教研组开展主题混合研修活动,工作坊主持人根据主题推送线上学习资源包,并就研修主题的遴选及流程设定进行全程跟进,以战养战,深化复盘,助推项目学校主题混合研修的有效建模和常态化运行。

第四节　河南省乡村教师工作坊项目思考与展望

一、加大训前精准调研力度

及时整理、反思、内化上年项目实施取得的成效及存在的不足之处,结合当年省教育厅新的国培文件要求,进一步做好项目前期各角色的精准调研,使培训效果更加有效,更有针对性。

二、深化混合研修实施方案

在"河南省'国培计划'(2019)——教师工作坊项目"实施中,采用基于学科主题研修的"两轮六环"研课磨课法,确保工作坊研修助力校本研修,且取得了良好的效果,深受一线乡村教师的欢迎。在项目后续实施中,在继续深化基于学科主题研修的"两轮六环"研课磨课法的基础上,再结合训前调研,进一步科学设计培训方案,使之更加便于实施,更接地气。

三、加强培训团队人员遴选工作

在项目实施过程中发现有些学员所在学校过于分散,不利于整校推进校本研修。个别项目校校长、工作坊主持人能力欠佳或主动性、责任性不足,导致某些学校或工作坊培训工作滞后。在后续实施中,报名前期就加大对项目县管理员的沟通,采取多种有效措施遴选各个培训角色,并结合以往培训团队的工作表现,确定新的培训团队,使其在培训工作中发挥更大的作用。

四、注重成果生成和辐射利用

在培训过程中和结束后生成了大量文本、视频等学习资料及学习成果,优秀课例录入继教网本土资源库,建议项目县、项目校将培训考核纳入教师梯队攀升体系,建立完善制度,帮助项目县建立本土化培训资源库。

五、创新混合研修培训模式

新冠肺炎疫情防控期间,"在线直播""录播"技术的引入生成了"同步"在线培训、"异步"在线培训、"同步+异步"在线培训等新研修形态,继教网将会凭借在线研修具备的"校本研修"和"网络研修"跨时空优势,不断创新混合研修培训模式。

第五节 河南省2019年乡村教师工作坊项目应用方式与成效

一、坊员成长

主题混合研修,聚焦教育风向,聚焦真实课堂,"一训一主题""一课一专题",平台督查辅导,群内答疑解惑,线上线下融合翻转,从理论到实践再到提升,不仅为每位坊员量身打造一节示范课、精品课或优质课,更留下了切实可行的校本研修方法,掌握一种技能,带动一种成长。就此次研修,王建会老师说:"这次国培是指导最全面、最细致的一次:有优质的线上资源推送,有丰富的教学示范引领,有亲临一线的现场评议,有坊员们的碰撞研磨,线上线下有效结合,围绕主题,翻转教学,充分唤醒了教师们的自我求知欲,此次学习,获益良多。"

二、主持人成长

为科学规范地开展工作坊研修活动,增强实效性与针对性,继教网按教育厅要求分三次进行了递进式引领培训。三个阶段的主题混合研修活动,在继教网和各项目县领导小组的组织下,统一流程、统一规划、统一部署、统一实施,以规定动作圈定每个阶段研修的方向,180位工作坊主持人在带领全体坊员经历了完整的主题混合研修活动的同时,也经历了个人教学经验的总结和锤炼,刷新了自我教学理念的认知与定位,从抽丝剥茧到华丽蜕变,推动自身从优秀迈向卓越。

三、项目校成长

"国培计划(2019)"工作坊研修项目总体目标中明确指出:工作坊研修项目要以项目学校为基本单位建坊,以项目校特色为基础,打造一批校本研修示范校,扎实推进项目学校校本研修建模。"跟培—互研—自练"三步走,通过任务驱动,在做中导之以行,较好地帮助了项目学校熟悉并运用主题混合研修模式,继而由此及彼,拓展至更多学科和更大区域,实现各学科的联动融合发展,助推校本研修常态化运行。

四、县域教师培训方式的革新

"以学生为中心"的培训时代,需要用更为科学的方式引领中小学教师的专业成长,除了建设班级文化、学科文化,注入SWOT需求分析、ORID焦点讨论、教师培训标准自我测评这些有效的培训因素外,主题混合研修为我们打开了一扇洞见的窗。2019年秋季,继教网协同项目县进修学校组建精干研发团队,启动了对"互联网+"一体化培训翻转平台的研究,优化网络研修与现场实践的有效融合,现已进入技术攻坚阶段。

第十三章 平顶山学院"国培计划"优秀学员成长案例

第一节 "国培计划(2019)"非学前教育专业教师专业补偿培训项目优秀学员成长案例

"国培计划(2019)"非学前教育专业教师专业补偿培训项目针对非学前教育专业幼儿园教师专业发展的需要,形成了"理论学习+一线实践"模式,精心选择培训主题、合理规划培内容、整合多元培训路径,主要围绕"师德修养""基础知识""教学能力""跟岗实践"四个模块,内容涵盖专业理念与师德修养、基础知识的理解与掌握、教育教学能力的获得与提升,内容紧紧围绕非学前教育专业幼儿园教师专业发展,突出专题教学与案例教学,注重参训学员的参与互动,为后面的跟岗研修阶段提供支持。在专题安排方面,本次培训实践性课程所占比例达58%,授课教师中一线教师、教研员所占比例达68%,能够有效提升非学前教育专业幼儿园教师理论与实践的双重水平,既保证了培训内容的深度和广度,又保证了培训内容的灵活性和实效性。"国培计划(2019)"非学前教育专业教师专业补偿培训项目遴选出5名学员作为成长案例,通过培训前测—过程中测—培训后测,每次测试均以说课或微课录制视频方式体现,最后聘请一线名师为5位学员的三次活动设计进行比较分析,并形成分析报告,力图体现学员成长可视化。5名学员来自不同地市,其中2名为公办幼儿园教师,3名为民办幼儿园教师;2名教师教龄不超过2年,3名教师教龄为3~4年。5名学员分别以同一活动名称进行,可根据认知与经验对活动进行改编与创设,本次培训的学习和培训过程活动中的专业指导为这5名学员的专业能力提供了强有力的支持,5名学员从前测的"白手起家"到过程中测的"渐入佳境",再到最终的公开课展示,成长对比明显,表现历历在目,进步清晰可见,充分体现出本项目培训的优质成效。本节选取其中的3名学员进行展示。

一、优秀学员王婷老师成长案例

新长垣县张三寨第一幼儿园　王婷

王婷老师来自新乡,2018年6月毕业后进入长垣县张三寨第一幼儿园工作。作为一名非学前教育专业教师,通过"国培计划(2019)"非学前教育专业教师专业补偿培训项目的学习,受益匪浅。在为期30天培训学习期间,王婷感受最深的是国家对学前教育前所未有的重视,基于此,幼师才能有幸成为"国培计划"的直接受益者。通过学习,她深深地感受到学前教育面临的机遇与挑战,借此有机会进一步夯实幼教理论基础,从而有效提升了她对幼儿园教学活动、区域活动的组织能力。

(一)扎实教育理论,拓展教育视野

培训期间,"国培计划(2019)"非学前教育专业教师专业补偿培训项目精心设计了丰富的学习内容。通过理论学习,王婷老师深刻地感受到幼教工作者的意义。作为一名合格的幼儿教师,要做到为人师表,坚持严以律己,增强自身的自控能力,每天都带着一份好心情投入工作中,带着微笑迎接孩子。幼儿园的工作烦琐、压力大,要都能坦然面对,不以个人的得失斤斤计较,不把个人情绪带到工作中来。王婷老师表示受益最深的是听了程永华老师的《师德师风与教师职业道德修养》讲座,在程老师的引领下,王婷老师对幼师神圣的使命有了更深的认识,对模范教师肃然起敬,同时对于得到社会的认可感到深深的欣慰。王婷老师认为作为一名幼教工作者,自己面对的是一群天真无邪、年龄尚小的幼儿,他们不谙世事,生理、心理都不成熟、不稳定,因此他们需要的不仅是良好的师生关系,更是一种和谐、融洽的师幼关系。本次培训让王婷老师深刻意识到作为一名教师更重要的是塑造内在的修养,学识和内在素养要共同提升。只有不断地更新自己的知识,提高自身素质,不断地完善自己,才能教育好学生。

(二)跟岗实践中践行教育理念,提升教学素质

按照学习安排,王婷老师进入平顶山市育新幼儿园、育才幼儿园、平煤幼儿园3所优秀实践基地幼儿园进行了为期12天的跟岗实践。王婷老师表示3所幼儿园都有各自的特色,她被其文化氛围深深地吸引着,特别是育才幼儿园,虽然它的外表平凡,占地面积不大,但其历经多年的打磨、提炼、积淀的文化给她留下了深刻的印象。王老师认为育才幼儿园已经做到了班有特色、园有规矩、师有教养。自己有幸亲眼看到,亲身感受到育才幼儿园教师精细化的规矩,并且有了更深层次的理解。

(三)30天"磨"一课,宝剑锋从磨砺出

培训期间,王婷老师以中班数学"认识椭圆形"为教学案例进行了为期30天的"磨课"。在此期间共录课3次,指导10余次,由专家、一线名师、班主任进行指导,多次修改教学设计,讨论活动细节,帮助王婷老师提升教学能力,磨出"上台即能用"的精品示范课。

一线名师的指导,使王婷老师受益匪浅。回想起第一次尝试录课的时候,她很紧张,甚至有中途放弃的念头,是伙伴和指导老师的鼓励才使得这次的录课顺利完成。这次录课也让王老师从中学习到很多东西,人都是在磨炼中成长的,你不逼自己走出舒适圈,永远不知道自己的潜力有多大。

录课之后王婷老师也进行了自我反思,发现自己还有很多不足之处,比如思想观念跟不上,教学思路不够清晰,理论知识不扎实,很容易怯场,面对众人的时候不够自信,录课过程中经常出现口头语等。但是这些缺点在第三次时得到了很大改正。经过本次录课,王婷老师发现了自己的优点和短板,表示以后会更加努力地学习,把培训的成果带回去慢慢消化吸收,努力更新观念,改正不足,同时更加认真地备课,多向经验丰富的老师学习,相信通过一路锻炼,一路经历,一定会打造出一个全新的王婷老师。

"国培计划(2019)"非学前教育专业教师专业补偿培训项目的学习(见表13-1),让王婷老师深深地感受到自己肩负的压力和使命。国家对幼师的大力培养,是让幼师通过专家引领和自主研修,达到自我成长,并学以致用,成为农村学前教育改革和发展的开拓者,成为幼儿教师发展的引领者和教学科研的示范者。王婷老师认为,作为一名幼儿教师,她有责任有义务把这次培训的所想、所得、所思融入今后的工作中,进一步修心、修行、修能,真正做一名学以致用的实践者、先进幼教理论的传播者、教师专业成长的引领者。

表13-1 "国培计划(2019)"非学前教育专业教师专业补偿项目成长案例对比分析(一)

活动名称	中班数学:认识椭圆形		教师姓名	王婷
教学设计	活动目标	第一次活动目标定位具体详细。 第二次活动目标定位切合中班幼儿年龄特点,更具体,符合《3～6岁儿童学习与发展指南》科学(二)目标3,中班"能感知和发现常见几何图形的基本特征,并能进行分类"		
	教学方法	第一次活动故事导入,方法不错,但是教具"汽车"图片太小,不利于幼儿观察。汽车比赛引出轮子,引出方式可以,但是比赛结果不严谨,小结不科学。教师先后出示两个图形,没有进行对比,发给幼儿的图形都是用白纸剪成的,不利于幼儿表述。 第二次活动开始一蓝一黄两个不同形状、不同颜色的图形导入,一下子激发了幼儿的兴趣。通过从不同方向的图形进行观察对比,图形边、对折线的比较,最后归纳出椭圆形的特征。操作、观察、比较、归纳、总结,得出结论		

续表

活动名称		中班数学:认识椭圆形		教师姓名	王婷
教学设计	活动过程	环节完整性		第一次环节设计还行,幼儿观察、操作,但是课时15分钟,难点没讲透。 第二次环节设计步步深入,小结到位。教师讲解细致,导语精练,孩子们在观察、探索、操作中了解了椭圆形。课时23分钟,较完整	
		内容选择		选材贴近幼儿生活,趣味性强,符合中班幼儿的认知特点,真正体现出《3~6岁儿童学习与发展指南》中提到的,让幼儿初步感知生活中数学的有用和有趣	
		幼儿年龄特点适合度		适合中班幼儿的年龄特点,幼儿认真观察,乐于操作,主动学习,充分感受生活中椭圆形的形状特征,并在生活中尝试识别、描述和应用	
		游戏化教学		第一次活动幼儿在操作游戏中,只是摸摸图形边,没有仔细观察、对比、归纳,没有真正认识椭圆形。 第二次活动幼儿积极参与,操作游戏中幼儿看图形、折一折、比一比,最后画一画,幼儿兴趣浓	
		教师提问与应答		第一次教师提问可以,但有时个别提问句概念有些模糊。 第二次教师提问更准确,如教师举着图形说"我想变身一下",提问充分调动起了幼儿的思考与学习,为幼儿正确理解椭圆形的特征做好了积极准备	
		辅助手段应用		第一次为幼儿提供的操作图形较为单一。 第二次提供的图形有色彩对比、形状对比,提供的课件中有"椭圆形变变变",还有生活中的椭圆形物品,很贴切,幼儿的学习积极性高	

续表

活动名称		中班数学:认识椭圆形	教师姓名	王婷
教学能力	教育观念	第一次教学用故事引出椭圆形,并通过观察、触摸图形来学习,不错。 第二次教学利用多媒体手段让幼儿积极参与,教师把学习的主动权交给孩子,幼儿自己观察、操作,教师鼓励和支持性的教育理念,丰富了幼儿的生活,扩散了幼儿的思维		
	课堂组织	教师教态活泼,第一次课堂组织能力不错。 第二次教师心中有目标,眼中有孩子,课堂组织得更好		
	师幼互动	第一次教师讲得多,互动性不强。 第二次教师把幼儿带到了前面,和幼儿一起观察图形,找不同,说特征,对幼儿的表达进行提炼,幼儿参与性强,互动好		
	语言表达	教师思路清晰,第二次比第一次数学概念讲述更清楚,和幼儿相处十分和谐,像一位大姐姐在和孩子们一起游戏。 幼儿在两次活动中,学会观察、思考、解难、正确表达,思维得到发展		
	行为规范	教师行为积极向上,热情开朗。 第一次幼儿注意力不太集中。 第二次幼儿听得更认真,动手操作能力强,会观察、比较		
教学效果	课堂气氛	第一次课堂气氛不错。 第二次活动中幼儿积极参与,课堂气氛活跃,趣味性强		
	幼儿参与	第一次幼儿参与一般。 第二次幼儿动手操作,动脑筋解答问题,参与度更高		
	目标达成度	第一次活动目标基本达成。 第二次活动目标明确,教师为幼儿提供更多的操作探索、交流合作、表达表现的机会,支持和促进幼儿主动学习。幼儿发言踊跃,思维活跃,教学效果不错,目标达成良好		

注:需填写具体内容,注重两次活动具体内容的对比。
点评教师:陈凤。

二、优秀学员李梦莹老师成长案例

唐河县源潭镇中心幼儿园　李梦莹

李梦莹老师来自唐河县源潭镇中心幼儿园,2011年6月从开封教育学院学前教育专业毕业后,顺利进入一家私立幼儿园实习,2017年通过招教考试进入唐河县源潭镇中心幼儿园工作。通过"国培计划(2019)"非学前教育专业教师专业补偿培训项目的学习,李梦莹老师每一天都能感受到思想火花的碰撞,众多的疑问也在这里得到了解决,每一天都收获满满,知识储备日渐丰厚的同时也有了自己独到的见解和感悟。

(一)丰厚积淀——在专家的肩膀上前行

本次国培学习的课程有:幼儿园的生命与安全教育、幼儿教师礼仪的价值与实践、幼儿教育相关法律法规的解读、《幼儿园教师专业标准(试行)》解读、做一名有爱的幼儿教师、师德师风与教师职业道德修养、幼儿园一日生活常规的组织与建立、幼儿园游戏活动的组织与实施、幼儿园教师职业行为准则的理解与实践、习近平新时代"四有"好教师解读等。专家们独到的见解引领着李梦莹老师反思自己的教育行为,更新教育理念,同时也掌握了最前沿的学前教育发展动态。让李梦莹老师印象最深的是常予霞老师的幼儿园一日活动的组织与安排中讲到幼儿园一日活动的目标是让幼儿学会认知,学会做事,学会共同生活,学会生存,使幼儿心智愉快,活泼开朗,乐于发现,乐于学习,乐于交往。要求是在一日活动中培养幼儿良好的习惯,在一日活动中发展各种能力,促进身心和谐发展,塑造幼儿良好性格。这让李梦莹老师对原有幼儿园一日活动的组织与安排的理解进行了重新定位,现在她认为,一名幼儿教师,为幼儿设计、组织教学活动并不是难事,难的是如何在日常生活中,做个有心人,充分关注幼儿生活,把握教育契机,善于发现,勤于思考,主动挖掘有价值的素材,给予幼儿充分的自由探索和表现的机会,让幼儿的多种能力得到更好的发展。

(二)实践探索——从不断思考中孕育精彩

按照国培课程的安排,李梦莹老师进入平顶山市育新幼儿园、育才幼儿园、平煤幼儿园3所优秀实践基地幼儿园进行了为期12天的跟岗学习,在一线教学中拓宽了视野,丰富了实践经验,更让思想得到了升华,对幼儿教育教学有了新的认识,理清了教学思路,学到了新的教学理念。通过跟岗实践真正做到了理论与实践相结合。在跟岗学习中,李梦莹老师看到了更多真实的常态课,它既没有过多的修饰成分,也没有过于夸张的课堂氛围。这样的课堂更多的是朴实、自然,老师们满怀爱心地为幼儿创造一个宽松、和谐、民主的学习环境,为孩子们个性的张扬和能力的发展创设一个美丽的生活空间,这让李梦莹老师看到了其认真的工作态度和对孩子们的关心与热爱。

(三)勤于反思——在自己的肩膀上攀升

在此次培训中,李梦莹老师以小班语言活动"爱吃水果的牛"为教学案例进行了为期 30 天的"磨课"。期间共录课 3 次,指导 10 余次,由专家、一线名师、班主任进行指导,根据执教幼儿的年龄、能力特点选择适宜且能展现教学特色的主题内容,多次修改教学方案,讨论活动细节。在时间紧、任务重的情况下,力图促使李梦莹老师大幅度提升教学能力,上出一节有质量的精品示范课。李梦莹老师首次录课时非常紧张,语言运用略显重复,教态神情不自如。因为她之前没有上过公开课,更没有录过课,对教具制作和上课流程不熟悉,这使李梦莹老师明白了上好一节课应该从把握整体方向和备课上多下功夫。首先要增强自信,练就强大的心理素质,要认真备课使整个过程更加饱满,灵活应对各种突发状况,此外要吸收优秀教师的教学经验,形成一套有自身特色的教学模式。教学应始终以儿童为主体,遵循幼儿的身心发展规律,充分发挥幼儿的主观能动性。录课结束后李梦莹老师进行了教学反思,发现了自己的长处和不足,比如由于紧张说话语速过快,出现了很多不必要的语气词,应该多运用肢体语言拉近与孩子的距离,使孩子能更加大胆地表达内心想法。另外,由于没有制作足够的玩教具,使得本次活动课活跃度和孩子的参与度不是很高,也导致这一节活动课的时间略显仓促,这些都是李梦莹老师在以后的教学工作中需要注意和改进的地方。

在"国培计划(2019)"非学前教育专业教师专业补偿培训项目学习期间,李梦莹老师感受到了国家对学前教育的重视,国培宛若傲雪红梅,分外娇艳,为老师们搭建了一个交流学习的平台,彼此交流,探讨疑惑。基于此,李梦莹老师才能成为国培计划的直接受益者(见表 13-2)。通过学习,李梦莹老师深深地感受到学前教育光明的发展前景。2019 年 7 月,国务院颁布了国家中长期教育改革和发展规划纲要,为新时期推动教育事业科学发展进行战略部署,描绘了未来教育改革发展的蓝图,为未来教育的改革发展指明了方向。规划纲要第一次专章部署了学前教育,凸显国家对学前教育发展的高度重视。李梦莹老师作为一名幼儿教师,深刻地认识到,在新的时代和新的环境下,必须进一步更新教育观念,改进教学方法,扩大知识面,打开思路,从实践中学习,在反思中进步,争做"四有"好老师。

表 13-2 "国培计划(2019)"非学前教育专业教师专业补偿项目成长案例对比分析(二)

活动名称	小班语言:爱吃水果的牛		教师姓名	李梦莹
教学设计	活动目标	第一次教学活动认知的是吃水果喝牛奶对身体的好处,偏向健康领域。 第二次目标基本符合语言领域目标要求		
	教学方法	第一次教学活动利用谈话、观察绘本、图片,让幼儿知道吃水果、喝牛奶对身体的好处。 第二次活动运用了 PPT,有利于幼儿的观察,进行游戏化教学更有趣味性		

续表

活动名称		小班语言:爱吃水果的牛		教师姓名	李梦莹
教学设计	活动过程	环节完整性		第一次教学活动用时9分钟,时间不够,多花费在认识水果,没有完整听一遍故事,活动不完整 第二次教学活动较完整	
		内容选择		绘本《爱吃水果的牛》适合小班语言领域看图讲述活动	
		幼儿年龄特点适合度		教师选用绘本《爱吃水果的牛》,故事内容有趣,非常适合小班幼儿年龄特点	
		游戏化教学		第一次活动整个环节一问一答形式进行,缺少游戏化。 第二次活动创设"喂水果"游戏环节,体现了《3~6岁儿童学习与发展指南》中的让幼儿在"玩中学"的理念	
		教师提问与应答		第一次活动导语设计欠妥,缺少发散性提问。"是什么水果?""什么味道?"偏重认识水果及吃水果、喝牛奶对身体的好处,幼儿对故事内容并没有完全理解。但孩子的应答是积极的。 第二次活动,教师的提问围绕理解故事内容设计,幼儿能积极表达,想说、敢说	
		辅助手段应用		第一次活动运用图片、书本进行教学。 第二次活动增加多媒体、游戏等多种辅助手段帮助幼儿理解故事内容	

续表

活动名称		小班语言:爱吃水果的牛	教师姓名	李梦莹
教学能力	教育观念	第一次活动教师提供的是小书本,不利于幼儿观察,也没有电教化手段,只是一问一答教学。 第二次活动教师观念有所转变,进步很大		
	课堂组织	教师有课堂把控能力,幼儿注意力集中		
	师幼互动	教师的教态自然,活泼可爱,幼儿有亲切感,提出的问题幼儿容易回答,师幼互动好		
	语言表达	教师语言表达能力强,口齿清晰,思维反应快,两次活动都能流畅进行。需要注意的是语速要根据小班幼儿年龄特点适当放慢些		
	行为规范	教师能关注到每个幼儿,给幼儿适当的鼓励,教态亲切活泼,低下身子倾听幼儿的表达。教师要注意的是幼儿在倾听故事时不要有干扰动作		
教学效果	课堂气氛	两次活动都活泼有序,幼儿积极性高		
	幼儿参与	幼儿积极应答,愿意说,第二次创设"喂水果"游戏环节幼儿都愿意表达,参与度高		
	目标达成度	第一次活动教学目标达成度不够。 第二次活动基本达成了教学目标		

注:填写具体内容,注重两次活动具体内容的对比。
点评教师:李贞。

三、优秀学员张海玲老师成长案例

济源市玉泉幼儿园　张海玲

张海玲老师来自济源市玉泉幼儿园,2008年从郑州师范学院英语教育专业毕业,毕业后一直从事英语培训工作,2013年通过招教考试进入济源市玉泉幼儿园工作。作为一名非学前教育专业教师,通过"国培计划(2019)"非学前教育专业教师专业补偿培训项目的学习,张海玲老师收获颇丰。为期30天的培训于张海玲老师而言是一种全新的生活,如同重新回到学生时代,与以往每天周而复始的烦琐工作相比,有一种别样的感觉。每天有规律的学习生活洗去了张海玲老师身上的浮躁,让张海玲老师回归本真静心学习,潜心研修,努力提升自己的专业化水平。

(一)理论学习更新教育理念,激活教学思路

培训期间,"国培计划(2019)"非学前教育专业教师专业补偿培训项目精心设计了丰富的学习内容。通过理论学习,张海玲老师不仅对幼儿生理和心理特征分析、幼儿教师教育、师德教育、幼儿教师知识结构分析、活动设计、学前教育政策法规、教育教学改革、学前教育前沿理论、农村幼儿教育发展问题与对策、幼儿教师自身发展方向等关键问题有了更深入的理解,同时更新了观念,拓展了视野,了解了学前教育发展动态。

让张海玲老师印象最深的是"《3~6岁儿童学习与发展指南》解读"课程,张海玲老师认为通过专家引领下的解读,《3~6岁儿童学习与发展指南》中的那些平凡文字都鲜活起来,该指南中的每一个字都值得认真推敲和琢磨,对幼教工作者有重要的指导意义。特别是对于幼儿园一日生活皆课程的含义,张海玲老师有了更深的理解,让张海玲老师对自己原有幼儿园课程的理解重新定位,幼儿园的课程不仅包含集体分组的教学活动、区域活动和游戏活动,幼儿在园的一日生活也是幼儿园的重要组成部分。

(二)跟岗实践学习开阔眼界,提升专业素养

按照学习安排,张海玲老师进入平顶山市育新幼儿园、育才幼儿园、平煤幼儿园3所优秀实践基地幼儿园进行了为期12天的跟岗实践,在一线教学中对幼儿教育产生了新认识、新感悟、新期待,学到了新观念、新方法、新技能,通过跟岗实践真正达到学有所用,学以致用,学用合一。

跟岗实践学习让张海玲老师受益匪浅,尤其是观摩课,更让张海玲老师深深震撼于优秀老师的激情和对课堂的把控能力,他们的表情之丰富、语言之多变、动作之夸张,无不彰显着教育的智慧。还有许许多多让张海玲老师受益良多的东西,专家精湛的理论知识、先进的理念和独特的设计,给张海玲老师留下深刻的印象,她在情感和思想的洗礼中努力实现着培训学习与工作实践的有效对接,将专家经验和自身所学有机结合,提高了专业素养。

(三)30天"磨"一课,宝剑锋从磨砺出

在培训中,张海玲老师以大班语言活动"妮妮的小手帕"为教学案例进行了为期30天的"磨课"。在此期间,共录课3次,指导10多次,由专家、一线名师、班主任进行指导,多次修改教学设计,讨论活动细节,使张海玲老师的教学能力得到了显著提升。一线名师的指导使张海玲老师受益匪浅。首次录课时张海玲老师很紧张,语言逻辑略显混乱,神态不太自然。这使张海玲老师明白教学应该从平时的心理建设和备课上多下功夫,一方面要增加自信,提高心理素质;另一方面,备课充足可以帮助教师顺利应对各种突发状况,教学应时刻以儿童为本,掌握孩子

的心理特点,把课堂还给孩子,不能过多地把控,要充分发挥幼儿的主观能动性。录课之后张海玲老师进行了自我反思,发现了自身许多不足,比如语言问题,应该多用孩子容易理解的语言。另外,没有给孩子更多表达的机会,导致这一节活动课的时间稍显仓促,这些都是张海玲老师在以后的教学工作中需要注意和改进的。

在"国培计划(2019)"非学前教育专业教师专业补偿培训项目学习期间,张海玲老师感受最深的是国家对学前教育前所未有的重视,基于此,张海玲老师才能成为国培计划的直接受益者(见表13-3)。通过学习,张海玲老师深深地感受到学前教育面临的机遇与挑战,以及自己所肩负的压力和使命:国家大力培养幼儿教师,让非学前教育专业的教师通过专家引领和自主研修达到自我成长,学以致用,真正做一名农村学前教育改革与发展的开拓者、学以致用的实践者、先进幼教理论的传播者。

表13-3 "国培计划(2019)"非学前教育专业教师专业补偿项目成长案例对比分析(三)

活动名称	大班语言:妮妮的小手帕		教师姓名	张海玲
教学设计	活动目标	第一次活动目标定位翔实、具体。 第二次活动目标定位更准确,符合《3～6岁儿童学习与发展指南》语言(二)目标1,2,大班"喜欢与他人一起谈论图书和故事的有关内容""能根据故事的部分情节或图书画面的线索猜想故事情节的发展"		
	教学方法	第一次教学,教师先自己讲故事,引导幼儿讨论故事内容,再利用多媒体课件丰富幼儿的观察和想象,如果教师在讲故事时配图片或者放视频讲故事,会更吸引幼儿。 第二次教学,教师改变了教学策略,先出示"妮妮"图片,再边看图片边听故事边提问。每到一处故事情节,提出有针对性的问题,让幼儿去猜、去讨论、去想象,这样更有利于幼儿语言表达和理解故事内容		
	活动过程	环节完整性	第一次环节设计巧妙,以神秘的礼物盒导入,让幼儿猜测,激发幼儿的兴趣。随着故事的开展,幼儿积极讨论、猜想、想象,到最后的分享,课时20分钟,较好。 第二次环节设计新颖,构思巧妙,讲故事时利用PPT图片,边讲边提问边猜测故事情节,很好。幼儿积极发言,大胆推测,再放一遍视频欣赏故事,幼儿的倾听、想象、语言表达能力有较大的提高。最后延伸也很自然。课时19分钟,再让幼儿续编一点故事情节会锦上添花	

续表

活动名称		大班语言:妮妮的小手帕	教师姓名	张海玲
教学设计	活动过程	内容选择		《妮妮的小手帕》选材符合大班幼儿年龄特点,是一个非常具有亲情感的故事,幼儿喜欢听,并在听故事中悟道理。通过本次活动让幼儿了解长辈对自己的爱,懂得感恩,对幼儿的心理健康成长起到了积极的推动作用
		幼儿年龄特点适合度		适合大班幼儿的语言发展,鼓励幼儿依据画面线索讲述故事,结合画面讨论故事内容,大胆想象故事情节的发展,适合大班幼儿的逻辑思维
		游戏化教学		教师抓住大班幼儿爱问、爱动脑、爱思考的学习特点,问答式启发,和幼儿一起讲故事,在听说游戏中完成故事教学。 第二次比第一次更有趣味性,更能拓展幼儿的语言表达
		教师提问与应答		第一次教师启发式提问不错,能调动幼儿学习积极性,最后的环节,"你想怎么分享这个故事",提问不妥,幼儿无从回答。 第二次提问比上一节课更精练,如"你最喜欢的礼物是什么",并强调幼儿要用完整的话说,这一点非常好。整节活动中教师能耐心倾听幼儿的表述,鼓励幼儿完整回答问题,做得很好,值得肯定与借鉴
		辅助手段应用		两次活动都运用了多媒体教学,课件制作让幼儿有话可说,有故事可讲,第二次比第一次应用得更为巧妙些,更为恰当些

续表

活动名称		大班语言：妮妮的小手帕	教师姓名	张海玲
教学能力	教育观念	两次活动，教师为幼儿创设了自由、宽松的语言交往环境，充分体现出指南中提到的"让幼儿想说、敢说、喜欢说并能得到积极回应"		
	课堂组织	教师教态很好，自然大方，讲故事声音很好听，声情并茂。 第一次课堂组织不错。 第二次教师把握课堂教学能力更强，把握重难点张弛有度		
	师幼互动	把想和说的机会都充分让给了孩子，在与老师的对话、互动中，语言得到扩充。 第二次尤为突出		
	语言表达	教师语言表达能力强，用自己好听的声音和肢体语言把幼儿带进了故事殿堂。 幼儿在两次活动中，语言表达能力、倾听能力都有显著提高		
	行为规范	教师很有耐心，亲和力强。 第一次幼儿注意力集中，常规可以。 第二次幼儿仔细观察画面，学习建立画面与故事的联系，能积极主动地回应		
教学效果	课堂气氛	两次课题气氛都很温馨，师幼在浓浓的语言氛围中讲述故事，处处体现出快乐课堂的教学氛围		
	幼儿参与	第一次幼儿参与不错。 第二次幼儿参与更积极主动，快乐学习，开心讲故事		
	目标达成度	第一次目标基本达成。 第二次教师在教育活动的设计和实施中体现趣味性、综合性和生活化，灵活运用各种组织形式和适宜的教育方式。活动扎实有效，教学效果好，目标达成		

注：填写具体内容，注重两次活动具体内容的对比。
点评教师：陈凤。

第二节 "国培计划(2020)"乡村小学语文骨干教师教学能力提升培训项目优秀学员成长案例

长葛市颍川路学校谷宝红老师在第一阶段开始时参与录制了"围绕中心意思写"作文教学微型课。该微型课是一篇写事作文,这是部编版语文六年级上册第五单元习作,本单元是习作单元,语文要素是体会文章怎样围绕中心意思来写,习作要求是"从不同方面选取不同事例,表达中心意思"。教师语言规范、流畅,教学中能实施自主合作探究的学习模式,培养学生学习能力。但是在教学实施过程中,仍存在教师的指导不到位,比如在小组合作中对合作的目的、学习的要求不够明确,降低了教学目标的达成度等问题。专家评分为85分(见表13-4)。通过培训期间听取专家讲座、参与跟岗教学、开展小组讨论等,第二阶段录制了同样题材的作文微型课。先把写作的主题和内容确定下来,之后的小组合作就如何选材、如何写具体进行交流探讨,使自主合作探究发挥真正的作用,学生学习能力进一步得到提升。

微型课伊始,谷宝红老师先回顾了如何围绕中心意思写:可以围绕中心意思,从不同的方面或选取不同的事例来写。本节课针对学生的现状,根据学情展开教学,谈话式的导入环节有效调动了学生们的积极性,并且为理解字眼背后的含义打下了很好的基础。谷老师带着学生走进语境,激活尘封的记忆,搜索记忆的碎片,从回忆的画面中进行素材的选择。对比评价的方式不仅增加了学生的学习兴趣,更能让学生找到习作中问题的所在。初次试写的环节中,谷老师就如何抓住重点来突出中心写具体很好地进行了落实。写具体的方法有很多,让学生在自由交流中总结写具体的方法,运用修辞手法,运用一些写作手法,运用细节描写以及人物的语言、动作、神态等的描写,在写之前的这段交流对学生起到了很好的引导作用。另外,投屏技术的使用,保证了教学效果的质量。在一个意思表达时,要将重要部分写得详细些、具体些,给读者留下深刻的印象。这是一种很重要的方法,所以开始上课时先复习。接着,引出"乐""用""暖""信""望""注""让"等字,学生对感受最深的一个字进行互相交流。谷老师重点指导了"闹""忙"两个字,并在立意方面给予指导,因为文章的立意很重要。

本次习作课后,谷老师一直在思考,其实第一节课可以专门讲如何选材,通过给范例,结合阅读教学,小组讨论交流选择材料等多种形式和环节,让学生们深刻地感受如何选择习作的素材;另一节课可以就"如何将习作写具体"展开学习,探讨如何运用修辞手法,如何运用人物的描写方法等来进行写作。

通过培训,谷老师在教学实施过程中,更注重写作方法的引导和对小组合作学习的指导,教师教学实施能力得到明显提升。专家评分为93分(见表13-5)。

表 13-4 国培学员微型课比赛评分表(一)

参赛选手:谷宝红   课题:"围绕中心意思写"   时间:2020-11-17

类别	评价内容	权重	得分
教学目标	能体现新课程理念,符合课标与教材的要求	5	5
	能渗透在教学过程中,切合学生实际,可操作性强	5	5
教学内容	依据学生实际灵活处理教材,取舍得当,容量合理,重点突出,难点突破	5	4
	注重知识教学与能力培养的全面结合	5	4
教学过程	教学环节完整,教学思路清楚,衔接自然,过程流畅;过程推进适合学生发展水平和求知需要	10	8
	根据教学内容采用多种有效方法,能实施自主、合作、探究学习;注重学生思维能力和学习方法的培养	10	8
	问题设计注重教材的整体把握,不肢解教材,符合学生认知水平,有思维含量	10	8
	注重启发学生对问题进行探究和归纳	5	4
	有引领学生积极参与教学活动的策略和方法	5	4
	能根据需要恰当进行演示实验和多媒体教学,教学技能运用娴熟	5	5
综合素质	能体现教师的逻辑思维、教学机智和教学特色	5	4
	教学设计富有新意,突出个性特色	5	3
	语言规范、清晰、流畅,语速音量适中,普通话标准	5	5
	板书工整、规范、有条理;多媒体课件原创、实用	5	5
	衣冠整齐、仪态大方、精神饱满、常带微笑、生动活泼、有亲和力	5	5
效果	在 12~15 分钟内,能达成教学目标	5	4
	各层次学生均有收获	5	4
评价意见	这是部编版语文六年级上册第五单元习作,本单元是习作单元,语文要素是体会文章怎样围绕中心意思来写,习作要求是"从不同方面选取不同事例,表达中心意思"。教师语言规范、流畅,教学中能实施自主合作探究的学习模式,培养学生学习能力。存在问题:教学实施过程中,教师的指导不到位,比如在小组合作中对合作的目的、学习的要求不够明确,降低了教学目标的达成度	合计得分:	85

表 13-5　国培学员微型课比赛评分表(二)

参赛选手:谷宝红　　　课题:"围绕中心意思写"　　　时间:2020-12-4

类别	评价内容	权重	得分
教学目标	能体现新课程理念,符合课标与教材的要求	5	5
	能渗透在教学过程中,切合学生实际,可操作性强	5	5
教学内容	依据学生实际灵活处理教材,取舍得当,容量合理,重点突出,难点突破	5	5
	注重知识教学与能力培养的全面结合	5	5
教学过程	教学环节完整,教学思路清楚,衔接自然,过程流畅;过程推进适合学生发展水平和求知需要	10	9
	根据教学内容采用多种有效方法,能实施自主、合作、探究学习;注重学生思维能力和学习方法的培养	10	9
	问题设计注重教材的整体把握,不肢解教材,符合学生认知水平,有思维含量	10	9
	注重启发学生对问题进行探究和归纳	5	4
	有引领学生积极参与教学活动的策略和方法	5	5
	能根据需要恰当进行演示实验和多媒体教学,教学技能运用娴熟	5	5
综合素质	能体现教师的逻辑思维、教学机智和教学特色	5	4
	教学设计富有新意,突出个性特色	5	4
	语言规范、清晰、流畅,语速音量适中,普通话标准	5	5
	板书工整、规范、有条理;多媒体课件原创、实用	5	5
	衣冠整齐、仪态大方、精神饱满、常带微笑、生动活泼、有亲和力	5	5
效果	在12~15分钟内,能达成教学目标	5	5
	各层次学生均有收获	5	4
评价意见	通过培训,学员在教学实施过程中,更注重写作方法的引导和对小组合作学习的指导,教师教学实施能力明显得到提升,把写作的主题和内容确定下来。之后的小组合作就如何选材、如何写具体进行交流探讨,使自主合作探究发挥真正的作用,学生学习能力进一步得到提升。 教师的改进之处在于在教学实施过程中,教师更注重写作方法的引导和对小组合作学习的指导,教师教学实施能力明显得到提升	合计得分:	93

第三节 "国培计划(2019)"幼师国培家庭教育指导师项目平顶山学院培训班优秀学员成长案例

一、陈向阳老师成长案例

陈向阳老师毕业于平顶山学院,于2013年考入洛阳市龙门园区草店向阳幼儿园。2019年10月,她参加了"国培计划(2019)"幼师国培家庭教育指导师项目平顶山学院培训班的学习。

陈老师所带班级中有个叫涛涛的男孩。刚入学时,涛涛比其他孩子好动,此外,性格也很冲动,经常莫名其妙和其他同学发生冲突,甚至动手打人,上课基本上无法专心,要么在座位上做各种小动作,要么突然一声不吭地跑出教室。更让人担心的是,涛涛偶尔还会做一些危险动作,比如爬到三楼的窗台上玩,怎么说也不听。陈老师和孩子的家长进行沟通后,家长认为孩子只是顽皮。在培训期间学习《幼儿发展特点与常见问题的家庭指导》之后,陈向阳意识到该幼儿可能患有多动症。培训结束后,她立即与涛涛的家长进行了交流,让家长意识到多动症对个人、家庭及社会产生的危害,建议家长带孩子到专业机构咨询。这引起了家长的重视,经专业医生诊断后,涛涛被确诊为多动症。为了缓解涛涛的多动症,在幼儿园中,陈老师加强了对涛涛的关注,同时采取了一系列行之有效的措施。

1. 运用认知行为矫正法,帮助儿童培养自我控制的能力,集中注意力,完成学习任务

陈老师给涛涛布置具体的作业,然后用公开的指导语帮助涛涛,让涛涛边说指导语边做作业。比如:"我现在要做项链了,先穿红色珠子两个,然后是绿色珠子三个。"开始陈老师先给涛涛做示范,再让涛涛自己去做,这样有助于幼儿集中注意力,较快完成作业。

2. 运用强化原理建立奖惩程序,减少儿童的过多活动和不良行为

通过学习《家庭教育指导与实操》中的强化原理,陈老师对涛涛完成的任务给予鼓励或奖励。例如:上课做小动作少、安静听讲、认真完成作业等,可表扬,记个红星;若出现不良行为,如乱跑、喊叫、打闹等,则记个黑圈;出现一个黑圈就要抹掉一个红星,而红星累积到一定数量即可满足他某个要求,如买他想要的玩具或到公园去玩。运用及时奖惩的办法训练涛涛,减少了涛涛的不良行为,增强其社会适应性。

3. 增加户外活动、身体运动

陈老师建议涛涛的家长多让孩子进行户外活动,如打球、跑步及各种需要身体各部分协调活动的游戏。一方面,给涛涛过多的精力提供释放的出路;另一方面,上述运动可锻炼儿童动作协调能力,促进其脑功能全面发展,尤其是促进额叶发育,增强其自我控制行为的能力。

经过一段时间的实践,涛涛有了明显的进步,在幼儿园中的表现与之前相比有很大提高。据家长反映,涛涛在家里的表现也有所好转。

二、师义傅老师成长案例

师义傅是洛阳市汝阳县刘店镇中心幼儿园老师。2019年10月,她参加了"国培计划(2019)"幼师国培家庭教育指导师项目平顶山学院培训班的学习。

师义傅老师通过学习闫江涛教授《家庭教育指导相关文件解读》,结合幼儿园的实际工作经验,将"立德树人"教育融入幼儿园教育,具体实施如下。

1. 在五大领域教学活动中渗透品德教育

幼儿园的集体教学活动形式多样,内容丰富,是有针对性地对幼儿进行良好行为习惯、个性培养、发展个性倾向提供锻炼的好机会,教师应根据不同领域教学活动的特点将品德教育渗透在其中。

2. 在区域活动中渗透品德教育

爱游戏是孩子的天性,游戏活动也是孩子认识世界、探索世界的一种活动。在游戏中幼儿会自发地扮演一定的社会角色,实践一定的社会行为,体验一定的社会情感。品德教育可尝试着让幼儿在轻松愉快的游戏环境中进行。

3. 在日常生活中渗透品德教育

在幼儿园的日常生活中渗透品德教育是培养幼儿良好品德的有效方式,教师应整体把握幼儿园日常生活中的细节,实时进行德育教育,以培养幼儿良好的习惯与品德。例如,在早上上学时,教师要让幼儿使用礼貌用语来跟教师及同学打招呼;在幼儿自由活动中,让其学会相互帮助与谦让、相互关心、乐于助人、不独占图书或玩具等;在用餐过程中,让幼儿养成饭前洗手、不剩饭、不偏食、不挑食、不抢他人东西、不大声说话的良好习惯;在午休时指导幼儿做到安静休息,走路动作要轻缓,不打扰他人休息等。

4. 在环境创设中渗透品德教育

《幼儿园规程》指出:幼儿园要创设与教育相应的良好的环境。这里的"环境"包括两个方面:一是指物质环境,二是指精神环境。我们的环境不能作为一个摆设而应该与教育教学的内容息息相关,让幼儿在潜移默化中受到熏陶与感化,让其更好地提升道德情感。另外,还要为幼儿创造一个良好的精神环境,我们的肩上担负着培养祖国未来栋梁之材的责任,因此,我们应该为幼儿树立良好的榜样。俗话说,"身教胜于言教",教师的榜样作用对幼儿影响极大。凡是要求幼儿做到的,自己首先要做到。比如有一次,教师不小心踩到一个小朋友的脚,就连忙扶起那个小朋友,赶紧跟他赔礼道歉,或许这种无声的行动要比在课堂上讲20次管用得多。

5. 在家园活动中渗透品德教育

在幼儿园,我们通过定期召开家长会、更换家园联系栏等,及时传递信息,相互沟通。德育教育要全面,品德教育也应渗透于幼儿家庭教育中,家庭对幼儿品德的发展具有较大的影响。那么,家长应如何在生活中贯彻德育原则,对幼儿实施品德教育呢?我们是这样要求的:首先,家长应为幼儿树立品德的榜样。当以身作则,在与孩子相处中注意自己的言谈举止,去感染影响孩子。其次,激发幼儿爱的情感。家长要教育幼儿学会关心长辈,为他们分担忧愁,学会分享,为长辈做些力所能及的事情。再次,培养幼儿勤劳、俭朴的品质。家长应鼓励幼儿参加力所能及的家务劳动,从小培养幼儿勤劳、俭朴的品质。最后,幼儿园、家庭要相互协调一致,根据孩子的发展有目的、有计划地培养幼儿的良好行为习惯、道德修养。

幼儿如同破土而出的幼苗,正伸展出柔嫩的枝叶,渴求阳光和雨露。孩子需要得到父母和教师双手的牵引和扶持,培养幼儿良好的道德品质,教孩子学会生活、学习、做人的能力,是传给他们一辈子享之不尽的财富。

第四节 "国培计划(2021)"中西部项目县级农村骨干教师能力提升培训学习感悟

申欢,是安阳市内黄县四中附属幼儿园的一名一线幼儿教师,曾多次荣获优秀教师、优秀班主任等称号。

2021年10月,我很荣幸参加了"国培计划(2021)"中西部项目县级农村骨干教师能力提升培训——平顶山学院培训班的学习。短暂的10天时间,我收获满满,感触也很深。虽然在幼教行业已工作8年,但这次培训让我对学前教育事业有了新的认识,在教育教学方面加深了认知,受益匪浅!

本次培训内容是以游戏化为主题。在平常的教育教学中,我们都是以传统教育为主,善于规划,让孩子按照老师的要求去做,比如说"今天你应该怎么做""明天你应该怎么做"。这次培训让我对游戏有了更深的理解。专家们讲得非常深刻,记了很多笔记,但我觉得还是应该自己去理解、悟透,才能更好地实施、执行。老师讲得非常仔细,包括小、中、大班不同阶段的特点,我们应怎样去做,怎么去开展。专家们不仅讲理论知识,还分享了案例,这对于我们来说是很好的教育资源。我觉得培训不仅是对能力的提高,更是对自己的一次全面提升。如果老师只是单纯发给你一本指南,我相信很少老师能全部参透。其中的理论知识,对于我们来说至关重要,不但感受到了自己的价值,而且有精神方面的自我满足。让我不仅对游戏方面的理论及课例感悟较多,还对教师这个职业有了更深的理解。我们都知道幼师工作很辛苦,一直以来地位较低,工资也低,被一些人戏称为"保姆"。这些年来幼师不足,因为很多人不再投身这项工作,我也曾想过放弃,但是每次当我走进教室,看见孩子们的一张张笑脸,听到他们用可爱稚嫩的声音喊我"老师"的时候,我放弃的想法就会随之飘散。我是他们的老师,他们尊重我,敬爱我,那么我怎么能放弃呢?特别是在这一次讲座中,赵红利老师为我们完美地诠释了这一职业,包括教师的职业道德规范,我们应该把教育作为自己的事业追求,不断精进,不断提升自己,在教育孩子的同时也提高自己的行为修养。每次出示课例的时候,我都在想,如果是我,这个活动应该怎么去开展?每次当老师分享完以后,我觉得原来还可以这样做,这么丰富,那么下次我也要运用起来,发散自己的思维,不断创新才能把更好的东西带给孩子!

这短暂的 10 天,留下了很多美好回忆。结识了来自不同地区的最美幼教人,在一起相互交流、探讨,感觉每天都那么充实满足。我在本次培训中很幸运地成为第四组组长,不仅站上了领奖台,还获得了上台发言的宝贵机会,这些经历对于我异常珍贵。

国培班主任们兢兢业业,他们的笑容温暖着我们每一个人的心头。他们总是耐心回答我们在生活和学习中遇到的每一个问题,因此在这最美好、最充实的 10 天里,我们是快乐幸福的!

通过本次培训,我更加深刻领悟了幼儿教师的使命,更新了教育理念,深入掌握了游戏化的教学方式。我会在今后的工作中把更好的理念践行在幼儿园教育教学活动中,将游戏化教学更进一步地运用在活动以及一日生活中,并分享给每位老师。希望我们的老师都能够从中受益,一起成长,做有扎实学识的老师,不断汲取新知识、新理念,丰富自己,提升自己!

最后,再一次感谢幼儿园领导对我的栽培,感谢平顶山学院为我们提供的机会与平台,感谢国培办的老师们,在我们收获满满的同时,你们也辛苦了,请允许我献上最诚挚的祝福!

成长路上,不曾停歇,吾辈将奋勇向前,推动学前教育事业的前进!

杨珂是河南省省直机关第二幼儿园的一名一线幼儿教师。

非常荣幸参加了这次国培县级骨干教师的培训,充实而有意义,使我受益匪浅,让我如幼苗般得到了滋养。老师们精彩的讲座和耐心的辅导,使本来枯燥无趣的理论变得深入浅出,让我学到了很多书本上没有的东西。经过这些天的学习,我收获颇多,下面谈谈自己的一点学习体会,与大家共勉。

"德高为师,身正为范",师德是一名教师的灵魂。能否成为一名好教师,要有"捧着一颗心来,不带半根草走"的精神。热爱、尊重、理解幼儿是幼儿教师必须具备的职业道德核心。爱是儿童正常成长的必要条件,我们要学会理解、关爱幼儿。热爱是献身的情感基础,要求教师用赤诚的心热爱自己的祖国,热爱祖国的教育事业,热爱自己的幼儿,关心孩子的成长,全心全意地教书育人。

我们要放弃任何框框和本本,尊重幼儿,让他们尽情表露真情和梦想,促进每个幼儿生动、活泼、主动地发展,全面健康地成长。这不仅仅是嘴上说说而已,它更需要我们教师在日常工作中落到实处,无论是教学活动还是游戏活动,甚至是一日活动中的细微环节,一切以幼儿的发展为前提,随时关注幼儿的一举一动,发现问题及时找出对策。教师要尊重孩子,平等地对待孩子,要尊重孩子探究和认识周围世界的方式,接纳孩子的错误,不要用相同的尺度去衡量所有的孩子,应给予他们更多的独立和自由。关爱每一个幼儿,把每个孩子当成自己的孩子去呵护,使孩子不断感受到和体验到教师对自己的关注、喜爱、鼓励和支持。多培养孩子的兴趣爱好,为一生的发展打下良好的基础。

教师要重视幼儿的游戏活动,游戏在儿童的成长过程中起着至关重要的作用。游戏是儿童早期生活中从事的最主要的活动,游戏不仅仅是玩耍,更是儿童成长过程中必不可少的工具。儿童在童年时期,可以通过游戏促进其语言的发展,锻炼一些必要的技能,增强对环境的灵活应变能力。有关专家明确指出:游戏训练对提高儿童的智商有着积极的作用。游戏是幼儿园的基本活动,它贯穿于幼儿一日活动中,教师要为孩子搭建游戏的舞台,提供丰富的材料,选择符合幼儿生活实际的游戏主题,给予孩子空间和时间,让他们自主地选择,引发孩子的兴趣,满足孩子探索的需要,保护他们的好奇心,让每一个幼儿健康快乐地成长。

教师要认真反思,不断提高自身素质,积极参加各项时事政治学习,坚持把理论同实践相结合,从我做起,从身边的小事做起,用正确的思想引导幼儿,做好保教工作。在工作中做到以身作则、勇于奉献、勤勤恳恳,无论是否当班,都要做好并检查班级的各项工作。在工作中不计较个人得失,充分发挥"你中有我,我中有你"的团队精神,团结一致地做好班级工作。

新时代、新知识、新课程都要求教师树立终身学习的目标,实现自身的可持续发展。学习不仅仅只是专业方面,要扩充到各个领域,不断地提升自身的修养和素质。首先,必须树立终身学习的意识,把不断学习作为自身发展的源泉和动力。其次,教师应把学习贯彻到自己的教学实践中,将学习与实际教学结合起来,努力探索新的教育教学方法。再次,在丰富自身专业知识的同时,广泛涉猎各种社会科学和自然科学知识,从而更好地适应教学的需要,通过总结经验,提高自身素质,向更完善的目标努力。最后,要充分利用现代信息技术,不断扩大学习资源和学习空间,及时了解专业领域以及其他领域的最新发展动态,注重与其他教师和专家的合作探讨,秉承终身学习的教育理念,以适应教育改革的浪潮。

通过这些天的学习,我从中学到了很多,不仅拓宽了我的视野,还丰富了我的实践经验,更让我的思想得到了升华,使我对幼儿教育有了更新的认识。今后,我会更加努力学习,为幼教事业做出更多贡献。

第五节　河南省乡村中小学教师专业能力建设项目·青年教师助力(小学数学)个人成长案例

刘钊钊,灵宝市川口乡南朝小学教师,本科学历,中小学一级数学教师。

从教以来,我刻苦学习专业知识,踏踏实实工作,形成了一套自己的教学方法。2017年9月,我被评为三门峡市优秀教师;2018年11月,我的优质课被评为河南省二等奖。

(一)培训过程

今年,我很荣幸参加"国培计划(2020)"——河南省乡村中小学教师专业能力建设项目·青年教师助力(小学数学)培训,感谢领导给予了我这个难得的学习机会,在这短短的12天学习中,我的感觉是幸福而充实,因为每一天都能听到不同课程的讲座,每一天都能受到思想火花的碰撞,众多的疑问也在这里得到了解决,每一天都收获满满。下面就参加这次培训谈谈自己的体会和收获。

本次培训的主要课程有"国培学员调查和访谈""学员微课展示与诊断""小学数学教育科研方法""义务教育课程标准解读""小学教师专业标准解读""数学课堂的导入与技能""数学教师教学语言艺术与课例分析""小学数学中的讲授法及其优化""小学数学的教师课堂提问的设计与实施""小学数学课堂的设计理论与实践"等。专家们独到的见解引领着我反思自己的教育行为,更新我的教育理念。其中有几位专家的课给我留下了深刻的印象。

闫教授从为什么要做教育科学研究入手,全面地讲解了教育科研的重要性以及应该怎样进行教育科研。我们要成为一名好老师,学校以教师为本,教师以学生为本。学校要有好老师,教师要做一名好教师。另外,闫教授也为我们详细地讲解了教育科研的各个环节,例如我们应该怎样确定研究方向,怎样对课题进行论证等,为我们日后进行教育科研工作指明方向,提供思路和指导。

怀揣一颗进取之心,我们早早来到会议室,听取今日毛素显老师和王义全教授的讲座。毛素显老师是省级骨干教师、省级优质课一等奖获得者、平顶山市终身教学名师、平顶山市学术技术带头人。毛老师本次讲座的主题是"小学数学教学设计案例展示与研讨"。毛老师倾囊相授,把自己平时在一线教学过程中用到的好的软件推荐给大家,并嘱咐老师们要多听名家讲座,理论联系实际,不断提升自己。毛老师从中国学生发展的核心素养出发,展开分析了小学生的年龄心理特点与数学学科特点之间的矛盾对立关系。老师们听得很认真。

(二)培训反思

1. 对专业理念的反思

1)把握教材,吃透教材

新课标的出台对每一位老师都提出了新的要求和挑战,所以必须认真学习新《数学课程标准》,把握教学要求并烂熟于心,然后探索教育教学规律,改进教育教学方法,提高教育教学水平,及时主动地更新教育观念,转变教师角色,树立以学生为本的基本理念,建立民主、平等、和谐的师生关系,采用互动的课堂教学模式,激发学生的创造动机,启迪学生的创新精神,促进学生基本技能、数学知识、情感态度、学习策略等素养的整体发展。培训中专家讲得很透彻、到位,这应该都是我平时接触过的,只是我了解得比较粗略,可以说是略知一二罢了。

2)加强合作学习,注重情景教学

新课改倡导学生在合作、交流中学会学习,懂得合作。对于中年级学生,伙伴之间通过倾听、分享、交流、互助与反思,使每个人都可以从同伴那里获得信息和启示,进而丰富个体的情感和认识,促进学生顺利地构建知识和创造知识。但要注意合作学习的误区,合作学习不能简单地停留在表面,而要看实质性的东西。新课程要求把课堂还给学生,培养学生动手动脑的能力。

3)改变教学评价,注重评价实效

改变以往单一的教学评价,采用多形式、多渠道的评价方法,建立开放、宽松的评价氛围。注重学生在评价中的主体地位,让家长、学生、教师共同参与评价。引导学生在学习中反思,在反思中学习,有效地增进他们的自我评价意识,使学生在学习过程中不断体验进步与成功,认识自我,建立自信。同时强调以形成性评价为主,以学生平时参与各种教学活动的表现和合作能力为主要依据,坚持教师的正面鼓励和激励作用,注重评价的实际效果,以利于学生的终身学习和发展。

2. 对小学数学教学设计的反思

1)对新课标解读的反思

通过对新课标的解读,我感受到:教师的人生,应该有创新精神。年年春草绿,年年草不同。而我们的学生亦是如此,因为人与人之间存在差异,所以教育既要面向全体学生,又要尊重每个学生的个性特点。我们应因材施教,目的是调动每一个学生的学习积极性、主动性,让每一个学生主动地、活泼地发展。在组织教学中把整体教学、分组教学与个别教学结合起来;在教育过程中,贯彻个别对待的原则,讲求一把钥匙开一把锁。学生们像一朵朵稚嫩的小花苗儿,但每一朵都有与众不同的可人之处。因此更需要我们用不同的方法去浇灌、呵护,使他们健康地成长。

2）对教材内容整合的反思

随着计算机的日益普及和新课程改革的进一步深入，在课堂教学评价中对课堂现代化教学手段运用的熟练程度、深度和广度的权重越来越高，因而从上到下各级教育部门对教师现代化技术的培训、设备设施的添置等方面都投入了较大的人力物力。教师们为适应时代发展的需要，在课堂教学中几乎都能运用多媒体辅助教学。显然，多媒体技术的运用，在一定程度上改变了传统的教学模式，在课堂效率、课堂容量及教学质量的提高等方面起了一定的积极作用，但同时我们也应该用辩证的观点来看待。

3）对教学目标制定的反思

教学目标的制定应该更加全面、明确、合理、清晰可行。

4）对教学方法选择的反思

教学方法应该具有灵活性，能根据不同的内容选择适当的教学手段，调动学生的学习积极性，突出学生主体地位。

5）对教学过程设计的反思

要创设合理的情境辅助教学；多设计学生活动，提高学生学习效率和培养学习兴趣；对学生的作业和任务采用多种评价方式，即时评价；板书设计要形式多样，符合学科特点等。

6）对教学评价设计的反思

教学设计评价要体现新课程理念，要合理可行，要起到达标测评的效果。

（三）未来规划

有人说："培训时是心动，培训后是激动，回来后一动不动。"我笑了笑，如果是这样，那么学习有什么用，枉费领导给予了这么好的机会，也浪费了大把的好时光。因为机会不是每时每刻都有，不是每个人都有。所以，白天我带班，等到放学后我把老师们分享的PPT和自己做的笔记进行了整理，把吸取的经验分享给我们学校的老师，把学到的理念反馈给领导，并试着列举能解决这些问题的措施和策略。让同事们知道虽然是我一个人外出学习，但是我代表的不是个人，而是一个团队。一个人强大不算强大，一个团队强大才是真正的强大。

吴海龙，信阳市罗山县灵山中心学校一线教师。

2020年11月，我有幸参与了青年教师助力培训——小学语文教师培训班，虽然培训时间只有短短2周，但在这种十分专业化和规范化的教师培训中，在一位位教学经验丰富、理论知识渊博的专家精彩务实的讲座报告中，我不知不觉在国培里找到了自己日后专业前进的方向与动力。整个培训过程中我认真聆听专家的讲解，积极思考，主动反思我在实际教学过程中存在的一些问题，与参与的同行们深入交流,并不断地反思自己。本次国培让我在思想上和专业素养上都有了一个重新的认识和提升,我个人主要有以下深刻的感触。

(一)国培学习使我收获了终身学习的意识

在培训中,河南师范大学赵海山教授的理念深深影响了我:要多读书,一个人如果阅读量上去了,那么他必定是一个在某方面很优秀的人,如果教师不注意加强自身的学习,势必会跟不上时代。他特别强调老师要多读书,不断学习。不仅学习专业知识,还要广泛学习其他知识。听了赵海山教授的讲座,我感觉自己欠缺的东西实在太多。回校后我每天会挤一点时间阅读,同时也加强学生读课文、读阅读材料的意识,每天早上要求学生放声读课文,平时课上我也会找些阅读小材料与学生分享。通过几个月的坚持,我感觉自己和学生们在成长中收获了很多。

(二)开拓改革视野

培训学习让我在平常的忙碌中偶尔停下来,发现自己教育实施过程中的方向,发现教育是需要远见卓识的。在本次培训中,各位专家老师传递了对语文课堂的独特见解、对新课程的各种看法、比较前沿的教育理论知识,以及如何开展课例研究。专家们的讲座以及优秀课例和视频,使我从理论的高度了解了本次培训的必要性和重要性,同时也从感性上了解了新课程理念下的课堂教学,重新认真地反省与审视自己的教育教学观和教学策略及方法。我在这次培训中还学到了许多新的观点和很多独到的见解。令我思考最深、收获最大的是去舞钢七小的观摩,在看完舞钢七小两位老师的授课后,我豁然开朗,他们给我上了一节很好的示范课。如何把握部编版教材的编排意图,深挖课文内涵,他们的授课让我受益匪浅。

(三)更新教学理念

在忙碌的工作中,本次培训成了我难得静心学习的途径。了解到自己由于身处农村,在教研过程中缺乏专业的指导,更需要深层次的学习、充实。通过认真聆听知名教育专家讲授最新的教育理论和教研动态,结合同行们展示的精彩案例,对当前教学实际中广泛存在的问题、困惑和误区进行梳理、分析、点拨,对教学各个环节重新解构与分析,使我对教学有了更新更正确的认识。尤其是郑来教授从心理学的角度解剖课堂,让我大开眼界,以前也学过心理学,但不知道怎么用,听完郑教授的分析,我豁然开朗,原来心理学是这样运用在课堂之中,从问问题的方式到评价学生的语言都包含心理学的知识。这让我在教学实践中思路更加清晰,头脑里有了更科学的教育教学理念,使原有凌乱、不规范的教育教学思想和实践得到了一次全面的系统升级更新,大脑被激活了。如何更科学地教育学生等曾经让我深深困惑的问题,通过这次学习,我有了很好的答案。

在本次培训的过程中,通过与专家的交流、同行的商讨与相互学习,通过转变、拓宽、更新、丰富教学理念,准确把握新课程教育教学理念等,我感受到了学无止境的氛围。自己要学习,还要看别人怎么学习。在实践过程中敢于迎接挑战,敢于创新。我想,做一名优秀的教师,一定是要善于学习的,是有源源不断的活水涌入心里的。

因此,在以后的教学中我要努力做到以下几点。

第一,经常自我反思。在教学实践中总结经验得失。

第二,树立终身学习的理念。不断丰富自己的教学理念与教学方法,科学地教育好学生。

第三,多和同行交流。吸取他人的宝贵教学教研经验,和他人沟通自己在教学上的疑惑,从他人的建议中提升自己。

第四,多钻研教参,科学上课,不能想当然。

总而言之,本次国培来得很及时,工作以来的很多疑惑都在本次培训中得到了答案,也给自己以后的成长指明了道路。

余东海,信阳市新县苏河镇中心学校一线老师。

"问渠那得清如许,为有源头活水来。"至今仍深刻地记得国培班王凤云校长讲的一句很真诚的话:"有些教师教了三十年书,其实等于教了一年书。一位教师要想在自己的岗位上有所作为,有所成就,必须要有专业成长,而成长来自学习与实践。"2020年11月3日,我有幸在平顶山学院参加为期14天的"国培计划(2020)"小学语文青年教师助力培训。其间,各位专家、一线教育管理者、一线教师开诚布公,给我们上了一节节生动、热情、极有指导意义的课。回到学校后,我仍不时翻看培训时记的笔记、拍的图片,感动回绕心头之余,我也想将所学理论付诸实践,切实为自己的学生带来更加精彩的课程。首先谈一谈培训之后自己思想上的几个变化。

(一)重新认识"语文"这门学科

惭愧地讲,之前我对"语文学科"的认知是有偏差的。回想之前的课堂以及学生的课堂表现,我的语文课堂"德育"意味有些偏重,经常出现课文内容剖析过于深入,以致大讲"大道理"的现象,甚至过早地将成人思想输入给学生。随之而来的是课堂时间不够用,学生听完之后"云里雾里",并无实质性的收获。经常是感动了自己,却推动不了学生语文水平的更大进步。

培训之后我才深刻地明白,语文课程原来是一门学习语言文字运用的综合性、实践性课程。义务教育阶段的语文课程,应使学生初步学会运用祖国语言文字进行沟通交流。工具性永远是语文的第一要素，人文性只是语文的第二要素。

(二)重新认识教学目标

过去的教学目标并不明确，或者说根本没有教学目标。一节课40分钟，并不知道应该达成什么样的效果。经常是讲到哪里算哪里，对学生是否掌握并不关注。就算是教案上备有目标，也大多是一些模糊不清、操作性不强的目标。这样直接导致的后果是课堂上满堂灌、"雨露均沾"、"胡子眉毛一把抓"，学生感觉什么都学过，但好像什么都没学会。

在培训中，专家教导我们，课堂40分钟非常有限，绝对做不到面面俱到，与其这样，不如预定1~2个具体可行的目标，整节课就围绕这一两个目标展开，多给学生思考和练习的时间，确保学生有可视化的进步。"只有当学生的行为发生与教学目标相符的变化，才算是完成了教学任务。"

(三)重新认识"提问"

"不愤不启，不悱不发"，提问可谓是教育启发性原则的深刻体现，提问环节对于我们的课堂有如同画龙点睛的功效。反观过去，我的课堂提问过于随性与随意，问题的提出只是基于自己的情绪，缺少针对性和预设性，很多问题并无实际意义。这导致课堂提问太多、如蜻蜓点水一样太浅显，不仅占用了大量的课堂时间，还不能引导学生的思维成长。

提问一定要服务于教学目标；提问的难度要恰到好处，令学生可以"蹦一蹦，摘个桃"；提问的次数不求多，提问的节点要如"打蛇打七寸"一般，提到点子上；更重要的是，要发挥提问"启发智力"的作用，让学生有所思，更有所得。

(四)重新认识作文教学

每到周四下午的习作课，学生看见我抱着一摞作文本来到教室，个个如同霜打的茄子一般无精打采。学生不爱写作文，之前总感觉是学生懒，不爱动脑筋，国培之后我对这个问题有了新的思考。

学生为什么不爱写作文？其实更大的原因在于我们老师。作文的意义就是学生运用一定的语言艺术，吐露自己的心声。面对每一个单元的作文，我们老师要充分重视每一单元的口语交际环节。在我之前的教学中，口语交际板块被边缘化，思想上对它不重视甚至忽视。没有在此板块营造宽松的交际环境，引导学生畅所欲言，给予他们充分的交际自信，所以才会让学生拿到作文话题时思想没有准备，无话可说。除此之外，培训中我学习到，作文过程是知识的输出过程，而输出是建立在有一定输入的基础上，而最重要的输入就是课外阅读。老实讲，我对学生的课外阅读缺乏指导和要求。平常只是要求每个学生至少要带一本课外读物来学校，而至于学生到底有没有认真读，有没有做读书笔记，我缺乏检查和规范。更重要的是,我没有做好学生阅读兴趣的激发和培养,导致部分学生就算看了也是"被迫"看的,没有入脑入心。

"纸上得来终觉浅,绝知此事要躬行。"国培之后,诸位老师的教诲令我醍醐灌顶,恍然大悟。但是任何实质的进步都离不开"知行合一"。回到学校后,我依据所学,对我的教案进行了全面的整改,而且在年级集体备课活动上,我也积极地提出了我的想法。我还在学校上了一节国培学习汇报课,基于我在国培期间的所学所得,这是一节有着"全新血液"的课!在课后的评课会上,我校老师纷纷感觉我的课堂思路"奇特",别出心裁,很有想法,对我的评价也是"士别三日,当刮目相看"。"独乐乐不如众乐乐",我决心在以后的学校教研交流活动中,要多多争取机会,多多准备精品课堂,多多和同事们交流好课,多多将自己的收获与大家分享。

"一粥一饭,当思来处不易;半丝半缕,恒念物力维艰。"今日之成长,要感谢国培的老师们,更要感谢平顶山继续教育学院组织这次国培的领导和老师们。这短短的14天可能只是人生中一个小小的片段,但给我带来的是一份永远铭记于心的感动。在这里真诚地道一声:谢谢你们,你们辛苦了!

结　　语

　　本书是平顶山学院程永华教授(副校长)主持的2019年河南省教师教育课程改革研究项目重大招标课题的重要成果之一,重点关注河南省"国培计划"的演变历程与成效。本书以河南省实施的"国培计划"项目为基础,既纵向梳理了教师培训的演变历程以及11年来河南省组织实施"国培计划"项目的演变,又结合预设、过程、结果三大方面(培训需求、培训目标、培训内容、培训形式、师资配备、学员提升),通过量化、质性数据的收集,从横截面展现了河南省"国培计划"的实施成效。同时,在本书第四部分专门呈现了部分区域案例报告及优秀学员成长案例,为更好地了解河南省实施成效提供了鲜活例证。本书既可以帮助我们从多角度对河南省"国培计划"进行回顾和总结,也可以在研究的过程中进一步梳理成就与经验问题,明确未来"国培"持续发展的方向。

一、河南省国培十年的成就与经验

　　河南省"国培计划"作为国家级培训的重要部分,其清晰彰显着"国家意志",回应着教育改革与发展的"国家大局",践行着破解教师队伍建设难题的"国家方案",体现着大国集中力量办大事的"制度优势",凸显着国家级培训的高标准、高要求、高质量,同时也展示出其所带来的辐射面广、影响层次深、持续时间长的国家效应。

　　正因为"国培计划"作为具有"国家意志"的教师培训行动,其自全面启动实施以来,中共中央、国务院、教育部、财政部等就颁布了一系列重要政策文件以保障其运行和发展。本书在梳理河南省"国培计划"的演变和发展历程中,发现"国培"政策研究是尤其重要的一部分。其中已有的国培政策研究主要关注以下几个方面:一是注重链接政策理解与专业实践的行动反思,比如李瑾瑜(2011)[①]、郝天聪(2015)[②]、周晓东(2017)[③]等的研究;二是对国培政策分主题分类解读,比如聚焦"国培课程标准"的文本分析(夏海鹰,2013)[④];三是从政策变迁角度纵向梳理,比

---

①　李瑾瑜."国培计划":基于政策理解与专业实践的行动策略[J].中小学教师培训,2011(7):7-9.
②　郝天聪.农村综合实践活动"国培计划"的政策意图与实践反思——以新疆农村综合实践活动培训项目为例[J].中小学教师培训,2015(12):14-17.
③　周晓东.幼儿教师国家级培训政策执行的实效性研究——以F大学"国培计划"实施为例[D].福州:福建师范大学,2017.
④　夏海鹰.关于《"国培计划"课程标准(试行)》实施的思考[J].中国成人教育,2013(17):63-65.

如关注阶段内国培政策适时调整的特点及动因(李琳,2012;冯静、王建,2014)①②,或者将政策演变的历程进行阶段性解读,或四个阶段(2010—2014年)(王建,2015)③、(2010—2017年)(程明喜、马云鹏,2018)④,或三个阶段(崔照笛等,2019)⑤,或两个阶段(朱伶俐等,2018)⑥。在回顾和梳理的基础上,本书重点整理了2010—2021年河南省"国培计划"历年项目的更迭,从中感受"国培"十年的行动特征。正如学者李瑾瑜所言,十年来其深刻反映了"国培计划"的价值连续性、迭代创新性、问题导向性、整体联动性、专业引领性。⑦ 所谓价值连续性,十年来河南省国培始终坚持着示范引领、"雪中送炭"和促进改革的价值宗旨,始终关注农村教师的素质提升。迭代创新性即"国培十年"是一个不断改革创新、持续回应问题、要求和需求不断迭代完善的过程,从"国培1.0"(2010—2014年)尝试上路,到"国培2.0"(2015—2018年)调整创新,再到"国培3.0"(2019年至今)突出提质增效,国培呈现了不断调整更新、自我纠偏导正的生命力和活力。问题导向性即国培是一个基于问题、面向问题和解决问题的重大创举,既包括宏观地回应我国基础教育的重大价值和现实问题,又包括解决教师专业发展中的问题,更在不断调整和改革教师培训面临困境的机制。整体联动性即强调国培是一个由从国家到地方、从政策到实践、从理念到行动、从项目到管理、从设计到实施、从内容到方式、从过程到绩效等在内的多类型、多层级、多因素构成的整体系统,强调省、市、县、校的管理体系的建立,"国培计划"大类项目各有侧重、整体联动。专业引领性即建立了"国家级"教师培训的规范和标准,有效引导着河南省"国培计划"的设计、组织、实施、管理,越来越规范、专业,各承担培训单位百花齐放、各显其能的理论与实践探索,使教师培训在认识、技术、操作、管理、监控等方面有了长足的进步,产生了许多成功的案例与经验,也有了许多值得展示的成果。河南省"国培计划"已形成一定特色的教师培训新模式。

二、河南省国培十年的问题与挑战

通过研究发现,河南省"国培计划"从各级政府的设计推动到各类培训单位及

---

① 李琳."国培计划"政策调整的特点、动因及建议[J].世界教育信息,2012(Z1):71-73.
② 冯静,王建."国培计划"政策调整的特点、动因及启示[J].当代继续教育,2014(4):45-48.
③ 王建."国培计划"的政策演进及创新趋向[J].当代继续教育,2015(5):29-32.
④ 程明喜,马云鹏.公共政策视角下"国培计划"的愿景、变迁及其特征分析[J].中小学教师培训,2018(8):1-5.
⑤ 崔照笛,茶世俊,靳伟,等.国培计划制度创建的价值因素探析——教育政策价值分析的视角[J].河北师范大学学报(教育科学版),2019(1):118-124.
⑥ 朱伶俐,张丽,王瑞娥."国培计划"的政策演进与实施路径研究[J].当代继续教育,2018(5):4-10,43.
⑦ 李瑾瑜."国培"十年:教师培训专业化探索的中国实践与未来发展[J].教师发展研究,2020(3):15-26.

参训学校与参训学员的自发努力，在取得成就与经验的同时也面临着诸多问题与挑战，不过也正是这些问题与挑战促成了国培的深入推进、迭代创新。

第一，教师培训项目的可持续性问题。河南省"国培计划"十年来主要承担了"中西部项目"等大类项目，从项目管理、项目设计、项目招投标、项目实施到项目评估等都有了基本的运行规范和方式。但是项目申报单位如何在较短的时间范围内，考虑好教师专业发展的外部逻辑和内在逻辑，设计好一份高质量的培训项目需要高度重视。比如发现，教师培训项目的核心要素及其专业逻辑关系不够紧密自洽；培训申报机构存在项目重复设计甚至挖空心思设计项目的情况，以及委托写文本、重复抄文本的现象；培训实施期间，培训机构存在培训疲惫、路径依赖、经验定势等现象。① 另外，许多培训项目结束后，项目执行和操作所具有的"本原性条件"也随之部分或完全消失，人力、资金、行政、制度等不再和项目执行期间一样具有强大的支持力，培训结束也就意味着一些教师的学习停止了，训后跟踪指导变成了"一纸空文"。

第二，高度重视关注工学矛盾问题。工学矛盾表现为教师的教育教学工作常常影响教师培训学习的顺利完成，成为影响教师学习积极性和培训效果的重要因素。这背后其实与培训学员的遴选机制有着密切的关系，在解决这一问题的同时可以有效解决"培训专业户""人情参培""替人参培""无缘参培"等问题。另外，其实工学矛盾不仅仅停留在时空层面，还表现在教师的"工"与培训的"学"在内容上的矛盾、在方法上的矛盾、在组织与管理上的矛盾、在价值目标认知上的矛盾，而且有些工学矛盾也是由人为地压缩实施项目而出现时间集中、密度较大造成的。② 这些矛盾的解决离不开培训机构培训项目的高质量设计与实施过程中的内在质量保障机制。

第三，优秀学员成长案例的挖掘有待深入与推广。国培鲜明地提出了教师主体的培训理念，将培训的关注点回归到教师主体，真正依据教师专业发展现实问题和需要，以及教师成人学习特性设计培训，通过基于教师需求的有针对性的培训，支持和促进教师实现三个发展转型：一是个体性转型，即从对外在的要求转向生命自觉的自主发展；二是关系性转型，即从教师关注"我"转向关注有学生的"我们"；三是教育性转型，即从注重学科（课堂）教学转向学科（课程）育人。因此，河南省各培训机构在建立优秀学员成长案例的过程中需要深入思考梳理"优秀国培学员往往具有哪些特征？这些特征对教师培训又有何启示？"

第四，培训管理团队"军心不稳"，培训研究团队影响力有待提升。当前河南省国培一方面存在着培训机构管理团队"军心不稳"、待遇身份不能保障、人员更

---

① 李瑾瑜."国培"十年：教师培训专业化探索的中国实践与未来发展[J]．教师发展研究，2020(3)：15-26.
② 李瑾瑜."国培"十年：教师培训专业化探索的中国实践与未来发展[J]．教师发展研究，2020(3)：15-26.

换频率过高的问题;另一方面,培训研究团队的力量和影响力还有待加强,以保障更好发出"河南国培"的声音。

三、河南省国培未来发展

新时代需要"新国培",新时代呼唤更有价值的教师培训。回顾总结河南省"国培计划"的成就与问题,是为了能够更好地延续经验、解决问题,使"国培"真正成为激发教师发展的动力,提升核心素养的"催化剂",促进"国培计划"的提质增效。

第一,在国培政策指引下,坚守价值立场。河南省须进一步深刻理解"雪中送炭"内涵,组织和执行好"中西部项目"大类项目。尤其需要深刻分析河南省乡村教育当前面临的老问题、新问题、大问题和难问题,围绕问题开展高质量、针对性、持续性、现代化、信息化的培训,立体化建立乡村教师发展的支持体系,真正推动和发展公平而有质量的教育。

第二,在成人学习理论的指引下,理解"培训"和"教师"的辩证关系。成人学习需要以形成认知冲突、解决实践问题为前提。[①] 学习只有是主动的才是最有效的,参与培训是教师"要学习""要发展"才需要培训,而不是教师不适应、不合格才需要培训。[②] 另外,教师学习往往需要持续、连贯的支持才可能使教学实践和学生学习发生变革。而传统的碎片化的、一次性的、短期性的学习方式不适应教师专业发展长期性、知识的累积性等特性。因此,关注教师的学习主动性、学习需求、学习持续性应该成为接下来"国培计划"关注的重点。另外在关注教师学习需求、专业发展规律的同时,培训项目的设计还要兼顾国家、社会以及学科自身发展的规律,平衡好相互关系,以促进教师学员持续发展。

第三,在国培已经实现超一轮培训的基础上谋划新一轮国培的转型升级。国培已由扩大规模转向提质增效,应更加关注教师培训的"质"和"效"。在"国培3.0"即培训重心下移的过程中,省、市、县在取得更大培训设计和组织实施的自主权的同时,河南省应注重加强提升地方培训规划能力和项目设计与实施能力。从学员遴选到需求调研,从培训目标设置到培训内容、培训方法,从培训评估到跟踪指导均应实现持续发展。另外,需要做好国培、省培、市培、县培和校培体系之间的协调发展,避免重复、低效培训。

第四,加强国培深度研究,形成一支具有影响力的教师培训研究队伍。国培十多年来,河南省围绕着"国培计划"和教师培训展开了许多研究,但仍需要认识到当前研究较多集中在思辨、描述、解释、经验以及具体问题和对策研究上,深度

[①] 朱旭东,廖伟,靳伟,等.论卓越教师培训课程的构建[J].课程.教材.教法,2021(8):23-31.
[②] 李瑾瑜.论多维视野中的教师培训观[J].当代教育与文化,2009(2):69-73.

研究还有所欠缺,同时深层次的本质问题、价值问题和方法论问题还没有触及。另外,河南省作为教育大省和培训大省,在国培的相关研究和研究队伍建设上还有待加强。只有研究队伍强大了,才能更好地在全国范围内发出"河南国培"的研究声音;只有研究成果丰富、深刻了,才能更好地引领和指导实践。

参 考 文 献

[1] 张燕镜.师范教育学[M].福州:福建教育出版社,1995.

[2] 何东昌.中华人民共和国重要教育文献(1976—1990)[M].海口:海南出版社,1988.

[3] 苏林,张贵新.中国师范教育十五年[M].长春:东北师范大学出版社,1996.

[4] 梅新林.中国教师教育30年[M].北京:中国社会科学出版社,2008.

[5] 何东昌.中华人民共和国重要教育文献(1998—2002)[M].海口:海南出版社,2003.

[6] 朱伶俐,张丽,王瑞娥."国培计划"的政策演进与实施路径研究[J].当代继续教育,2018(5):4-10,43.

[7] 朱旭东.论"国培计划"的价值[J].教师教育研究,2010(6):3-8,25.

[8] 朱旭东.论"国培计划"的价值重估——以构建区县教师教育新体系为目标[J].云南师范大学学报(哲学社会科学版),2019(3):93-99.

[9] 蓝卫红.教师实践性知识视角下的远程培训主题研修专业引领[J].中国电化教育,2012(9):71-75.

[10] 李杰佳."国培计划"背景下反思性教学与教师专业发展探析[J].兰州教育学院学报,2012(9):157-159.

[11] 余新.有效教师培训的七个关键环节——以"国培计划——培训者研修项目"培训管理者研修班为例[J].教育研究,2010(2):77-83.

[12] 管媛辉,于勇."国培计划"体系结构各要素间内外相互关系研究[J].中国电化教育,2013(2):48-51.

[13] 李瑾瑜,王建."国培计划"对我国教师培训的创新性贡献[J].教师发展研究,2017(2):1-9.

[14] 李桂荣,韩肖艳.论"国培"文化的范式、根基与繁衍[J].中国教育学刊,2013(11):78-82.

[15] 邱铭.湖南省初中体育教师"学科专业能力提升"项目培训实施效果研究——以吉首大学"国培计划"为例[D].吉首:吉首大学,2020.

[16] 中华人民共和国教育部."国培计划"课程标准(试行)[M].北京:高等教育出版社,2012.

[17] 王定华.新时代我国中小学教师国培的进展与方略[J].全球教育展望,2020(1):54-61.

[18] 彭睿.提高"国培计划"中农村幼教培训的几点建议——以西南大学国培班

中云南省幼教短期培训为例[J].学理论,2014(15):274-275.

[19] 教育部师范司.教育部"国培计划(2009)"成效显著[J].中国教师,2010(12):15-16.

[20] 刘梦婷,周钧,韩海英.西方关于教师改变的研究述评[J].当代教育科学,2019(12):79-84.

[21] 王慧娟.幼儿教师"国培计划"短期集中培训效果的调查研究[D].洛阳:洛阳师范学院,2019.

[22] 万中,程敏.从能力本位教育看幼儿教师培训[J].学前教育研究,2005(2):44-45.

[23] 赵海利.教师培训项目实施成效及影响因素——基于浙江省"农村中小学教师素质提升工程"的实证分析[J].教育理论与实践,2010(29):3-5.

[24] 江姣.幼儿园教师培训效果研究:基于柯氏模型行为层的分析——以重庆某高校幼师国培项目为例[D].重庆:重庆师范大学,2017.

[25] 王娇.本溪满族自治县小学体育教师培训效果的调查研究——以2017年"学校体育与体育教师培训项目"为例[D].沈阳:沈阳师范大学,2019.

[26] 陈加伟."国培计划"小学科学骨干教师训后绩效评价的研究[D].赣州:赣南师范学院,2015.

[27] 马喜.农村小学校长国家级培训实效研究——以农村校长助力工程D研修班为例[D].长春:东北师范大学,2018.

[28] 牛猛.黑龙江中小学体育骨干教师"国培计划"项目实施效果研究——以2015—2017体育教师培训项目为例[D].延边:延边大学,2018.

[29] 李桂荣,韩肖艳."国培计划"绩效评价指标体系与抽样研究[J].教育发展研究,2014(12):1-6.

[30] 河南省教育厅.关于做好2010年"国培计划"评估总结工作的通知[EB/OL].[2022-08-07].http://jyt.henan.gov.cn/2011/01-14/1654186.html.

[31] 河南省教育厅.河南省教育厅 河南省财政厅关于"国培计划(2011)"——河南项目招标邀标有关事宜的通知[EB/OL].[2022-08-07].http://jyt.henan.gov.cn/2011/06-14/1654228.html.

[32] 河南省教育厅.河南省教育厅 河南省财政厅关于"国培计划(2011)"——河南省幼儿教师培训项目招(邀)标有关事宜的通知[EB/OL].[2022-08-07].http://jyt.henan.gov.cn/2011/09-26/1654264.html.

[33] 河南省教育厅.河南省教育厅 河南省财政厅关于下达"国培计划(2011)"——河南省农村幼儿教师培训项目的通知[EB/OL].[2022-08-07].http://jyt.henan.gov.cn/2011/12-01/1654280.html.

[34] 河南省教育厅.关于"国培计划(2012)"中西部项目——河南省有关招(邀)标事宜的公告[EB/OL].[2022-08-07].http://jyt.henan.gov.cn/2012/

06-05/1654336.html.

[35] 信阳师范学院教务处.关于转发省教育厅、财政厅《关于"国培计划(2013)"——河南省项目有关招(邀)标事宜的通知》[EB/OL].[2022-08-07].http://jwc.xynu.edu.cn/info/1020/2013.htm.

[36] 河南省教育厅.关于增加"国培计划(2013)"——河南省农村中小学送教(培)到县项目任务的通知[EB/OL].[2022-08-07].http://jyt.henan.gov.cn/2013/11-21/1655323.html.

[37] 豆丁网.国培实施方案河南省2014[EB/OL].[2022-08-07].https://www.docin.com/p-2318597780.html.

[38] 河南师范大学网络研修训后跟踪指导平台.河南省教育厅 河南省财政厅关于"国培计划(2014)"河南省项目招(邀)标事宜的公告[EB/OL].[2022-08-07].http://hsdwl.yanxiu.com/2014/zcwj_0910/23.html.

[39] 河南省教育厅.关于组织实施"国培计划(2014)"——河南省农村中小学教师培训项目的通知[EB/OL].[2022-08-07].http://jyt.henan.gov.cn/2014/07-30/1655751.html.

[40] 道客巴巴.河南省教育厅关于组织实施"国培计划(2014)"——河南省农村幼儿教师培训项目的通知[EB/OL].[2022-08-07].https://www.doc88.com/p-77461773477123.html.

[41] 河南省教育厅.关于组织实施"国培计划(2015)"——河南省中小学幼儿园教师培训项目的通知[EB/OL].[2022-08-07].http://jyt.henan.gov.cn/2015/10-10/1602918.html.

[42] 河南省教育厅.关于组织实施"国培计划(2016)"——河南省中小学幼儿园教师培训项目的通知[EB/OL].[2022-08-07].http://jyt.henan.gov.cn/2016/09-01/1603382.html.

[43] 河南省教育厅.关于遴选2017年"国培计划"项目承担单位的通告[EB/OL].[2022-08-07].http://jyt.henan.gov.cn/2017/04-20/1663729.html.

[44] 河南省教育厅.关于组织实施"国培计划(2017)"——河南省中小学幼儿园教师培训项目的通知[EB/OL].[2022-08-07].http://jyt.henan.gov.cn/2017/08-28/1603957.html.

[45] 河南省教育厅.关于遴选2018年"国培计划"项目承担单位的通告[EB/OL].[2022-08-07].http://jyt.henan.gov.cn/2018/05-14/1664334.html.

[46] 河南省教育厅.关于组织实施"国培计划(2018)"——河南省中小学幼儿园教师培训项目的通知[EB/OL].[2022-08-07].http://jyt.henan.gov.cn/2018/09-17/1604546.html.

[47] 河南省教育厅.河南省教育厅 河南省财政厅关于遴选2019年"国培计划"项目承担单位的通告[EB/OL].[2022-08-07].http://jyt.henan.gov.cn/

[48] 河南省教育厅.关于组织实施"国培计划(2019)"——河南省中小学幼儿园教师培训项目的通知[EB/OL].[2022-08-07]. http://jyt.henan.gov.cn/2019/07-25/1604942.html.

[49] 河南师范大学.河南省教育厅 河南省财政厅关于遴选2020年"国培计划"项目承担单位的通告[EB/OL].[2022-08-07]. https://www.htu.edu.cn/_upload/article/files/71/42/6003d2524f8aa459a0f772bbc68e/eaed3437-9e74-4dc0-85c5-91dc96aab6de.doc.

[50] 河南省教育厅.河南省教育厅关于组织实施"国培计划(2020)"——河南省中小学幼儿园教师培训项目的通知[EB/OL].[2022-08-07]. http://jyt.henan.gov.cn/2020/08-15/1879079.html.

[51] 河南教师教育网.河南省教育厅 河南省财政厅关于遴选2021年"国培计划"项目承担单位的通告[EB/OL].[2022-08-07]. http://www.hateacher.cn/content.html?id=490.

[52] 河南省教师教育网.河南省教育厅关于组织实施"国培计划(2021)"——河南省中小学幼儿园教师培训项目的通知[EB/OL].[2022-08-07]. http://www.hateacher.cn/content.html?id=499.

[53] 洛阳师范学院继续教育学院.关于"国培计划(2015)"河南省项目招(邀)标事宜的公告[EB/OL].[2022-08-07]. https://sites.lynu.edu.cn/jxjyxy/info/1028/2110.htm.

[54] 许昌学院数学与统计学院.关于遴选2016年国培计划项目承担单位的通告[EB/OL].[2022-08-07]. https://shuxue.xcu.edu.cn/info/1124/3333.htm.

[55] 李瑾瑜."国培"十年:教师培训专业化探索的中国实践与未来发展[J].教师发展研究,2020(3):15-26.

[56] 中华人民共和国教育部.教育部 财政部关于改革实施中小学幼儿园教师国家级培训计划的通知[EB/OL].[2022-08-07]. http://www.moe.gov.cn/srcsite/A10/s7034/201509/t20150906_205502.html.

[57] 王北生.教师培训模式创新研究:基于"国培计划"的实践探索[M].北京:人民教育出版社,2019.

[58] 中华人民共和国教育部.中共中央 国务院关于全面深化新时代教师队伍建设改革的意见[EB/OL].[2022-08-07]. http://www.moe.gov.cn/jyb_xwfb/moe_1946/fj_2018/201801/t20180131_326148.html.

[59] 中华人民共和国教育部.教育部等五部门关于印发《教师教育振兴行动计划(2018—2022年)》的通知[EB/OL].[2022-08-07]. http://www.moe.gov.cn/srcsite/A10/s7034/201803/t20180323_331063.html.

[60] 中华人民共和国教育部.实施中小学幼儿园教师精准培训 推动教师队伍高质量发展——教育部教师工作司负责人就《教育部 财政部关于实施中小学幼儿园教师国家级培训计划(2021—2025年)的通知》答记者问[EB/OL].[2022-08-07].http://www.moe.gov.cn/jyb_xwfb/s271/202105/t20210519_532240.html.

[61] 中华人民共和国教育部."国培计划"蓝皮书(2010—2019)摘要[EB/OL].[2022-08-07].http://www.moe.gov.cn/jyb_xwfb/xw_zt/moe_357/jyzt_2020n/2020_zt16/guopeijihua/guopeilanpishu/202009/t20200907_485968.html.

[62] 杨骞,溪海燕.教师学习的应然分析[J].新课程研究(教师教育),2007(10):3-6.

[63] 朱旭东.教师专业发展理论研究[M].北京:北京师范大学出版社,2021.

[64] 严华芹.网络环境下教师校本学习研究——基于扬中市外国语学校[D].南京:南京师范大学,2008.

[65] 申继亮.教师人力资源开发与管理:教师发展之源[M].北京:北京师范大学出版社,2006.

[66] 刘娜.基于教师专业发展阶段的教师培训研究[D].石家庄:河北师范大学,2008.

[67] 曾洁珍.终身教育与教师的继续教育[J].现代教育论丛,1998(3):28.

[68] 顾明远,孟繁华.国际教育新理念[M].北京:教育科学出版社,2020.

[69] 李广平,于杨,宫勋.自我导向性学习与教师专业发展[J].外国教育研究,2005(6):42-46.

[70] 中华人民共和国教育部.教育部关于印发《2010年中小学教师国家级培训计划——示范性项目实施方案》的通知[EB/OL].[2020-04-27].http://www.moe.gov.cn/srcsite/A10/s7058/201006/t20100630_92835.html?from=timeline&isappinstalled=0.

[71] 王北生,冯宇红."国培计划"实施中的现实困境及其突破[J].中国教育学刊,2015(10):88-92.

[72] 韩肖艳."国培计划"中小学教师短训项目有效性评价研究——以河南省承担的项目群为例[D].开封:河南大学,2014.

[73] 朱旭东,廖伟,靳伟,等.论卓越教师培训课程的构建[J].课程.教材.教法,2021(8):23-31.

[74] 孙传远.教师学习:期望与现实——以上海中小学教师为例[D].上海:上海师范大学,2010.

[75] 戴水姣,史小平.高校"国培计划"课程设置的思考——以小学英语教师培训课程为例[J].大学教育科学,2015(6):68-73.

[76] 中华人民共和国教育部.教育部办公厅 财政部办公厅关于印发《"国培计划"示范性集中培训项目管理办法》等三个文件的通知[EB/OL].[2022-08-07]. http://www.moe.gov.cn/srcsite/A10/s7034/201303/t20130320_149949.html.

[77] 中华人民共和国教育部.教育部 财政部关于改革实施中小学幼儿园教师国家级培训计划的通知[EB/OL].[2022-08-07]. http://www.moe.gov.cn/srcsite/A10/s7034/201509/t20150906_205502.html.

[78] 中华人民共和国教育部.教育部 财政部关于实施中小学幼儿园教师国家级培训计划（2021—2025年）的通知[EB/OL].[2022-08-07]. http://www.moe.gov.cn/srcsite/A10/s7034/202105/t20210519_532221.html.

[79] 朱旭东,裴淼.教师学习模式研究:中国的经验[M].北京:北京师范大学出版社,2017.

[80] 陈凤."国培计划"在省级层面的执行过程分析——以河南省乡村教师访名校项目为例[D].开封:河南大学,2017.

[81] 张娟娟.送教下乡培训项目实施有效性研究——以河南省H大学"国培计划"学前教育项目为例[D].开封:河南大学,2017.

[82] 张二庆,王秀红.我国教师培训中存在的主要问题及其分析——以"国培计划"为例[J].湖南师范大学教育科学学报,2012(4):36-39.

[83] 黄宁生."国培计划"训后跟踪指导的对策思考[J].中小学教师培训,2013(11):3-5.

[84] 中华人民共和国教育部.教育部关于深化中小学教师培训模式改革全面提升培训质量的指导意见[EB/OL].[2022-08-07]. http://www.moe.gov.cn/srcsite/A10/s7034/201305/t20130508_151910.html.

[85] 宋岭.跟踪指导培训:原理、问题与对策研究——以"国培计划"甘肃省某研修项目为例[D].兰州:西北师范大学,2017.

[86] 中华人民共和国中央人民政府.教育部办公厅 财政部办公厅关于做好2020年中小学幼儿园教师国家级培训计划组织实施工作的通知[EB/OL].[2022-08-07]. http://www.gov.cn/zhengce/zhengceku/2020-03/17/content_5492287.htm.

[87] 洪秀敏,林玲,张明珠.幼儿园教师培训亟待破解四大痛点——基于80位幼儿园教师的座谈分析[J].中国教师,2020(6):80-83.

[88] 李方.教师培训研究与评论:第1辑[M].北京:北京师范大学出版社,2010.

[89] 马艳艳.教师培训者任职资格标准探究[D].开封:河南大学,2011.

[90] 朱仲敏.新课程背景下区县教师培训机构培训者的角色定位与能力要求[J].中小学教师培训,2008(7):33-35.

[91] 余新.教师培训师的角色特征与专业职责[J].中小学教师培训,2012(5):

11-13.

[92] 吴卫东.教师培训师:教师培训者的专业化目标[J].教育发展研究,2012(8):71-75.

[93] 余新.教师培训师专业修炼[M].北京:教育科学出版社,2012.

[94] 刘桂荣."国培计划"训后跟踪指导机制的研究与建立[J].烟台职业学院学报,2020(2):52-55.

[95] SU J Z X. Sources of influence in preservice teacher socialization[J]. Journal of Education for Teaching,1992,18(3):239-258.

[96] 李瑾瑜.论多维视野中的教师培训观[J].当代教育与文化,2009(2):69-73.

[97] 李瑾瑜."国培计划":基于政策理解与专业实践的行动策略[J].中小学教师培训,2011(7):7-9.

[98] 郝天聪.农村综合实践活动"国培计划"的政策意图与实践反思——以新疆农村综合实践活动培训项目为例[J].中小学教师培训,2015(12):14-17.

[99] 周晓东.幼儿教师国家级培训政策执行的实效性研究——以F大学"国培计划"实施为例[D].福州:福建师范大学,2017.

[100] 夏海鹰.关于《"国培计划"课程标准(试行)》实施的思考[J].中国成人教育,2013(17):63-65.

[101] 李琳."国培计划"政策调整的特点、动因及建议[J].世界教育信息,2012(Z1):71-73.

[102] 冯静,王建."国培计划"政策调整的特点、动因及启示[J].当代继续教育,2014(4):45-48.

[103] 程明喜,马云鹏.公共政策视角下"国培计划"的愿景、变迁及其特征分析[J].中小学教师培训,2018(8):1-5.

[104] 王建."国培计划"的政策演进及创新趋向[J].当代继续教育,2015(5):29-32.

[105] 崔照笛,茶世俊,靳伟,等.国培计划制度创建的价值因素探析——教育政策价值分析的视角[J].河北师范大学学报(教育科学版),2019(1):118-124.